教育部人文社会科学研究青年基金项目（编号：11YJC630306）成果

民主法治视角下的
民国政府审计思想研究

朱灵通　著

ZHEJIANG UNIVERSITY PRESS
浙江大学出版社

图书在版编目（CIP）数据

民主法治视角下的民国政府审计思想研究／朱灵通
著. —杭州：浙江大学出版社，2015.6
ISBN 978-7-308-14716-3

Ⅰ.①民… Ⅱ.①朱… Ⅲ.①政府审计－经济思想史
－中国－民国 Ⅳ.①F239.44

中国版本图书馆 CIP 数据核字（2015）第 105868 号

民主法治视角下的民国政府审计思想研究

朱灵通 著

责任编辑	黄兆宁
责任校对	杨利军
封面设计	周　灵
出版发行	浙江大学出版社
	（杭州市天目山路 148 号　邮政编码 310007）
	（网址：http://www.zjupress.com）
排　　版	杭州中大图文设计有限公司
印　　刷	杭州日报报业集团盛元印务有限公司
开　　本	710mm×1000mm　1/16
印　　张	18.25
字　　数	318 千
版 印 次	2015 年 6 月第 1 版　2015 年 6 月第 1 次印刷
书　　号	ISBN 978-7-308-14716-3
定　　价	39.00 元

序　言

前几天,朱灵通博士把他即将出版的专著《民主法治视角下的民国政府审计思想研究》一书寄给我,请我为其大作作序。我欣然答应,通读之后,觉得大作有以下 4 个特点:

一是系统全面深入。大作研究了民国政府审计立法思想、民国政府审计组织体制思想、民国政府监审合一思想、民国政府审计人员职业化思想、民国政府军费审计思想、民国政府审计会议思想、民国政府审计公告思想七大专题,涵盖了政府审计依据、政府审计组织、政府审计人员、政府审计对象、政府审计程序和政府审计结果,可谓迄今为止研究民国政府审计思想史最为全面、系统和深入的专著。

二是视角新颖。以往研究审计史的专著多以历史分期的角度,也有采用法制化的角度。大作以民主法治的视角对民国时期的政府审计思想进行研究,把"民主法治"这一逻辑主线的分析贯穿于整个政府审计思想中,视角独特新颖。

三是史料和理论分析相结合。以往相关研究大都存在两种偏差:其一是只重叙述史实,没有或者不重视理论分析;其二是搞纯理论分析,缺乏资料尤其是史料支撑,泛泛而谈。大作既有翔实史料又有理论分析,使两者得到了有机的结合。

四是以史为鉴,经世致用。以往审计史的专著大都就史论史。大作注重挖掘民国政府审计思想的闪光点,结合当代政府审计现状,提出民国政府审计思想对当代的借鉴意义,做到了以史为鉴,经世致用。

朱博士一路走来,可谓艰难曲折。他虽然身有残疾,但身残志坚,不满足于已有的学历。他大学毕业在一家企业工作了四年后,克服困难,毅然考入江西财经大学继续深造。在江西财大攻读硕士和博士学位期间,他刻苦努力,顽强拼搏,成绩优异,表现出自信、自立、自强的精神。

博士毕业后,朱博士在学术上有了很大的长进。他在《审计研究》《当代财经》等 CSSCI 刊物以及其他核心刊物上发表了十余篇审计史的论文。大作既是他主持的教育部人文社会科学研究的最终成果,也是他近年来研究审计史的总结性成果。

朱博士是目前我国为数不多的研究审计史的青年专家之一。我由衷地希望他在学术上再接再厉,百尺竿头,更进一尺,为我国审计史的研究作出更大的贡献。

方宝璋

2014 年 6 月 22 日

摘　要

民国时期政府审计的产生和发展是民主法治思想发展到一定阶段的产物,民国时期的政府审计思想渗透着民主法治思想,以民主法治的视角研究民国时期的政府审计思想,其目的是研究民主法治与民国时期政府审计思想的关系以及概括民国时期政府审计思想的主要特征,这不但可以丰富政府审计理论与审计思想史的研究,而且也可以为当代政府审计改革提供历史借鉴。

拙著通过比较全面细致地收集反映民国时期政府审计思想的著作、论文、审计法规、审计制度、审计公报、政府公报以及审计档案等材料,对之进行分析、综合、推理、归纳,从中提炼出民国时期的政府审计思想,在比基础上以民主法治的视角,运用政治学、法学、经济学、哲学和历史学等多学科相交叉的研究方法,把民国时期的政府审计思想分成政府审计立法思想、政府审计组织体制思想、政府监审合一思想、政府审计人员职业化思想、攻府军费审计思想、政府审计会议思想和政府审计公告思想七个子系统进行研究。

民国政府审计立法思想包括:把审计载入国家根本大法;以立法形式规定多种审计职权;以立法形式规定审计人员的任职和审计会议;审计立法稳定性、继承性和创新性相结合。民国时期的政府审计立法规定了审计契约中相关三方的权利和义务,提高了审计契约的权威性和严肃性,有助于审计契约的履行,从而促进审计民主的实现。在民国政府审计立法中规定了审计部门的多种审计职权,体现了对政府权力的制约。在民国政府审计立法中规定审计人员的任职,可以降低国民和审计人员之间的信息不对称,减轻逆向选择和道德风险问题,从而降低他们之间的代理成本,即民主的成本。民国时期政府审计立法思想对当代的借鉴主要有:一是丰富宪法中钓审计条款,明确审计机关的报告关系和报告时间,增加审计人员任职的规定;二是增加《审计法》中的事前审计权和强化获取协助权以及明确相关负责人的连带责任;三是增加《审计法》中审计人员的任职资格、回避原则、保护措施和限制兼职等条款。

民国政府审计组织体制思想包括:政府审计组织在国家治理组织中独

立性强,地位较高;政府审计组织在财政组织系统中处于关键地位;垂直型的政府审计组织体制且代理层级较短。民国政府最高审计组织独立于最高行政组织,能够提高对行政部门的监督效率,从而降低第一类民主法治成本;民国政府最高审计组织隶属于最高监察组织,可以减少监督机构的协调成本,从而降低第二类民主法治成本;民国时期审计组织内部垂直型的体制且代理层级较短,可以降低审计组织的内部代理成本,从而降低第三类民主法治成本。民国时期政府组织体制思想对当代审计改革有两种可以借鉴的思路:一是在保持目前审计组织体制的基础上,作适当的补充和完善:健全审计向人大报告制度、加强审计与监察两个部门的配合、加强上级审计组织对下级审计组织的领导,减少地方审计组织层次。二是分"三步走"改革目前审计组织体制:第一步,建立审计垂直组织体制;第二步,推进大部制改革,合并监察部和审计署成立监审部;第三步,改行政型审计体制为立法型审计体制,在人大下设立监审委员会,加强对"一府两院"、预决算的监督。

民国政府监审合一思想体现在机构设置上、权力配置上、分掌事务上、监察权行使方式上、审计与监察关系的协调和报告关系上。政府监审合一能够降低民主成本,包括建立监督制度的成本和执行监督制度的成本。我国古代监审合一思想产生的路径依赖降低了监审合一这种监督制度的建立成本。监审合一能够降低执行监督制度的成本,具体表现为:在监察权行使方式上的监审合一可以降低监督机构执行具体业务的成本;在机构设置上的监审合一可以节约协调成本;在报告关系上的监审合一可以减少监督机构的报告成本。监审合一能够提高民主法治的效益。在机构设置上监审合一,可以加强两者之间的配合,提高监察、审计的工作效率和效果。在权力配置上监审合一,有助于落实审计的审查权、处理权,从而提高审计工作的效力。监审合一能够使监督机构获得及时的信息,掌握比较完备的信息,及时有效地监督受托人,从而降低代理成本。民国时期的监审合一思想对当今的借鉴有:一是要适当减少监督机构;二是实行监审合一,即合并监察部和审计署。

民国政府审计人员职业化思想包括审计人员产生办法思想,审计人员职业资格和考试思想,审计人员职业宣誓、后续教育训练思想,审计人员运用与流转思想,审计人员限制兼职与职业回避思想,审计人员职业考核与惩戒思想,审计人员职业保障思想。民国政府从专业学历、工作经验和工作业绩三方面规定审计人员的资格,降低了搜寻审计人员的信息搜寻成本,随后采用统一的标准化考试制度选拔审计人员,有助于降低审计人员的鉴别成本。民国政府通过职业宣誓,有助于促使审计人员的目标与社会公众目标相一致,从而降低审计人员与社会公众目标不一致而产生的民主法治成本。审计人员调转思想有助于减少审计人员与被审计单位合谋的机会,增加了披露违规单位的可能性,从而降低第一类代理成本。

民国政府通过规定审计人员的资格和职业考试,以及各种途径的教育和训练,有利于提高审计人员的专业胜任能力,从而提高他们发现财务舞弊的概率。民国政府规定审计人员限制兼职的范围以及职业回避,有利于隔断审计人员与被审计单位的各种关系,促使他们独立公正地作出审计决定,从而提高他们披露财务舞弊的概率。审计人员的职业保障以及职业考核与惩戒有助于审计人员坚持独立的审计立场,从而增加他们发现和披露财务舞弊的概率。审计独立性是审计人员发现并披露财务报告舞弊的联合概率。审计独立性越高,就越能发现政府各机关和人员舞弊的概率,从而发现或挽救给社会公众造成的损失,提高资金使用效益,从而提升民主法治的效益。民国政府审计人员考试制中体现出“公平、公正”的民主法治理念;审计人员惩戒思想中体现出“依法民主公正”的惩戒理念;审计人员考核与流转思想中体现出“民主公允的考评”的理念;审计人员保障思想中体现出“平等、公平”保障的理念。民国审计人员职业化思想对当代的借鉴是建立与完善以下制度:政府审计职业准入制度、政府审计职业宣誓与教育训练制度、政府审计职业人员使用与流转制度、政府审计职业考核与奖惩制度、政府审计职业保障制度等。

民国政府军费审计思想包括:一是军费审计的独立性较高,表现为军费审计的形式独立和实质独立;二是事前审计、事后审计和稽察相结合;三是实行军费经济责任审计。军费审计体现了民主对专制的制约。通过军费的事前审计达到事前控制军费支出的目的,有助于实现军费预算民主。军费的事后审计实际上是军费的预算执行审计。稽察有助于审计机关提高军费预算审计和预算执行审计的效果、效率和效力。军费经济责任审计可以加强对军队权力的监督。民国时期军费审计思想对当代的借鉴有:一是提高军费审计的组织独立;二是对军费实行事前审计和稽察。

民国政府审计会议思想包括:一是审计会议议题思想,即把审计法规和审计机关内部管理制度的变更、审计人员的奖惩和考核、主要审计人员的调配和重要审计业务的决定等纳入会议议题;二是审计会议程序思想,包括会议前的准备、会议时间、出席人员和人数、多数决定原则、回避原则、听取意见原则、代理主席(委员长)思想和引入外部监督等;三是审计会议结果思想,包括审计复议思想、编制审计成例和会议结果公开。民国政府审计会议议题思想,体现了审计管理活动和审计业务活动都要遵循民主的原则,同时,民国时期政府审计会议中有外部专家参加及审计会议结果公开的思想体现了审计的外部监督。这些都有助于实现审计实体民主。民国时期政府审计会议程序思想体现了法定人数原则、多数决定原则、回避原则、听取意见制度、效率原则和引入外部监督等,同时,政府审计会议结果思想体现了一般公正和个别公正相结合和程序公开思想等,这些共同体现了审计程序民主。政府审计会议对民主法治成本的影响是双重的。召开政府审计会议的成本是一种民主法治成本,同时政府审计会议通过多种途径降低民主法治成本。民国时期政府审计会议思想对当代的借鉴有:一是规定重要审计事务必须经过审计会议决定;二是完善审计会议的具体程序;三是公开审计会议的内容。

民国政府审计公告思想包括:一是审计公告比较及时,当月审计次月在审计公报上公布审计结果;二是审计公告范围较广,表现为公布被审计单位的类型较多和公布审计机关的内容广泛;三是审计公告的透明度较高,包括审计结果公开比较具体、审计过程公开和审计结果公开相结合、公开了被审计单位对审计机关决定的执行情况。民国时期的政府审计公告思想有助于更好地保障国民的民主权利。审计公告可以发挥公众的舆论监督作用,有助于加大对被审计单位的压力,更好地维护法律权威。审计公告促进审计机关提高审计质量,推进依法审计,从而促进审计法治的发展。审计公告的及时性、广泛性和透明性可以减少因国民和政府各部门信息不对称造成的代理成本,即降低民主成本。审计公告的及时性、广泛性和透明性增加了被审计单位的声誉成本,促使政府各部门遵守相关法规,从而减少审计的检查成本和处罚成本等法治成本。民国政府审计公告思想对当代的借鉴有:一是增加审计公告的及时性;二是扩大审计公告的范围;三是增强审计公告的透明度。

在此基础上,拙著得出了以下五个结论:

一是民国时期七大政府审计思想之间是相互联系、相互制约的关系。政府审计立法思想直接对其他六大审计思想起着根本性的促进和保障作用。其他六大政府审计思想是政府审计立法思想的进一步具体化。民国政府审计立法思想、民国政府审计组织体制思想、民国政府监审合一思想、民国政府军费审计思想侧重于从外部角度加强对民国政府财政资金的监督。它们共同的目的是为了强化"审计作为民主法治的工具"。民国政府审计会议思想和民国政府审计公告思想侧重于加强对政府审计主体自身的监督。它们共同的目的是为了确保政府审计机关在审计过程中遵循民主审计和依法审计的原则。

二是民国时期政府审计思想的主要特征是民主法治思想。民国时期在政府审计标准（主要表现为审计立法）上、政府审计主体（主要表现审计组织体制、监审合一、审计人员职业化）上、政府审计对象（主要表现为军费审计）上、政府审计程序（主要表现为审计会议）上和政府审计结果（主要表现为审计公告）上全面体现了权力对权力的制约、审计实体民主和程予民主、减少民主法治成本、提高民主法治效益、促进民主和法治的发展等民主法治思想，因此，民国时期政府审计思想的主要特征是民主法治思想。

三是近代政府审计是民主法治的工具。主要理由有：其一，民国时期政府审计思想的主要特征是民主法治思想；其二，民国时期政府审计作为民主法治的工具，得到了当时政府审计专家学者的认同；其三，民国时期政府审计作为民主法治的工具存在法理依据；其四，民国时期政府审计作为民主法治的工具有事实效果的依据。

四是民国时期政府审计思想存在局限性。主要理由有：其一，民国政府审计思想本身存在着一定的不足（审计职权不足和审计经费没有保障）；其二，民国政府审计系统受主计系统、公库系统等监督系统以及腐败的政治环境、长期的战争、落后的经济和教育等外部环境的制约，没有发挥应有的作用。

五是民国时期政府审计思想对当代的启示。其一是政府审计要发挥更大的作用离不开特定阶段的政治环境；其二是应进一步发挥当代政府审计在社会主义民主法治国家中的作用。

拙作的创新点主要有：一是观点新。拙著首次提出民国时期政府审计思想的主要特征是民主法治思想。二是角度新。拙著以民主法治的视角对民国时期的政府审计思想进行比较全面、系统的研究。三是收集了新的材料。笔者在借鉴已有研究成果的基础上，所收集的材料比前人有所扩展。四是结合当代审计实践。拙著在分析民国时期政府审计思想的基础上，进一步研究民国时期政府审计思想对当代我国政府审计改革的借鉴意义。

关键词：民国；政府审计；审计思想；民主法治；审计史

目　录

第一章 绪 论

第一节 选题的背景及意义

一、选题的背景

100多年前的辛亥革命不仅推翻了封建王朝,建立了民主共和国的中华民国,更主要的贡献是它直接推动了中国近代民主和法治的发展。辛亥革命后,民主和法治的观念不但渗透进社会民众的意识,更直接地影响着国家制度层面的建设。民国时期的政府审计制度是当时民主法治发展到一定阶段的产物,民国时期的政府审计思想渗透着民主法治的思想。今天,我国审计界大多数学者主张在引进、学习、借鉴西方先进政府审计思想和理论的同时,建立一套能与国际接轨并适合中国国情的审计思想与理论框架体系,这是我们的奋斗目标,要实现这一目标,需要洋为中用,古为今用,博采众长,融合提炼,自成一家。其中历史的经验值得注意,民国时期审计界在大量学习、借鉴西方政府审计思想的同时,注意结合国情、使政府审计工作体现民主与法治的精神等,都是值得我们认真加以研究和借鉴的。因此,以民主法治的视角研究民国时期政府审计思想不仅有一定的理论意义,而且有很重要的现实意义。

二、选题的意义

1. 理论意义

第一,在揭示审计思想的理论基础的同时,进一步探讨政府审计思想与民主法治的关系,研究审计民主和审计法治的关系、民主审计和依法审计的关系,这些都可以加深人们对民主法治和政府审计思想关系的认识,有助于人们进一步认识政府审计的本质,从而丰富政府审计理论。

第二,以民主法治的视角对民国时期的政府审计思想进行较为全面的研究,认为民国时期政府审计思想的主要特征是民主法治思想,可以丰富我国审计思想史,尤其是民国审计思想史的研究。

2.现实意义

第一,政府审计是民主法治的工具,借鉴民国时期的审计民主和审计法治思想,为我所用,改革政府审计制度和发展政府审计事业,可以更好地发挥政府审计的监督作用,健全惩治和预防腐败体系,建设廉洁政治,努力实现干部清正、政府清廉、政治清明,从而促进我国社会主义民主法治的发展。

第二,政府审计机构和人员的权力来自人民,它们本身也需要监督。借鉴民国时期民主审计和依法审计思想,可以更好地促进当代我国政府审计机构本身落实民主和法治的理念。

第二节　文献综述

一、相关文献分类

关于中华民国时期的政府审计思想的相关文献可以分为五类:第一类是主要研究中华民国时期的审计,但没有直接提出并论述中华民国时期的审计思想;第二类是从当时会计审计学者个体的角度来研究审计思想,即直接提出某某人的会计审计思想和某某人的审计思想;第三类是既研究中华民国时期的审计,也研究当时某某人的审计思想;第四类是主要研究会计史和会计思想史,但也有部分内容涉及民国时期的审计;第五类是直接提出并研究中华民国时期的审计思想。

第一类文献的共同特点是并没有明确提出审计思想,即没有以审计思想的角度来研究民国时期的政府审计,但为我们研究民国时期的审计思想提供了丰富的史料,启迪了我们研究审计思想的思路和方法。

第一类的文献主要包括以下几本(篇)。

1.著作类

(1)李金华主编的《中国审计史》(第二卷)①

其阐述了民国时期历届政府的审计,具体包括审计机构的建立、审计立法、审计活动、内部审计、会计师审计的产生发展及审计学术研究等内容。论述的思路是先介绍当时的时代背景(政治和经济),再阐述民国时期历届政府的审计,最后对每一届政府的审计从正反两个方面作出评价。这本书

---

① 李金华:《中国审计史》(第二卷),中国时代经济出版社2004年版。

史料丰富,把审计放在环境中考察,把握了审计的时代特征,有利于厘清这一时期审计发展的历史脉络,为我们研究民国时期的政府审计思想提供了一定的材料。

(2)方宝璋著的《中国审计史稿》①

这是一本审计史的专著,论述了上自夏商周,下至中华人民共和国时期的审计,综合运用政治、经济、文化和管理等学科的知识来研究审计史,既对我国4000多年的审计史作了总体的论述,例如,对中国审计史的划分,历史上审计的方法、方式和立法,历史上审计的内容、机构和职能,同时又分时期具体研究了我国各个时期的审计活动。该著第一次全面、系统、详尽地论述了中国审计的产生、演变和发展的历史,揭示了中国审计史的发展规律,在许多方面填补了国内外有关中国审计史研究的空白。该著虽然没有专门提出和论述审计思想,但从丰富的史实出发,不知不觉中提炼和归纳了我国古代、近代、现代的一些审计思想,不但为我们研究审计思想史提供了很好的材料,而且启迪我们从总体上把握我国审计思想史的发展脉络。

(3)项俊波、文硕编著的《审计史》②

该著第七章的内容为中华民国时期的审计,以审计机构的变化为主线介绍北洋军阀政府统治时期和国民政府时期的审计,具体包括审计组织机构、财计系统的内部审计、财审法规、财审牵制制度、审计程序和审计方法,同时详细介绍了中国会计师职业的演进过程及其特点。该著在介绍审计法规和审计牵制制度的同时,又介绍了财政、会计等法规和制度,为我们进一步探索会计、审计和财政的关系提供了材料和思路。该著把民间审计划分为三个发展阶段,并对我国民间审计的产生进行了客观因素和主观因素的探索,这些都是值得我们借鉴的地方。其不足之处有:一是在介绍审计的时代背景时,并没有深刻而系统地揭示审计产生和发展的影响因素;二是没有正确地划分民国时期的政府审计、民间审计和内部审计,表现在把政府内部审计放入政府审计来论述,又认为民间审计包括民办营利企业、事业和非营利机构或团体的内部审计与民办会计师职业两大组成部分,同时缺乏对内部审计的论述;三是把中华民国时期的审计仅分为北洋军阀政府时期审计和国民政府时期审计,不够妥当。

---

① 方宝璋:《中国审计史稿》,福建人民出版社2006年版。

② 项俊波、文硕:《审计史》,中国审计出版社1990年版。

（4）文硕编著的《世界审计史》①

作者分别探析了世界国家审计、民间审计和内部审计产生和发展过程，使我们对世界审计史有一个比较全面的认识。该著在第九章第二节专门论述现代国家审计的引进与改良，介绍了北洋政府时期的国家审计建设和国民政府时期的国家审计建设，主要包括各个时期审计组织机构和职权的变化。它使我们了解到中华民国审计既受到我国传统审计的影响，又受到当时世界国家审计现代化潮流的冲击。作者认为世界民主政治的蓬勃兴起是推动现代国家审计产生的重要力量，现代国家审计又是保障民主政治的核心——分权与制衡机制实现的不可或缺的方式之一。对于研究中华民国时期的审计来说，其不足之处有：一是在论述国家审计的产生和发展中，谈了中华民国时期的审计的引进和改良，但是，在民间审计和内部审计的产生和发展部分并没有涉及中华民国部分，这不利于我们系统地掌握中华民国时期的审计。二是认为现代国家审计的产生是民主政治的产物，同时审计又是实现民主政治的重要方式，作者深刻地揭示了民主政治和审计的关系，但是，并没有很好地说明经济和文化与审计的关系。因为现代国家审计既受民主政治发展的推动，也受经济和文化的影响。

（5）肖清益著的《中国审计史纲要》②

该著论述了我国自夏朝以来审计的历史演讲过程，侧重于分析审计活动的客观基础、审计机构的历史沿革情况、审计职责、审计对象和范围、审计方法和程序、审计依据等。该著在第十一章介绍了中华民国审计的演变，主要侧重于介绍审计制度和法规的变化，同时对政府审计产生和发展的背景（政治和法律）进行详细的介绍，审计制度和法规部分史料较为丰富，为我们进一步研究政治、法律和审计发展的关系提供了借鉴，但是，没有介绍这一时期的民间审计和内部审计，只介绍政治和法律环境，对经济和文化背景并没有涉及。

2.论文类

我们可以把论文类分为以下三类：

一是对中华民国时期的审计作总体介绍和评价的，如曹春的《中华民国审计简介》③。夏寒、蒋大鸣在《制度移植视角下的近代政府审计制度检讨》中提出，近代审计制度对保障财政的正常运转起到了积极的作用，但是在整个民国时期，由于民主基础薄弱、军阀强权等诸多因素的影响，并未充分发

---

①　文硕：《世界审计史》，企业管理出版社 1996 年版。

②　肖清益：《中国审计史纲要》，中国审计出版社 1990 年版。

③　曹春：《中华民国审计简介》，《河北审计》1998 年第 9 期。

挥效用。① 鄢定友认为,民国时期是中国政府审计制度建设从传统走向现代的重要历史时期。② 张建平、郑骏锋认为,民国时期是中国由古代审计向现代审计演变的过渡时期,在中国审计史中占据重要地位。③

二是从某一方面论述中华民国审计的。如刘鼎铭的《民国时期的中央审计机关与审计制度述论》④,张达聪的《民国时期审计制度的演进及其特点》⑤,冯敏的《辛亥革命与民国时期国家审计的发展》⑥,史全生的《略论民国审计制度的建立与发展》⑦,刘富珍的《中华民国时期政府审计特点探析》⑧,王香士的《民国时期广东省民间审计》⑨。

三是从某一角度论述民国某一时期政府审计的。如方宝璋的《北洋政府时期的审计机构和立法》⑩、《北洋政府时期的审计实绩与历史地位》⑪、《对国民政府时期审计的历史评价》⑫、《广州大元帅大本营时期的审计》⑬、《国民政府时期的审计机构与人员》⑭、《国民政府时期的审计立法》⑮、《国民政府时期的审计种类与方法》⑯,郑忠的《国民政府时期的审计教育述评》⑰,

———————————

① 夏寒、蒋大鸣:《制度移植视角下的近代政府审计制度检讨》,《审计与经济研究》2011 年第 4 期。

② 鄢定友:《民国时期政府审计机构的递嬗路向与思考》,《会计之友》2012 年第 12 期。

③ 张建平、郑骏锋:《民国时期审计对现代审计的借鉴与启示》,《中国注册会计师》2013 年第 7 期。

④ 刘鼎铭:《民国时期的中央审计机关与审计制度述论》,《南京审计学院学报》2004 年第 2 期。

⑤ 张达聪:《民国时期审计制度的演进及其特点》,《江汉论坛》1997 年第 1 期。

⑥ 冯敏:《辛亥革命与民国时期国家审计的发展》,《孙中山与辛亥革命——纪念辛亥革命 90 周年论文集》,江苏古籍出版社 2002 年版。

⑦ 史全生:《略论民国审计制度的建立与发展》,《民国档案》2003 年第 1 期。

⑧ 刘富珍:《中华民国时期政府审计特点探析》,2006 年江西财经大学硕士学位论文。

⑨ 王香士:《民国时期广东省民间审计》,《广东审计》1996 年第 8 期。

⑩ 方宝璋:《北洋政府时期的审计机构和立法》,《当代审计》1995 年第 2 期。

⑪ 方宝璋:《北洋政府时期的审计实绩与历史地位》,《当代审计》1995 年第 4 期。

⑫ 方宝璋:《对国民政府时期审计的历史评价》,《当代审计》1996 年第 1 期。

⑬ 方宝璋:《广东大元帅大本营时期的审计》,《当代审计》1995 年第 3 期。

⑭ 方宝璋:《国民政府时期的审计机构和人员》,《当代审计》1995 年第 4 期。

⑮ 方宝璋:《国民政府时期的审计立法》,《当代审计》1995 年第 5 期。

⑯ 方宝璋:《国民政府时期的审计种类与方法》,《当代审计》1995 年第 6 期。

⑰ 郑忠:《国民政府时期的审计教育述评》,《民国档案》2003 年第 1 期。

刘相平的《论南方革命政府审计工作的历史地位》①，鄢定友的《南京国民政府审计机制软化的原因管窥》②、《南京国民政府审计立法的机构特点》③、《授权·分割·制衡——南京国民政府审计职权演变的路径分析》④。夏寒提出，民国时期的事前审计制度对防止不法的财政支出发挥了一定的效用，但和实践之间存在落差。⑤

　　上述论文从审计机构、审计立法、审计教育、审计制度、审计职权、审计种类和方法等角度介绍和论述了民国时期审计的发展变化，使我们对民国时期的审计情况有一个比较全面的认识，为我们多角度地研究民国时期的审计思想提供了材料和思路，但是，其不足之处是所用的材料大都是当时的《审计法规》和《审计制度》，缺少书籍和期刊方面的材料。

　　第二类的文献主要以赵友良的《潘序伦的会计审计思想》⑥为代表。此文介绍了民国时期我国会计审计学家潘序伦的主要会计审计思想，主要包括他对审计与会计的关系、审计定义、审计目的、审计的对象和会计师的地位等问题的看法。这为我们研究潘序伦的审计思想，从而进一步研究中华民国的政府审计思想提供方法论的借鉴，但是，对于我们来说，要研究中华民国时期的政府审计思想，仅仅从当时著名审计学者的角度来研究，显然不够全面和系统。因为，审计思想既存在于著名审计学者中，又存在于一般审计工作者和审计研究者中，审计思想有时并没有特定明确的主体，它是无数审计人员集体智慧的结晶，同时，研究审计思想的材料是广泛的，它包括审计学者的著作和论文，审计机构出版的审计公报、审计法规、审计制度等，而上述研究审计学者的审计思想主要材料来自这些学者的著作和论文。

　　第三类的文献只有1部，即赵友良的《中国近代会计审计史》⑦。该著作分成两篇：第一篇以会计审计法制化规范化为主线介绍中华民国时期会计审计的产生和发展情况；第二篇以会计审计思想为主线探讨了会计审计思想的特征，介绍了会计审计学术著作、学术刊物、主要会计审计专家及其学

　　①　刘相平：《论南方革命政府审计工作的历史地位》，《民国档案》2003年第1期。
　　②　鄢定友：《南京国民政府审计机制软化的原因管窥》，《沧桑》2005年第5期。
　　③　鄢定友：《南京国民政府审计立法的机构特点》，《江苏警官学院学报》2004年第5期。
　　④　鄢定友：《授权·分割·制衡——南京国民政府审计职权演变的路径分析》，《贵州社会科学》2006年第1期。
　　⑤　夏寒：《民国事前审计制度评述》，《南京审计学院学报》2014年第4期。
　　⑥　赵友良：《潘序伦的会计审计思想》，《立信学刊》1996年第2期。
　　⑦　赵友良：《中国近代会计审计史》，上海财经大学出版社1996年版。

术思想。该著史料丰富,作者提出以会计审计的法制化、规范化作为划分近代与古代会计审计史的标准,并按这个标准确定 1912 年中华民国的成立为近代会计审计史的开端的观点,认为会计审计思想受中国传统思想和西方会计思想的影响,这些都是值得我们借鉴的地方,但是,该文只介绍了潘序伦、王璟芳和蒋明祺三位审计学者的审计思想,显然不够全面系统;同时,第一篇并不是为第二篇服务,即第二篇审计思想并不是在对第一篇材料分析的基础上论述审计思想的。

第四类的文献主要有:①我国著名会计史学家郭道扬教授的《中国会计史稿》(下册)①。他在第九章专门论述中华民国时期的会计,把中华民国时期的会计分成北洋军阀政府统治时期的会计和国民政府统治时期的会计两个部分。史料丰富,逻辑合理,可以让我们全面而详细地了解民国会计的产生和发展情况,涉及审计方面的主要有审计机构、法规、会计师事业的兴起和演进、会计审计教育和出版等。此大作有助于我们加深对民国时期会计和审计的关系的理解,为研究民国审计思想史提供很好的材料。②李宝震的《中国会计简史》简述了从原始社会会计的萌芽到社会主义社会会计的历史,涉及审计方面的主要有民国时期各个时期审计机构和法规的变化、会计师事务所执业、会计审计期刊的出版发行等情况。② ③韩东京所著的《中国会计思想史》以各个时期商业金融活动的发展为切入点,以政府对会计管理的政策为主线,阐述了从先秦时期会计思想的萌芽到当代中国会计思想的发展变化,揭示了科学技术、商业金融活动、产权变化以及文化传统等对会计思想的影响。在民国会计部分,主要剖析了民国中西会计思想的碰撞和创新,着重介绍了蔡锡勇、徐永祚、谢霖、潘序伦、杨汝梅、杨端六等人的会计思想以及民国政府的会计立法思想。③ ④宋丽智著的《民国会计思想研究》以会计思想演变的时间顺序为主线,对民国会计思想的变迁历程进行考察。④ ⑤美国学者迈克尔·查特菲尔德在其所著的《会计思想史》中高度肯定了中国古代在内部控制、预算和审计程序等方面在世界的领先地位。⑤

第五类的文献主要有:①郭华平的《中国审计理论发展体系研究》⑥。他

① 郭道扬:《中国会计史稿》(下册),中国财政经济出版社 1988 年版。
② 李宝震:《中国会计简史》,经济科学出版社 1989 年版。
③ 韩东京:《中国会计思想史》,上海财经大学出版社 2009 年版。
④ 宋丽智:《民国会计思想研究》,武汉大学出版社 2009 年版。
⑤ [美]迈克尔·查特菲尔德:《会计思想史》,文硕、董晓柏译,中国商业出版社 1989 年版。
⑥ 郭华平:《中国审计理论发展体系研究》,经济管理出版社 2007 年版。

比较全面地研究了我国审计思想,从古代审计思想、中华民国审计思想一直到现代审计理论的产生和发展。将我国古代审计思想划分为五个阶段。第一次提出"中华民国时期的审计思想"这一命题,并对它作专门的研究,把这一时期的审计思想分成三个部分:一是北京政府时期的审计思想;二是南方国民政府时期的审计思想;三是南京国民政府时期的审计思想。区分了审计思想、审计理论、审计理论结构、审计理论体系四者的联系与区别,区分了审计史和审计思想史的联系和区别。认为对中国古代审计思想研究应从四个方面进行追溯,即著作、人物、机构和制度。这些对于我们进一步研究中华民国时期的政府审计思想提供了很大的帮助,但是,其不足之处主要有:一是缺乏对民间审计思想和内部审计思想的研究;二是研究审计思想的材料大都来自机构、制度,缺少书籍方面的材料;三是以北京政府时期、南方国民政府时期、南京国民政府时期三个阶段来研究审计思想时,在具体提炼某个审计思想时,没有很好做到前后三个时期的联系,例如,把公正性思想划入南京国民政府时期的审计思想来研究,并举例审计例会制度加以佐证,其实在北京政府时期的《审计条例》中,就已对审计会议作出具体的规定。这也是审计公正性思想的体现。又如,把监审合一思想划入南方国民政府时期的审计思想来研究,没有论及监审合一思想在南京国民政府时期的发展情况。

②方宝璋著的《民国审计思想史》,从纵向上把民国审计思想划分为三个发展阶段,从横向上把民国审计思想分成审计定义思想、审计分类思想、审计目的与作用思想、内部牵制制度思想、审计方法与方式思想、审计程序思想、分项审计思想、审计工作底稿与报告思想、政府审计立法思想、审计职业道德与责任思想十个专题进行阐述;从整体上概括了民国审计思想的四个特点:学习西方,结合国情,重视历史传统、重视理论与实践相结合、重视审计的独立性、体现了民主法治理念,揭示了民国审计思想的概貌和发展脉络。①

③美国学者贝利和格拉姆林等所著的《内部审计思想》是一部内部审计思想方面的名著。作者阐述了内部审计产生的原因、职能的变化和发展、职业的展望、内部审计与组织治理的关系等。该著的主要观点是把内部审计看作组织治理不可或缺的一部分,分析内部审计活动的利益相关者,突出内部审计在风险评估与风险管理审计领域的巨大潜力,考虑信息技术对内部审计理论和实务的影响等。②

---

① 方宝璋:《民国审计思想史》,中央编译出版社 2010 年版。
② [美]贝利、[美]格拉姆林:《内部审计思想》,王光远等译,中国时代经济出版社 2006 年版。

二、研究成果与不足

上述文献的研究成果可以归纳为以下四点:

(1)较为详细地再现了民国审计史的全貌和发展脉络。以李金华编著的《中国审计史》(第二卷)和方宝璋著的《中国审计史稿》为代表,对中华民国时期的审计史进行了较为全面的研究,主要包括审计机构和人员、审计制度、审计法规、审计活动、会计师事业和内部审计等方面,这些研究史料较为丰富,已经基本上厘清了民国审计史的发展脉络。

(2)明确了民国审计史在我国审计史中的地位。例如,方宝璋把我国审计史划分为三个时期,即古代审计时期、近代审计时期、现代审计时期。他认为民国审计史属于近代审计时期,与古代审计相比,是个巨大的发展,表现为建立一套比较完备的审计立法体系、审计方法和方式的拓展等。

(3)探索了民主与政府审计的关系。例如,文硕认为世界民主政治的蓬勃兴起是推动现代国家审计产生的重要力量,现代国家审计又是保障民主政治的核心——分权与制衡机制实现的不可或缺的方式之一。

(4)对民国审计思想史进行了初步的研究。例如,赵友良的《潘序伦的会计审计思想》和郭华平的《中国审计理论发展体系研究》,尤其是郭华平第一次提出"中华民国时期的审计思想"这一命题,研究了审计史和审计思想史的联系和区别,提出了审计史不同于审计思想史的观点。

以上著述总的说来为后人的研究在观点和思路上提供了有益的启示,在材料的收集上提供了诸多的参考和线索,有些研究就个体局部来说,已比较深入细致,但也有不足之处,主要有:

(1)以往的研究大都侧重于对审计史的研究,很少从审计思想史的角度进行研究。审计史不同于审计思想史,审计史侧重于具体审计活动、审计事件的研究,审计活动的开展离不开一定的审计思想为指导,审计思想史研究的就是这些审计活动、审计事件所体现的思想。我们研究历史的主要目的是"以史为鉴",而"以史为鉴"的关键是要归纳出历史活动和事件中所体现的思想,总结经验教训,而不是单纯的历史性描述,因此,从这种意义上说,审计思想史的研究比单纯的审计史研究更有意义。

(2)以往对民国政府审计思想的研究,成果数量少,涉及的范围狭窄,显得零星分散,远不能反映民国政府审计思想的主要特征。

(3)以往的研究很少用现代审计和经济理论来分析民国时期的政府审计思想,即缺乏对民国时期政府审计思想的理论分析。

(4)以往的绝大部分研究成果都没有把民国政府审计思想与当代审计

的改革、发展结合起来探讨。

（5）以往的研究对史料的收集、整理和发掘不够，大大限制了研究的深度和广度。例如，一些著作虽然有专章、专节涉及这一时期的审计思想，但阐述得比较笼统，既没有引用原文，也没有进行比较细致深入的分析，基本上就是概要式的介绍，而且其论及的个体和局部并不一定很有代表性和典型性。

第三节　研究思路和方法

一、研究思路

1. 材料的提炼思路

思想是人们对实践活动思维的结果。脑神经是思想活动的生理基础，我们无法通过研究脑神经来了解人们的思想，只能通过它的间接载体，如人们的谈话、著作、论文等了解人们的思想，同时有许多思想并没有特定明确的主体，而是许多人集体智慧的结晶，如颁布的制度、法规、公报、通告以及出版的论著等，都是这些思想的间接载体。另外，还有一些思想没有间接的载体，它只存在于人脑中，没有表现出来。因此，对思想的认识是相对的，而不是绝对的。研究思想只能从思想的间接载体入手，在广泛占有各种载体即材料的基础上，进行分析、综合、推理、归纳，从中提炼出思想。同理，研究中华民国时期的政府审计思想，就必须广泛占有当时反映政府审计思想的材料，例如，著作、论文、审计法规、审计制度、审计公报、政府公报以及审计档案等，对这些材料进行分析、综合、推理、归纳，从中提炼出民国时期的政府审计思想。

2. 研究对象的选择思路

民国时期的政府审计思想相对丰富，我们不能面面俱到，应该有所为有所不为，我们只能对那些重要的政府审计思想进行研究，具体有以下标准：一是能够一定程度上代表那个时代的比较突出的政府审计思想；二是对现在有一定借鉴意义的政府审计思想；三是有一定的系统性，对问题的发生、发展及其利弊，应对的方法，都提出见解，不是散漫无稽的只言片语。结合上面三点，我们具体选择民国政府的审计立法思想、审计组织体制思想、监审合一思想、审计人员职业化思想、军费审计思想、审计会议思想和审计公告思想为主要研究对象。

3.论文的布局思想

论文的布局遵循总—分—总的思想。第一部分属于总体部分,主要阐述政府审计思想的理论基础,目的是解决为什么需要研究政府审计思想的问题,并进一步揭示民国时期政府审计思想的时代背景,以明确民国时期政府审计思想这个系统和外部环境的关系。第二部分分专题以民主法治的视角对民国时期政府审计思想的七大子系统(即审计立法思想、审计组织体制思想、监审合一思想、审计人员职业化思想、军费审计思想、审计会议思想和审计公告思想)进行研究,并结合当前我国的审计实践,提出了对我国当代审计改革的具体借鉴思路。第三部分是文章的结论部分,其结论有五点:一是认为民国时期政府审计七大子系统之间是相互联系和相互制约的,其目的是从政府审计思想内部角度揭示各个子系统之间的关系;二是认为民国时期政府审计思想的主要特征是民主法治思想,以揭示贯穿七大思想系统的逻辑主线;三是提出近代政府审计是民主法治的工具;四是指出了民国时期政府审计思想的局限性;五是总结了民国时期政府审计思想对当代的启示。

二、研究方法

1.历史和逻辑相统一的研究方法

历史的方法是逻辑的方法的基础,没有对事物发展历史的考察,逻辑的分析方法便会脱离实际,流于空泛;逻辑的方法是历史的方法的依据,没有对事物发展的内部逻辑关系的分析,历史的考察就会是杂乱无章的事实堆砌。因此,历史和逻辑的方法必须相互结合,融为一体。运用历史和逻辑的方法研究中华民国时期的政府审计思想就是对民国时期政府审计思想的逻辑分析建立在对这一时期审计活动或审计事件历史过程的考察之上,把"民主法治"这一逻辑主线的分析贯穿于整个政府审计思想中。

2.系统研究方法

系统是由一些相互联系、相互制约的若干组成部分结合而成的、具有特定功能的一个有机整体(集合)。运用系统分析法来研究民国时期的政府审计思想就是把它看作一个系统,研究它与外部环境的关系以及政府审计思想内部各要素之间的关系。以民主法治的视角分析民国时期的政府审计思想,认为民国时期的政府审计思想系统主要包括审计立法思想、审计组织体制思想、监审合一思想、审计人员职业化思想、军费审计思想、审计会议思想和审计公告思想这七个子系统,这七个子系统既相互区别又相互联系。

3.多学科相结合的方法

拙著主要运用哲学、政治学、法学和经济学的理论分析政府审计思想，例如，运用经济学的委托代理理论，分析民国时期的监审合一思想，把经济学的代理成本理论融入政治学和法学中，提出民主法治成本的概念。

第四节　研究框架

本拙著的研究框架如图 1-1 所示。

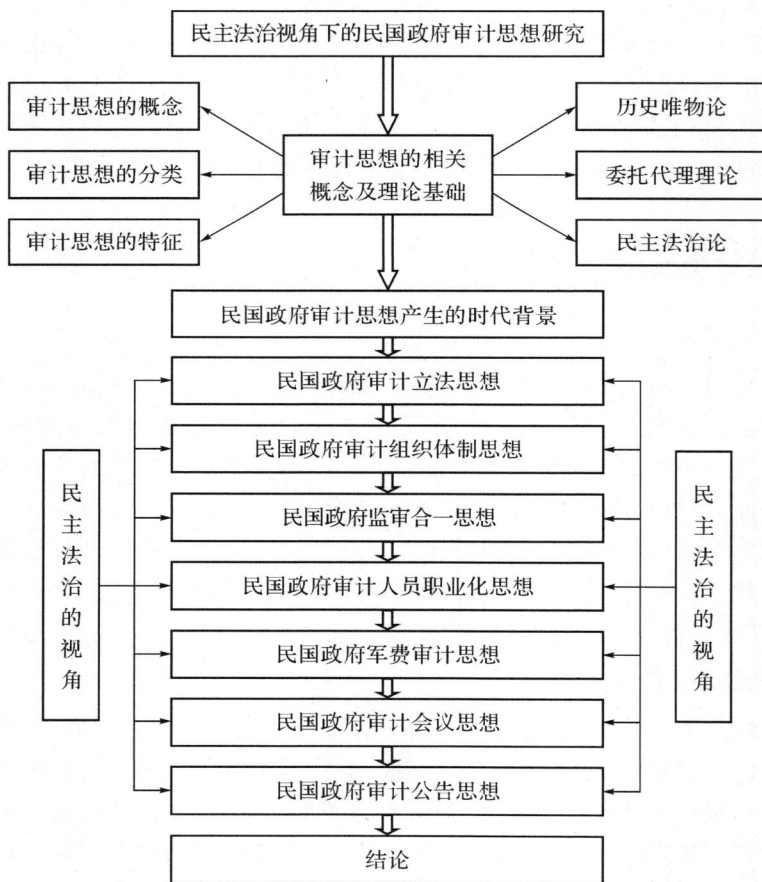

图 1-1　研究框架

第五节 创新与不足之处

一、创新之处

1. 观点新

拙作一是提出民国时期政府审计思想的主要特征是民主法治思想,二是提出近代政府审计是民主法治的工具。

2. 角度新

拙著以民主法治的视角对民国时期的政府审计思想进行比较全面、系统的研究。以往对民国审计思想的研究有两个角度:一是从个体角度,例如,赵友良的《潘序伦的会计审计思想》及《中国近代会计审计史》(此文研究王璟芳和蒋明祺的审计思想);二是以历史分期的角度,例如,郭华平的《中国审计理论发展体系研究》一文。

3. 发现和收集新的材料

笔者在借鉴已有研究成果的基础上,收集了民国时期各种期刊上的有关审计研究的论文以及相当的审计学著作和审计档案,所收集的材料比前人有很大的扩展。

4. 结合当代审计实践

拙著在分析民国时期政府审计思想的基础上,进一步研究民国时期政府审计思想对我国当代政府审计改革的借鉴。

二、不足之处

1. 缺乏对民国时期政府审计思想实际效果的实证研究

拙著虽然收集了一些民国政府审计的实际效果的相关数据,但主要还是从理论上、规范上分析民国时期政府审计思想中体现的民主法治思想,未来应进一步收集民国时期政府审计思想的实际数据,以作实证研究。

2. 只围绕主要方面,未分析次要方面

拙著主要围绕民国时期政府审计思想的主要方面,即政府审计立法思想、政府审计组织体制思想、政府监审合一思想、政府审计人员职业化思想、政府军费审计思想、政府审计会议思想和政府审计公告思想,并没有对政府审计思想的次要方面作进一步分析。

第二章　审计思想的相关概念及理论基础

第一节　审计思想的相关概念

概念是人们对事物本质的认识,也是逻辑思维的最基本单元和形式。要研究民国时期的政府审计思想,首先要对审计思想的相关概念有一个比较清楚的认识,它是我们进一步研究民国时期政府审计思想的基础。下面主要阐述审计思想的概念、审计思想的分类和审计思想的特征。

一、审计思想的概念

在汉语词典里,有关思想的概念解释有:"①客观存在反映在人的意识中经过思维活动而产生的结果;②念头,想法;③思量。"①无论是第二种的想法,还是第三种的思量,都要经过人的思维活动,因此,我们认为第一种的解释不但能体现后两种的解释,更能揭示思想的本质——一种思维活动产生的结果。认识了思想的概念后,要进一步搞清楚审计思想的概念。审计的主体是审计人员,只有人才会有思想,而动物没有思想。因此,审计思想是客观存在的,反映在审计人员意识中的,经过审计人员对审计进行思维活动而产生的结果。这里需要说明两点:其一,不是审计人员所有的思想就是审计思想。审计人员只有对审计进行思维活动而产生的思想,才是审计思想,而对其他生产、生活活动产生的思想不是审计思想。其二,这里的审计人员是指广义的审计人员,不但包括审计实务和审计管理工作者,还包括审计研究者以及其他从事审计相关工作的人员。

---

① 中国社会科学院语言研究所词典编辑室编:《现代汉语词典》,商务印书馆 2002 年版,第 1194 页。

二、审计思想的主要分类

审计思想的概念是从内涵角度了解审计思想，审计思想的分类则是从外延角度进一步明确审计思想。审计思想主要可从以下四个角度进行分类：

1. 按审计主体分，可以分为政府审计思想、内部审计思想和民间审计思想

政府审计思想是指审计人员对政府审计进行思维活动产生的结果。内部审计思想是指审计人员对内部审计进行思维活动产生的结果。民间审计思想是指审计人员对民间审计进行思维活动产生的结果。民国时期不但产生了近代政府审计及其思想，而且随着资本主义经济的发展，股份公司的兴起，出现了以验资、代理账务、查账等为主要业务的会计师事务所，民间审计及其思想应运而生。同时，在政府内部和企业内部出现了以内部稽核为特征的内部审计及其思想。

2. 按审计要素分，可以分为审计标准思想、审计主体思想、审计对象思想、审计程序思想和审计结果思想

要理解审计要素，必须先确定审计的定义。这里需要说明的是审计的含义随着时代的发展而发展，正如方宝璋指出："审计的内涵，其最初最基本的含义，一般是指由原会计人员以外的第三者主要通过查账对有关部门的经济活动进行审查监督。以后随着社会经济的发展，审计工作不断得到发展，审计概念也不断发生变化。"[①]因此，我们不能以当今审计含义的标准来衡量民国时期的审计。审计思想是审计人员对审计进行思维活动产生的结果。审计含义体现了审计人员对审计思维的主要方面，要进一步研究民国时期的审计思想必须了解当时审计人员对审计含义的界定。民国时期，吴应图在 1927 年初版的《审计学》中指出："监督（Audit）云者，对于他人之记账计算，是否无谬误舞弊，决算报告表，是否能制作适当，足以表现该事业之真正财政状况及营业成绩，加以检查证明之谓也。"[②]1935 年，潘序伦、顾询在合著的《审计学》一书中提出："审计（Auditing）云者，对于他人所作成之会计记录，用有系统有组织之方法，为全部或一部检查，以确定其会计记录之是否适当，是否足以正确表示该企业之财政状况及经营成绩，同时更指正其谬

---

① 方宝璋：《中国审计史稿》，福建人民出版社 2006 年版，第 1 页。
② 吴应图：《审计学》，商务印书馆 1927 年版，第 1 页。

误,摘发其诈弊,并为出具报告书或证明书,以表示其客观意见之谓也。"①
1936 年,龚树森在《审计学概要》中对审计作了简明扼要的定义:"审计云者,
乃审核他人之会计,决定正确之财政状态及经营结果,而报告其关系者之
谓。"②上述学者的审计定义属于一般审计定义。

　　雍家源在《中国政府会计论》中对政府审计的定义为:"审计者(Audit),
乃就会计上之报表、账簿及原始单据,加以稽查,并予以证明之谓……将以
上五端所得审查之结果,汇编一份报告,以表明审查者之地位权限,所经审
查之事实,及贡献意见之若何。"③袁际唐在《立信会计季刊》1941 年第 12 期
刊文指出了政府审计的工作有六种,其中第六种为"将上列各项审查所得之
结果,汇编审查报告,以示其审查之经过情形,并将财务上之处置,是否合
法,签署意见,予以证明。"④1941 年,著名政府审计专家蒋明祺在《政府审计
原理》一书中提出:"政府审计者,由政府专设机关,于各级政府岁出入实现
收付与发生权责之原因事实与结果加以审核;并对其达成收付实现与权责
发生诸程序及关系问题加以稽察;依政府法令与经济理则;除纠正谬误摘发
诈弊,暨特为证明:使财务主管官吏之行为,有不经济不法与不忠于职务时
得以确断;否则其责任亦可获予解除外;仍检查行政效能,提供适当意见之
制度也。"⑤

　　综合上述学者专家的审计定义思想,我们可以认为他们在对审计进行
思维活动时,主要围绕以下五个要素:

　　一是审计主体。吴应图、潘序伦和龚树森的审计定义思想中,虽然没有
直接提出"审计主体",但间接表明审计主体要独立于审计对象,吴应图的
"对于他人之记账计算",潘序伦的"对于他人所作成之会计记录",龚树森的
"他人之会计",这些都表明了审计主体是审查他人,而不是审查自己。在蒋
明祺的审计定义中"政府专设机关",就是审计主体。蒋明祺进一步指出:
"在中央为隶属于监察院之审计部,在地方为审计部分设于各省及直隶行政
院各市之审计处;暨不能依行政区域划分各公有营业机关,各公有事业机关
与各特种公务机关之审计办事处。"⑥这些机关"皆政府专设,所以求其超然。

---

①　潘序伦、顾询:《审计学》,商务印书馆 1936 年版第 1 页。引文中"有系统有组织"
原文误作"有系统有织组"。

②　龚树森:《审计学概要》,正中书局 1936 年版,第 1 页。

③　雍家源:《中国政府会计论》,商务印书馆 1933 年版,第 352—353 页。

④　袁际唐:《政府审计之检讨》,《立信会计季刊》1941 年第 12 期。

⑤　蒋明祺:《政府审计原理》,立信会计图书用品社 1947 年版,第 2 页。

⑥　蒋明祺:《政府审计原理》,立信会计图书用品社 1947 年版,第 2 页。

尤其在行使五权宪法之我国,审计权既与弹劾权并列而为监察权之两大部分,审计机关更特有其独立性与完整性,是故审计人员遂能独立行使其审计职权,不受干涉"①,在这里,他实际上已经明确地揭示了这种政府专设机关的特征——监审合一。

二是审计对象。吴应图、潘序伦和龚树森认为审计对象为会计记录,而蒋明祺认为审计对象为"各级政府岁出入实现收付与发生权责之原因事实与结果",以及"收付实现与权责发生诸程序及关系问题"。"岁出入收付"就是各种财政资金收支计算和决算,权责发生程序及关系其实就是各级官吏财政上的不法和不忠于职务行为,审计的目的之一是鉴定他们的经济责任问题。

三是审计标准。蒋明祺提出的"政府法令与经济理则",就是审计的依据和标准。其中"政府法令,系由政府颁布关于财务计政暨一般政务之一切法律命令;所谓成文法者,实为主要。经济理则,指社会遗留对于公私经济之习惯例证,暨社会公认之理论法则;所谓不成文法者,当亦兼容"②。这种划分法与法学上把法律分为政府颁布的法令、法规成文法与民间约定俗成的不成文习惯法是一致的。蒋氏认为两者"是皆审计机关及其人员在行使审计职权时,所当遵从依照者也"③。

四是审计程序。虽然上述学者在审计定义中并没有直接提出"审计程序"这一专业术语。但审计必定要经过一定的程序。上述学者在审计定义中其实已经间接提到审计要经过一定程序的思想。根据潘序伦和顾询的审计定义,审计的一般程序为:"用一定的方法——检查一部或全部——确定会计记录正确性、揭弊查错——审计报告。"蒋明祺在政府审计定义中也没有直接提出审计程序,但他在《政府审计原理》中指出了审计程序的重要性,"在政府审计,职责混淆,标准散漫,步骤参差,条理错杂,必不能计日有功也明矣,是故政府审计程序尤显重要。且其与普通审计之查账程序,颇有殊异,即后者除对应办之事项与办理之次第,订有共通原则外,对于案件进行之责任,工作执行之手续,尤有明确之标准也"④。同时,他把政府审计程序分为三个阶段:

(1)初审阶段。"初审阶段,在部由科员或佐理员办理,归科长综理负责;在处由佐理员办理,归股长综理负责;实为执行审计职务之重要基础。

---

① 蒋明祺:《政府审计原理》,立信会计图书用品社1947年版,第2—3页。
② 蒋明祺:《政府审计原理》,立信会计图书用品社1947年版,第6页。
③ 蒋明祺:《政府审计原理》,立信会计图书用品社1947年版,第6页。
④ 蒋明祺:《政府审计原理》,立信会计图书用品社1947年版,第170—171页。

缘科员或佐理员无论出外办理就地之驻在或巡回审计,或在外办理送达审计,均须直接接触被审计对象,必须明了其案件,并从事检查审核,其有无疑义,俱载于审核报告或稽察报告,从而决定之事由,业已备具,无可变更,故为复审与终审之基础。为求慎妥,并为确定初审之负责人,故再由主管科长(或股东),就其所辖人员之报告,而为副署,或加附执行意见,以转呈于主管厅长(或主任),是为初审之终结。"①

(2)复审阶段。"复审阶段,在部由厅长及主管审计负责;在处由组主任负责,实为执行审计事务之必要过程。盖办理终审之人员,既甚少;而初审终结之案件,则极繁。对于案件之内容与处理之经过,及主管人员加附之意见,如不经过复核校正,则不能遽为最后之决定;如遽为决定,必难免有舛错贻误之处,不足以表示行使审计职权之至公尽当也。厅长(或主任)对于各主管科所呈送之初审报告,应详加核阅,并加附意见,准备提交审计会议或审核会议,是为复审之终结。然审计参加审计会议,既不能临时为复核与校正,或对初审复审所加附之意见为考虑与决定,必须于开会前送经审查,以为开会之准备。此盖与一般会议之预为审查,或举行预备会者相当。审查以后,决定办法,经会议讨论,除另有修正意见,或依原意见引起疑难问题,不能立时解决外,大致均照各主管审计之认可或否决意见,而为决议……处内复审之负责人为主任,就初审案件,加附意见,送呈处长后,即为复审之终结。"②

(3)终审阶段。"终审阶段,在部由审计会议为负责之法人,在处以审核会议为负责之法人。此为执行审计职务之最后阶段,尤其为会议精神之惟一表现。惟事实上,对于无疑义之支付书,依法须在收受之日起三日之限期内,核签送出,而审计会议之集会则每星期一次;其核签也,自不及等待审计会议履行终审手续。故常由部长就主管厅之复审结果,提前签印送出,俟开会时再将已执行之案件,提会追认。其余有紧急性质之案件类此。此外各案件,均须提经审计会议决议后,再执行之。是故部长之提前执行,为终审之例外。而审计会议之决议,为终审之终结。处内审核会议之决议,为终审之终结。其以驻外审计资格径为决定;同时以处长资格,提前执行,为终审之例外。"③

从上可知,政府审计程序的关键是审计会议,即在审计部以审计会议,

---

① 蒋明祺:《政府审计原理》,立信会计图书用品社 1947 年版,第 171—172 页。
② 蒋明祺:《政府审计原理》,立信会计图书用品社 1947 年版,第 172—173 页。
③ 蒋明祺:《政府审计原理》,立信会计图书用品社 1947 年版,第 173 页。

在审计处以审核会议作为审计程序的核心。

五是审计结果。吴应图在审计定义中,并没有提出审计结果如何处理。潘序伦和顾询的审计定义中指出:"出具报告书或证明书。"龚树森的审计定义中表明经审计的财政状况和经营成果要向关系人报告。雍家源和袁际唐在政府审计定义中,都提到了审计结果问题,就审计结果编成审计报告,发表意见。

审计标准是审计的依据和准绳,如审计法律、审计制度等都属于审计标准。审计标准思想是审计人员对审计标准的制定、修改等工作进行思维活动的结果,如审计立法思想。审计机构和人员思想是指审计人员对审计机构的设置、变更和审计人员的资格、任用、审计职权的行使等方面进行思维的结果。审计对象思想是审计人员对于如何确定审计工作的客体进行思维活动的结果。审计程序思想是指审计人员对审计活动或过程所经过的途径进行思维活动的结果。审计结果思想是指审计人员对审计结果如何处理进行思维活动的结果。

拙著主要是基于这种分类,对民国时期的政府审计思想分别从审计标准、审计主体、审计对象、审计程序和审计结果五个角度进行研究。

3. 按审计思想的发展水平分,可以分为审计思想、审计理论、审计理论结构和审计理论体系

审计理论是系统化的审计思想。审计理论结构是审计理论的进一步发展,它是审计理论的构成要素及其相互关系。审计理论体系是审计理论结构的进一步深化,若干相互联系的审计理论结构就组成审计理论体系。可见,审计理论体系是审计思想发展的最高阶段。民国时期的绝大部分政府审计思想停留在审计思想及其审计理论阶段。

4. 按审计思想的存在方式分,可以分为四个层次

第一层次是隐性审计思想。审计人员对审计活动思维后,形成的审计思想没有通过语言表达出来,别人没法知道这种思想。第二层次为语言类审计思想。它是指审计人员对审计活动进行思维后通过语言(包括书面语言和口头语言)表达出来的审计思想。第三层次是制度类审计思想。它是指审计人员对语言类审计思想进行加工,以正式的或强制性的约定来指导和约束审计活动,可称为制度性审计思想。这类审计思想的表现形式有:审计法律、审计法规、审计准则、审计机关的管理制度等。第四层次是行为类审计思想。它是指通过审计行为活动体现出来的审计思想。人们的审计行为活动通常在一定的审计思想指导下进行的,因此,我们可以通过分所审计行为活动来挖掘背后隐藏的审计思想。第二、第三、第四层次的审计思想都

是显性审计思想。显然,在研究民国时期的政府审计思想时,我们只能研究显性审计思想。

三、审计思想的特征

审计思想的特征主要有以下几点:

1. 主观性

思想离不开人的思维活动,而人的思维活动本身就具有主观性。就审计思想来说,它比一般思想的主观性更加突出。审计思想是审计人员的思想,是审计人员对审计实践思维的结果,这种思维过程,是感性认识上升为理性认识的过程,涉及判断、想象、推理等逻辑方法,尤其涉及大量的主观判断。Edward,J.Joyce(1976)认为:"审计人员在收集信息的类型和范围,以及评价信息的含义时运用了职业判断,这种判断受到个人教育背景及工作经验的影响。"[①]审计通常由具有一定等级结构和工作分工的审计组来完成的,在这种情况下,审计组负责人经常对下属提供的审计证据作出判断。[②]审计学权威莫茨(Mautz)也认为:审计判断在审计工作中扮演着一个不可缺少的重要角色。克涅科(Robort kneehel)在其所编的《审计学》中提出:"在审计过程中,尽管审计人员会用到很多正式的工具和技术,但审计自始至终都是一个判断的过程。"[③]这里,需要特别指出的是,民国时期的审计学者,已经认识到审计是一种判断的思想。民国时期会计师徐英豪认为审计的对象为会计记录,但一个企业的会计记录未必能代表企业真实的财务情况,"判断——夫所谓确定财务之情况,换言之,即确定每一科目之价值。然评价一事,至为困难,盖评价时往往掺杂主观之见解,而背于客观之实情。会计之学,究非纯粹科学,为数学不同,其数值之决定,非可由机械之方程式中能求得之,而有赖于衡量,评估判断而成,是以必须借专家至公无偏之意见,以求获得近似值也"[④]。这里的专家指的就是审计人员,"以求获得近似值也",其实表明了审计是一种再判断,即对会计记录的再判断。

由于主观判断和客观并不完全一致,因此,审计思想和审计实践的关

---

① Edward,J.Joyce. "Studies on Human Information Processing in Accounting", Journal of Accounting Research,1976(14):29-60.

② Watson,J. H. "The Structure of Project Teams Facing Differentiated Environments: An Exploratory Study in Public Accounting Firms", The Accounting Review,1975(4):259-273.

③ 转引自魏明海、许晓青:《有限理性下的审计判断》,《广东审计》2000年第12期。

④ 徐英豪:《论审计之对象》,《公信会计月刊》1940年第3卷第3期,第86页。

系,可能分为三种情况:一是审计思想符合审计实践,二是审计思想落后于
审计实践,三是审计思想超前于审计实践。

2.可知性和不可知性

审计思想的可知性是指人们可以借助一定的媒介(制度、书籍、谈话和
文件、事件等信息媒介)了解审计思想的产生、发展和变化。不可知性是指
审计思想不能完全表达和完全认识。一方面,审计思想存在于人脑中,需要
复杂的神经系统表达出来,而人的表达能力是有限的,无法把全部思想通过
媒介来表达;另一方面,人们在研究某一审计思想时,受自身的有限理性约
束(例如,知识结构和生理结构),无法完全掌握清楚某一思想。审计思想的
可知性为我们研究审计思想提供了可能性。

第二节　理论基础

民国时期政府审计思想的理论基础有:一是历史唯物论,二是委托代理
理论,三是民主法治理论。下面对这三个理论分别进行阐述。

一、历史唯物论

历史唯物论认为社会存在决定社会意识,社会意识对社会存在具有反
作用。马克思指出:"人们在自己生活的社会生产中发生一定的、必然的、不
以他们的意志为转移的关系,即同他们的物质生产力的一定发展阶段相适
合的生产关系。这些生产关系的总和构成社会的经济结构,即有法律的和
政治的上层建筑竖立其上并有一定的社会意识形式与之相适应的现实基
础。物质生活的生产方式制约着整个社会生活、政治生活和精神生活的过
程。不是人们的意识决定人们的存在,相反,是人们的社会存在决定人们的
意识。"①审计思想是一种社会意识,审计思想赖以存在的社会环境,即社会
存在,对审计思想的产生和发展起着决定作用,审计思想对社会存在具有反
作用。用先进的审计思想来指导审计实践,则能够推动审计实践的发展;反
之,则会阻碍审计实践的发展。我们研究民国时期政府审计思想的目的之一
就是吸收那时审计思想的合理、科学的成分,结合我国当前的审计实践,为我
国审计实践的发展提供有益的启迪,推动我国当前审计实践的发展。

---

① 中共中央马克思恩格斯列宁斯大林著作编译局编:《马克思恩格斯选集》(第二
卷),人民出版社 1972 年版,第 82 页。

二、委托代理理论

随着社会生产力和分工的发展,所有者不直接管理自己的财产而将财产托付给他人经营时,就产生了一种委托代理关系。所谓委托代理关系是"一个人或一些人(委托人)委托一个人或一些人(代理人)根据委托人利益从事某些活动,并相应地授予代理人某些决策权的契约关系"[①]。财产所有者是委托人,财产经营者是代理人。委托人和代理人都是理性的经济人,双方的目标都是为了实现自己的效用最大化。但委托人和代理人的目标存在着不一致,代理人为实现自己的目标可能会损害委托人的利益。同时,委托人和代理人之间存在着信息不对称,会引起事后的"道德风险"和事前的"逆向选择"等代理问题。这种由于所有者和经营者信息的不对称和目标的不一致给所有者造成的价值损失,称为第一类代理成本。

同时,委托人和监督者又形成了另一种代理关系,委托者委托监督者对经营者进行监督,但委托者和监督者之间同样存在着目标不一致和信息不对称,也会产生监督者为达到自己的目标而损害委托者的行为。委托者和监督者之间形成的代理关系所产生的代理成本,可称为第二类代理成本。第二类代理成本的产生是为了降低第一类代理成本的需要。

社会公众和政府也是一种委托代理关系。社会公众把公共资金委托给政府管理。社会公众是公共资金的最终所有者,政府是公共资金的经营管理者。社会公众与政府存在着信息的不对称和目标的不一致,这样会给社会公众造成价值的损失,这种价值损失属于第一类代理成本。为降低第一类代理成本,社会公众委托政府审计部门对政府受托经济责任进行监督。因此,社会公众和政府审计部门也是一种委托代理关系,他们之间也存在着信息的不对称和目标的不一致,同样会给社会公众造成价值损失,这种价值损失属于第二类代理成本。

由上可知,政府审计的产生是为了降低第一类代理成本的需要。政府审计思想是审计人员对政府审计进行思维活动产生的结果。审计人员为什么要对政府审计进行思维活动,为什么需要政府审计思想呢?无非是为了更好地指导审计实践,提高监督收益,促使政府目标与社会公众的目标一致,减少社会公众的价值损失,即降低第一类代理成本。同时,在降低第一类代理成本的同时,必须降低第二类代理成本。如果第二类代理成本太大,

---

① Jensen & Meckling W. H. "Theory of the Firm: Managerial Behavior, Agency Costs and Ownership Structure", Journal of Financial Economics, 1976, 3(4).

那么社会公众就会选择其他的监督机构,政府审计机构在与其他监督机构的竞争中就会失败,这样,社会公众和政府审计部门的代理契约就不会产生,因此,为了不被其他监督机构代替,作为政府审计部门来说,在提高监督收益的同时,有降低监督成本的需要。这就涉及对政府审计部门如何减少审计监督成本的思维,也就是说,审计人员对政府审计部门如何减少审计监督成本进行思维的结果而产生的审计思想是为了降低第二类代理成本的需要。作为社会公众来说,也有必要设计各种审计制度,监督政府审计部门,降低自身与政府审计部门的信息不对称,以减少第二类代理成本。也就是说,审计人员对这些审计制度进行思维的结果而产生的政府审计思想是为了降低第二类代理成本。总之,政府审计思想的产生是为了降低第一类和第二类代理成本。

三、民主法治论

按照社会契约论,社会公众和政府之间的关系是一种契约关系。洛克在《政府论》中认为:"人类在自然状态下是自由平等的,但是他们的人身和财产得不到保障,人们为了更好地维护自身的自由、平等、人身、财产等民主权利,把部分权力让渡给国家和政府,依靠国家和政府来保护他们的自由、财产等权利,制定法律交由政府去执行等。"①因此,社会公众把权力让渡给国家和政府是为了更好地维护自己的民主权利,但是,国家和政府获得公众的授权后,就有滥用权力的可能性,权力的滥用和膨胀反过来会侵犯公众的民主权利。为保护自身的民主权利,社会公众委托政府审计部门对政府进行审计监督,授予政府审计部门各种权力,以审计权力来制约政府的权力,因此,政府审计就成为民主的工具,即审计民主。除了以权力来制约权力外,还可以用法律来制约权力,即社会公众制定各种法律,使政府的权力在法律的框架里运行,以法治来制约政府的人治,但是,社会公众由于自身的知识存量和搭便车等问题,不能有效地检查政府的权力是否在法律的框架里运行,又需要委托政府审计机关对政府有无违法各种财经法纪进行审计,因此,政府审计又成为监督政府有无违法财经法纪的工具,成为一种法治的工具,即审计法治。

一方面,为了更好地促进审计民主和审计法治,需要对政府审计(如审计机构的设置、审计人员选拔、使用和考核、审计法律的制定、审计对象的选择、审计程序和审计结果等)进行思维,这种思维活动产生的结果,也属于政

---

① 　[英]洛克:《政府论》,叶启芳、瞿菊农译,商务印书馆1964年版。

府审计思想。因此,政府审计思想的产生是审计民主和审计法治的需要。

　　另一方面,政府审计部门获得公众的权力后,它们也有滥用审计权力的可能性,主要表现为审计过度、审计不作为,甚至和被审计部门合谋。社会公众也需要制定审计法律,来制约政府审计部门的权力,促使它们依法审计。同时,作为政府审计部门来说,为了获取社会公众的信任,也必须在内部建立一套审计权力的监督制度,实行民主审计,树立良好的政府审计形象。审计人员对如何制定审计法律,制约政府审计部门的权力进行思维,也对如何建立一套审计权力的内部监督制度进行思维,这些思维活动的结果,也属于政府审计思想。可见,政府审计思想的产生也是为了促进民主审计和依法审计的需要。

第三章 民国政府审计思想产生的时代背景

第一节 清末、民国时期的政治

　　清朝是中国最后一个封建王朝。1840 年至 1842 年发生的第一次鸦片战争,以清政府的失败而告终。《南京条约》的签订,标志着中国领土、领海、司法、关税和贸易开始遭到严重破坏,中国开始从封建社会逐渐沦为半殖民地半封建社会。为了避免落后挨打的局面,以林则徐、魏源为代表的地主阶级改良派认为,中国失败的原因是武器技术不如西方国家,他们提出"师夷之长技以制夷"的主张。

　　1851 年发生的太平天国运动以及 1856 年至 1860 年的第二次鸦片战争,使清政府面临着内忧外患的严重局面,1861 年至 1894 年清政府内的洋务派在全国各地掀起了"师夷长技以自强"的洋务运动。甲午战争的失败,表明洋务派崇尚"中体西用"的思想并不能达到自强而挽救民族危亡的目的。以康有为和梁启超为代表的资产阶级维新派认为,必须要学习西方先进的政治制度,实行君主立宪,但他们也以失败告终。1900 年发生了八国联军侵华战争,清政府也失败了。1901 年签订了《辛丑条约》,中国的主权遭到严重的破坏,标志着中国彻底沦为半殖民地半封建社会。为挽救清朝统治,清朝保守派于 1901 年发起清末新政。新政的内容主要包括筹饷训兵、振商励实、废科举,办学堂、改官制,整吏治、学习西方法律制度等。新政推动了中国政府机构、法律、军队、教育等领域的近现代化进程,但是,清末新政的目的是为了维护清王朝的统治,因此,它不能是一次有实效的改革。新政客观上促进了辛亥革命的到来。

　　1911 年武昌起义胜利,辛亥革命成功。1912 年 1 月 1 日,孙中山在南京成立临时政府,标志着民主共和的中华民国的创立。在临时政府成立后的 3 个月内,颁布了代表民族资产阶级利益的一系列法令和政策,尤其是 1912 年 3 月 11 日公布的标志着资产阶级革命成果的《中华民国临时约法》,该法规定:中华民国的主权属于全体国民,中华民国以参议院、临时大总统、国务员、法院行使统治权,规定了人民享有人身、居住、迁徙、财产、言论、出版、集会、结社、通讯、信教等自由以及选举和被选举的权利,规定了参议院具有议决政府预算和决算以及弹劾临时大总统的权力等。中华民国的成立开创了中国历史的新纪元,但是由于资产阶级革命派的软弱性,辛亥革命的胜利果实被以袁世凯为代表的北洋军阀窃取。

1912年2月15日,南京参议院正式选举袁世凯为临时大总统。3月10日袁世凯在北京正式就职,标志着北洋军阀政府在中国统治的开始。袁世凯废除内阁制,采用总统制,加强中央集权,削弱地方权力。袁世凯去世后,帝国主义对中国实行分立政策,支持自己的代理人,中国出现了军阀分裂割据和政权迭变的局面。北洋政府时期出现了袁世凯复辟帝制和张勋复辟活动,但都以失败结束,表明民主共和已经深入人心。北洋政府对内镇压人民,对外出卖主权,政治黑暗腐败。但是,这一时期,政府也采取了奖励实业、发展教育、修筑交通等措施,制定了一系列具有民主色彩的法律法规,对后世具有深远的影响。

1923年3月1日,孙中山在广州正式就任中华民国陆海军大元帅,标志着具有军政府性质的陆海军大元帅大本营时期的开始。大元帅大本营设有大元帅、总参议、参军处、参谋处、秘书处、军政部、外交部、内政部、财政部、建设部、法制局、审计局、航空局、中央银行、总监察厅等机构。大元帅大本营偏东南一隅,统治区域较小,但它以反对北洋军阀、恢复民主共和为目的,是一个具有资产阶级革命性质的政权。

1925年7月1日,广州国民政府成立。国民党中央执行委员会及其所属的政治委员会是广州国民政府的最高立法机关,大理院为司法机关。1925年7月17日公布《国民政府监察院组织法》,8月1日,监察院正式成立。广州国民政府还设有惩吏院和审政院以及军事部、军事委员会和国民革命军总司令部等机构。广州国民政府是国共合作的产物,是具有统一战线性质的革命政府。

1927年,蒋介石在南京建立国民政府。1928年10月3日,国民党中央常务委员会通过《训政纲领》,规定在国民党全国代表大会闭会期间,政权由国民党中央执行委员会行使,训政时期行政、立法、司法、考试和监察5项治权由国民政府总揽而行之,由国民党中央执行委员会政治会议指导监督国民政府行使治权。根据1928年10月8日公布的《国民政府组织法》,国民政府实行五院制,即在国民政府下成立行政院、立法院、司法院、考试院和监察院分别行使行政、立法、司法、考试和监察五权。1936年5月5日,南京国民政府公布宪法草案,简称"五五宪草",该草案确定总统独裁制的政体架构,维护四大官僚家族统治集团的利益。

1937 年 7 月 7 日,卢沟桥事变的发生标志着全面抗日战争的爆发。1937 年 11 月 19 日,国民政府移驻重庆。抗战时期实行战时政治体制,共产党承认国民政府为中央政府,承认蒋介石为抗战的最高领袖。国民党承认红军的合法地位以及陕甘宁边区的政权。1938 年 4 月 12 日,国民政府公布《国民参政会组织条例》,国民参政会是一个准民意机关,参政会具有议决权、建议权、质询权、调查权、总预算的初审权,是国民党开放民主的体现。参政会在一定程度上扩大了人民参政的权利,有利于团结各派人士共同抗战,但是这个机关最终的控制权还是掌握在国民党手中。这一时期还发生了要求修改"五五宪草"、国民党进行民主改革的两次宪政运动,但最后都是无果而终。这一时期,国民党承认了蒋介石的领袖地位,蒋介石以军事首领统驭党、政、军,特别是蒋介石当上了国防最高委员会委员长这一职务,表明其个人独裁进一步强化。

抗战结束后,蒋介石假和平、真内战,3 次电邀毛泽东赴重庆谈判,以便调兵遣将消灭中国共产党。中国共产党识别了蒋介石的阴谋,决定派毛泽东赴重庆和谈,利用这次机会争取和平,成立民主联合政府。1946 年 1 月 10 日,政治协商会议在重庆开幕,共产党团结各民主党派,提出了一系列反对国民党独裁、实行民主的主张,取得了一些有利于人民的成果。1946 年 6 月 26 日 国民党撕毁停战协定和政协协议,以约 30 万军队大举围攻中原解放区,新的全面内战爆发。1946 年 11 月 15 日,国民党召开非法国大,通过了《中华民国宪法草案》,其目的是维护蒋介石为首的国民党的统治。1948 年 3 月 29 日召开了行宪后的第一届国大,蒋介石利用这次会议,进一步增强了自己的权力。

随着国民党军队在战场上的节节败退,1949 年 1 月 29 日蒋介石被迫发表声明,宣布辞去总统职务,由李宗仁代行总统,自己退居幕后指挥。1949 年 4 月 23 日,人民解放军解放南京,宣告了国民党在大陆统治的结束。

第二节　清末、民国时期的经济

自洋务运动开始到 1894 年,清代国家资本在近代军用工业中开设的各类军用工厂有 20 多家,工人 1 万余名,资本 5000 余万两,比较著名的企业有江南制造总局、福州船政局等。在自强的同时,洋务派认识到要求富,就要发展民用工业。民用工业以官办和官督商办为主要类型,这些企业主要分布在采煤工业、金属矿和冶铁工业、纺织工业和交通运输业。其中,比较知名的企业有 1878 年开办的直隶开平煤矿,有工人 3000 到 4000 人,经费 2055944 银元;1879 年开办的上海机器织布局,经费 1418203 银元;1872 年创办的轮船招商局,经费 2780000 银元。

甲午战争的失败宣告了洋务运动的破产,帝国主义加强了对中国的经济侵略。1900 年至 1911 年清政府举债的铁路借款达 2.8 亿两白银。帝国主义通过向清政府贷款取得了中国铁路的建筑权、经营权和收益权。至清宣统三年(1911),帝国主义控制的铁路有 8800 公里,占中国铁路总里程的 91.5%。[①] 清光绪二十一年(1895)至民国二年(1913),外国在华设立了 13 家银行、85 个分支机构[②],扩大了对中国财政和金融的控制。1900 年中国净进口货值 211070 千海关两,净出口货值 158997 千海关两,入超 52073 千海关两[③],中国的对外贸易也掌握在外国人手中。

随着外国经济的进一步入侵,以手工棉纺织业为代表的城乡手工业进一步衰落和解体,中国传统的自然经济进一步瓦解。与此同时,中国的商品经济得到进一步发展。中国近代工业、交通运输业、金融业、商业等资本主义近代经济进一步兴起。伴随着资本主义经济的发展,新的阶级力量逐渐形成。

1912 年元旦,中华民国成立,孙中山成为南京临时政府的大总统。南京临时政府代表着中国民族资产阶级的利益,出台了一系列有助于民族资本主义发展的经济政策:(1)保护私有财产;(2)设立了推动经济发展的财政部、内务部、实业部、交通部等部门;(3)积极发展实业;(4)统一币制、统一金融。南京临时政府虽然只存在了 3 个月,但是它出台的发展民族经济的政策对后世产生了积极的影响。

1912 年 3 月 10 日,袁世凯在北京就任临时大总统,民国进入了北洋政府时期。北洋政府在中央设立财政部,在地方设立财政厅,建立了中央和地方两级财政机构。政府收入主要来源于税收和举债。税收主要包括关税、常关税、盐税、田赋,但是各种税收多被地方政府截留,中央财政收入日益减少。从民国元年(1912)至十六年(1927),北洋政府共举借外债 387 项,借款

---

① 徐义生编:《中国近代外债史统计资料》,中华书局 1962 年版,第 90 页。

② 郭飞平:《中国民国经济史》,人民出版社 1994 年版,第 8 页。

③ 杨端六等编:《六十五年来中国国际贸易统计》,国立中央研究院社会科学研究所 1931 年编印,第 1 页第 1 表。

额度为 12 亿多银元,实收 9.2 亿多银元。① 北洋政府的财政支出主要包括军费、内外债本息、教育和政务费等。其中,军费开支最大,例如,1925 年军费预算支出 29770 万元,占总支出的 47%。② 1914 年 2 月,北洋政府颁布了《国币条例》和《国币施行细则》,对银币进行整顿,试图想改变币制混乱的局面。

在国家资本主义方面,北洋政府建立了中国银行和交通银行等全国性的银行,同时加强了对铁路和江南造船厂的投资,在其他领域的国家资本有所弱化。

在民族资本主义方面,北洋政府时期还出台了《公司保息条例》《公司条例》《公司注册章程》《商人通例》《国有荒地承垦条例》等一系列推动民族资本主义经济发展的政策。1914 年至 1922 年,中国民族资本主义经济的发展达到了一个"黄金时期"。以棉纺织业为例,1913 年有纱锭 836328 枚,布机 5980 台;1922 年有纱锭 3266546 枚,布机 16224 台。③ 1912 年钢产量 2521 吨,生铁产量 177989 吨;1921 年钢产量 76800 吨,生铁产量 399413 吨。④

第一次世界大战后,帝国主义加紧了对中国的经济侵略。外国资本输入进一步增加,尤其是美国和日本直接在华投资额进一步增大,在华取得了一系列的经济特权。帝国主义的侵略遏制了民族资本主义工商业的发展。

1927 年,蒋介石在南京建立国民政府。1928 年,张学良宣布东北"易帜",南京国民政府名义上成为统一中国的中央政府。南京国民政府成立初期,财政开支巨大,为巩固统治,政府对财政经济进行了整顿。1929 年 3 月,国民党三大通过了《对于政治报告之决议案》,提出了统一财政、编制预算、整理税制和币制等主张。三大通过了《训政时期经济建设实施纲要方针案》,提出发展交通、开发煤铁及基本工业等。1935 年,国民政府实行法币政策,统一币制。这一时期,政府还采取了整顿盐务、裁撤厘金等措施。

南京国民政府接收了北洋政府的国家资本,为国家资本主义的进一步发展奠定了基础。南京政府通过建立中央银行、参股改制交通银行和中国银行、成立邮政储金汇业局和中央信托局等措施加强国家资本在金融中的统治地位。同时,通过对钢铁、化工和能源领域的国家投资以及参股其他股份公司等方式,发展国家垄断资本主义。

---

① 徐义生编:《中国近代外债史统计资料》,中华书局 1962 年版,第 240 页。
② 杨荫溥著:《民国财政史》,中国财政经济出版社 1985 年版,第 13 页表 1—17。
③ 陈真编:《中国近代工业史资料》第四辑,三联书店 1961 年版,第 201 页。
④ 严中平等编:《中国近代经济史统计资料选辑》,中国社会科学出版社,第 141—142 页表 26。

　　南京国民政府还制定了扶持民族工业的政策。1929 年 7 月出台了《特种工业奖励法》,1929 年 2 月颁布了《华侨回国兴办实业奖励办法》,1931 年 5 月颁布了《小工业及手工业奖励规则》。南京国民政府实行关税自主政策,收回了中国关税的自主权。这些政策的实施,一定程度上改善了民族资本主义发展的外部环境。但从 1931 年下半年开始,中国民族资本主义的发展遭受到世界经济危机的严重冲击和中国国家垄断资本主义的打压,生存环境日益恶劣。

　　这一时期的财政收入有了长足的增长,1936 年财政收入 8.7 亿元,是 1928 年的 2.6 倍,收入主要来源于关税、盐税和统税。财政支出主要是军务费、债务费和政务费,其中军费平均占总支出的四成。

　　七七事变揭开了全面抗日战争的序幕。为了适应抗战的需要,国民政府建立了战时经济体制,采取经济统制政策。

　　1938 年 3 月出台的《抗战建国纲领》和《非常时期经济案》成为政府战时经济的指导方针。政府采取国家强制的力量,对国民经济进行全面统制,集中全国的人、财、物,争取抗战胜利。其中的主要措施有:设立经济部,集中领导经济;扩大资源委员会,加强国家对资源的掌控;设立贸易委员会,统一对外贸易;对粮食、各类军需物资以及日用品等进行统购统销。

　　为了增加财政收入,政府采取增加货币发行、调整税制、发行内外债、实行专卖等措施。通过成立四联总处,加强对金融的统制。同时,通过厂矿内迁,支持人民兴办实业;通过增发农业贷款、鼓励垦荒、兴修水利等措施,增强了后方的经济实力。

　　这一时期,军费开支急剧膨胀,一般占财政支出的 60%~70%,1945 年则高达 87.3%。[①]

　　战时统制政策对取得抗日战争胜利,有一定的正面作用,但是其负面作用也是明显的,就是不尊重市场经济的规律,助长了政府官僚的贪污,进一步增强了国家资本主义在经济中的统治地位,削弱了民族资本主义,扩大了阶级矛盾。抗战后期,国民经济日益衰落,人民生活非常困苦。

　　1945 年抗战胜利后,国民政府设立全国性的事业接收委员会,负责指导全国各地对敌伪资产的接收,这大大促进了近代中国国家资本的爆发式发展。1947 年,国家资本在工矿企业中的生产发展指数是 1945 年的 20 倍,在国统区,国家资本主义企业产品的比重为:钢铁 98%、煤 80%、电 78%。这一时期出现了资源委员会、轮船招商局和中国纺织建设公司等比较有代表

[①]　杨荫溥:《民国财政史》,中国财政经济出版社 1985 年版,第 102—103 页。

性的国家资本主义企业集团,这是近代国家资本主义的高级形态。

1946 年全面内战爆发后,为应付日益膨大的军费开支,国民政府大大增加了货币发行,导致国统区物资短缺,通货膨胀严重。国民政府不得不于1948 年 8 月宣布实施币制改革,废除法币,改用金圆券,但金圆券的购买力很快降低了,金圆券最终无法逃脱与法币相同的命运。为了增加财政收入,国民政府通过增加税赋、举借外债和发行公债等办法,采取了限制物价、冻结工资、金融和物资管制等政策,还采取了打击贪污腐败等措施,但终究挽救不了国统区经济全面崩溃的命运,加上战争的失败,国民党在大陆的统治很快结束了。

第三节　清末、民国时期的文化

1842 年第一次鸦片战争的失败,惊醒了中国人。一批先进的中国人开始探索中国失败的原因。林则徐、魏源等地主阶级改良派认为中国落后的原因是器物不如西方,于是他们提出"师夷长技以制夷"的主张,从文化角度,其实就是学习西方的器物文化或物质文化。洋务派进一步发展地主阶级改良派的思想,提出"师夷长技以自强"的主张,开展了发展机器军事工业和民用工业的洋务运动,他们强调"中学为体,西学为用",其实质是人为中国的制度文化是好的,唯独物质文化需要学习西方。因此,洋务运动其实也是学习西方物质文化的运动。

甲午战争的失败,宣告洋务运动的破产。同时,也表明仅仅学习西方的物质文化并不能使中国走上富强的道路。在此背景下,资产阶级维新派和资产阶级革命派分别发起了维新变法运动和资产阶级革命运动,前者的目标是建立君主立宪制度,后者的目的是建立资产阶级民主共和国。无论前者和后者,都是向西方学习制度文化。

1915 年,以陈独秀、李大钊、鲁迅、胡适、易白沙、吴虞、钱玄同等为代表的一部分激进的资产阶级、小资产阶级民主主义者发起了新文化运动。新文化运动主要内容有:提倡民主,反对专制;提倡科学,反对迷信;提倡新道德,反对旧道德;提倡新文学,反对旧文学。新文化运动的实质是从学习西方的思想理念,即从学习西方的制度文化向精神文化转变。

1934 年,国民政府发起新生活运动。为什么要开展新生活运动呢?当时有人认为中华民族面临的危机不单是外国政治和经济的侵略,危机的根源在于西洋文化的入侵,摧毁了中国的固有文化。"中国民族现在最大的危机,是在固有道德的沦丧,和个人生活的堕落"①,"所以,要挽救中国民族之危机,便不得不注意到中国固有之道德与文化的恢复。新生活运动既以中国民族之迫切的危机为其对象,以挽救并恢复中国民族为其主旨,因之新生活运动遂与中国数千年来传统相承之固有的伦理道德发生不可分离之密切关系"②。新生活运动的中心思想是中国传统的"礼义廉耻",要把中国传统文化中的礼义廉耻结合到"衣食住行"。"礼义廉耻"属于精神道德层面,因此,新生活运动的实质是恢复中国传统的精神文化。新文化运动一直持续到 1949 年国民党在大陆统治的结束。

综上所述,近代以来,面对中国落后的局面,中国人沿着物质文化—制度文化—精神文化的轨迹进行了探索与实践。在此过程中,伴随着西学东渐、外国资本主义经济、军事和文化的侵略以及本国资本主义经济的发展,一大批官费留学生和自费留学生出国留学,学习西方政治、军事、经济、法律等,一大批反映西方近代科学技术、政治、经济的著作流入中国。清末影响巨大的"物竞天择"的进化论学说,自由、平等、博爱的天赋人权学说,宪政学说,"三权分立"学说对中国社会产生了深刻的影响。

第四节　清末、民国时期的民主法治思想

一、清末、民国思想家、法律专家的民主法治思想

1. 魏源的民主思想

魏源(1794—1856),晚清著名思想家。魏源的《海国图志》一书虽然是一部地理著作,但其内容涵盖了政治、经济、军事和科技等方面。在该书中,魏源高度肯定了西方的民主制度。魏源指出:"(全国)公举一大首总摄之,匪惟不世及,且不四载即受代,一变古今官家之局,而人心翕然,可不谓公乎?议事听讼,选官举贤,皆自下始,众可可之,众否否之,众好好之,众恶恶之,三占从二,舍独狗同,即在下预议之人,亦先由公举,可不谓周乎?"③在这里他肯定了西方的民主选举制度。魏源还赞扬瑞士的民主制度,称瑞士为"西土之桃花源也"。他强调了人的尊严和价值,反对天子的特权。

①　谢慕韩:《新生活运动与民族复兴》,《中国革命》,1934 年第 3 卷第 17 期。
②　鄢景风:《新生活运动之伦理体系》,《中国革命》,1934 年第 3 卷第 17 期。
③　魏源:《外大西洋墨利加洲总叙》,《海国图志》百卷本,卷五十九。

2. 黄遵宪的民主法治思想

黄遵宪(1848—1905),清末政治家、外交家和教育家。黄遵宪曾任清朝的外交官,前往日本和美国等地。光绪十三年(1887),黄遵宪写成《日本国志》一书,介绍人权、民主、平等的概念,批判专制主义,肯定西方立法。黄遵宪提出:"人无论年卑、事无大小,悉与之权,以使之无抑;复立之限,以使之无纵,哥全国上下同受制于法律之中。"①他认为,中国士大夫重德治而轻法治是不符合时代进步潮流的。

3. 郑观应的民主思想

郑观应(1842—1922),中国近代著名文学家、思想家和实业家,近代中国明确提出实行君主立宪要求的第一人。郑观应抨击封建专制制度,崇尚西方的议院制度,他认为:"故有议院而昏暴之君无所施其虐,跋扈之臣无所擅其权,大小官司无所卸其责,草野小民无所积其怨,故断不至数代而亡,一朝而灭也。"②

4. 沈家本的民主法治思想

沈家本(1840—1913),清末修律大臣和著名法学家。他主持制定的《法院编制法》规定,行政主官、监察官"不得干涉推事之审判",以保证司法独立。③ 他主张夫妻在法律上平等,修订法律要"参考古今,博辑中外"④。他说:"窃维为政之道,首在立法以典民。"⑤他强调立法在治理国家中的重要位置,体现了以法治国的思想。

5. 康有为的民主思想

康有为(1858—1927),著名政治家、思想家、教育家。康有为在《大同书》中描述了未来人类社会的美好图景,表达了对天下为公的向往和对封建专制的不满。他批判了封建社会"君为臣纲""父为子纲""夫为妻纲"的三纲,认为男女平等是天赋人权。康有为描述的大同世界里没有国家、君主、军队,只有民主的"公政府"。

---

① 黄遵宪:《日本国志》,卷三。

② 郑观应:《议院》,《盛世危言》,光绪丙申上海书局石印本卷一,第19—20页。

③ 贾国发:《清末民初法文化流变》,东北师范大学出版社2003年版,第67页。

④ 《寄簃文存(六):重刻明录序》,载李光灿:《评〈寄簃文存〉》,群众出版社1985年版,第354页。

⑤ 《寄簃文存(六):通行章程序》,《旗人遣军流徙各罪照民人实行发配折》,载李光灿:《评〈寄簃文存〉》,群众出版社1985年版,第197页。

6. 梁启超的民主法治思想

梁启超(1873—1929),中国近代思想家、政治家、历史学家、教育家和文学家。梁启超主张采用议院制限制君权,扩大民权。"问泰西各国何以强?曰议院哉!议院哉!问议院之立,其意何在?曰君权与民权合则情易通,议法与行法分则事易就。二者斯强矣。"①他主张启迪民智来伸张民权,"是故权之与智相侍者也。苦之欲抑民权必以塞民留为第一义;今日欲伸民权,必以广民智为第一义"②。他倡导以法治国,"法治主义乃今日救时唯一之主义"③,"制定宪法,为国民第一大业"④。梁启超认为:"今世立宪之国家,学者称为法治国。法治国者,谓以法为治之国也。夫世界将来之政治,其有可能更微于近日之立宪政治者与否,吾不敢知。籍曰有之,而不能舍法为治,则吾所敢断言也。"⑤

7. 严复的民主思想

严复(1854—1921),中国近代启蒙思想家,翻译家。严复极力赞颂西方的科学与民主。"西之人以日进无疆,既盛不可复衰,既治不可复乱,为学术政化之极则。苟扼要而谈,不外于学术则黜伪而崇真,于刑政则屈私以为公而已。"⑥他强调人民是国家的主人,人民的权利是天赋的。他反对封建君主专制,倡导实行资产阶级的君主立宪制度。他提出"自由为体,民主为用",与洋务派的"中学为体,西学为用"相区别。

8. 孙中山的民主法治思想

孙中山(1866—1925),中国民主革命的伟大先行者。孙中山认为,人民掌握"政权",政府掌握"治权",人民拥有选举权、罢免权、创制权、复制权,"政府的一动一静,人民都是可以指挥的"⑦。孙中山提出五权宪法即五权分立学说,行政权、立法权、司法权、监察权和考试权等五权分立。他提出主权属于人民和实行直接民主原则,"民权主义,于间接民权之外,复行直接民权"⑧。孙中山指出了我国古代君主专制的人治特征,"吾国昔为君主专制国

① 梁启超:《古议院考》,《饮冰室文集》之一,中华书局1936年版,第94页。
② 梁启超:《陈宝箴论湖南应办之事》,《戊戌变法》(二),中华书局1936年版,第551页。
③ 梁启超:《中国法理学发达史论》文集之十五,中华书局1936年版,第43页。
④ 梁启超:《饮冰室合集》文集之三十,中华书局1936年版,第82页。
⑤ 梁启超:《管子传》。
⑥ 严复:《论世变之亟》,载《严复诗文选注》,江苏人民出版社1975年版,第3—9页。
⑦ 孙中山:《孙中山选集》(下卷),人民出版社1956年版,第760页。
⑧ 孙中山:《孙中山选集》(下卷),人民出版社1956年版,第526页。

家,因人而治,所谓一正君而天下定。数千年来,只求正君之道,不思长治之方,而君之正,不可数数见,故治常少,而乱常多,其弊极于清季"①,他提出共和国家要实行法治的思想,"共和国家……国法不容妄干,而人治断无由再复也"②,他强调宪法的重要性,"宪法者,国家之构成法,亦即人民权利之保障书也"③。他认为国会在法治中具有重要的地位,"夫国会者,民国之基础,法治之机枢"④。

9. 章太炎的民主法治思想

章太炎(1869—1936),资产阶级思想家。章太炎在《驳康有为论革命书》中针对保皇派认为中国民智未开而不能进行革命的观点进行了激烈的批判,认为资产阶级革命本身就可以开迪民智。他提出制宪权来自"人民公意",体现了"主权在民"思想。他主张立法平等,反对封建立法中"刑不上大夫"的封建特权思想。他反对人治,主张法治,"铺观载籍,以法律为读书者,其治必胜,而反是者,其治必衰"⑤。他还主张立法要重视民族传统,不能完全照搬外国。章太炎主张国家行政、立法、司法和教育和监察五权分立,排斥代议制,"代议政体,非能伸民权,而适埋郁之"⑥。章氏还主张地方自治,"以兵柄还付各省,以自治还付省民"⑦。

10. 邹容的民主思想

邹容(1885—1905),资产阶级思想家。邹容大力宣扬革命,认为革命的目的之一是人民当家做主,"革命者,除奴隶而为主人者也"⑧。他提倡资产阶级民主,"一国之政治机关,一国之人共司之,苟不能司政治机关、参与行政权者,不得谓之国,不得谓之国民,此世界之公理,万国所同然也"⑨。他认为革命的原因之一是恢复天赋人权,"今试问吾侪何为而革命?必有鄣碍吾国民天赋权利之恶魔焉,吾侪得而扫除之,以复我天赋之权利"⑩,他认为,政府侵犯人民权利,人民就有反抗权、革命权,"无论何时,政府所为,有干犯人

---

① 孙中山:《孙中山全集》(第4卷),中华书局1985版,第258页。
② 孙中山:《孙中山全集》(第4卷),中华书局1985版,第285页。
③ 孙中山:《孙中山全集》(第5卷),中华书局1985版,第319页。
④ 孙中山:《孙中山全集》(第4卷),中华书局1985版,第520页。
⑤ 章太炎:《章太炎全集》(3),上海人民出版社1985年版,第79—82页。
⑥ 章太炎:《代议然否论》,《章太炎政论选集(上)》,中华书局1977年版。
⑦ 汤志钧编:《章太炎年谱长编》(下),中华书局1979年版,第629页。
⑧ 邹容:《革命军》,华夏出版社2002年版,第8页。
⑨ 邹容:《革命军》,华夏出版社2002年版,第13页。
⑩ 邹容:《革命军》,华夏出版社2002年版,第35页。

民权利之事,人民即可革命,推倒旧日之政府"①。

11. 陈天华的民主思想

陈天华(1875—1905),资产阶级思想家。陈天华指出了封建专制的种种弊端,高度肯定了资产阶级的民主制度,"故近世言政治比较者,自非有国者拘流梏之见存,则莫不曰'共和善,共和善!'中国……而求乎最美最宜之政体,亦宜莫共和若……君主专制,政敝而不能久存也"②。他认为革命是实现民权和民主的手段,"吾侪既认定此主义,以为欲救中国,惟兴民权,改民主……最初之手段,则革命也"③。他批判了封建社会"朕即国家",认为"国家是人人有份的"④。

12. 伍延芳的民主法治思想

伍延芳(1842—1942),近代法学家,曾任民国司法总长。伍延芳反对专制,主张民权,"自数百年来,四海萧骚.成狃伏于专制政府之下,如水益深.如火益烈,压迫大甚,炸力旋生,其势使然。以是人心之趋向,渐集民权"⑤。他主张人民的自由,但是自由须在法律的规定之内,"何谓自由?凡人于法律界内,不出范围,可以自由行事,无人可为拘制,如有稍涉拘捕,而不依法律者,即可执拘制之人,起诉于法官,或官或民,犯者一律惩治……此之所谓自由也。"⑥他强调司法独立具有重要意义,认为司法独立是治国的第一要务,他还主张文明审判有罪之人。

13. 胡汉民的立法思想

胡汉民(1879—1936),曾担任南京国民政府立法院院长。胡汉民认为三民主义是立法的根本原则和指导思想。"离开三民主义,便不能立法,这是根本的要点"⑦。他提出了立法的三个方针,即社会安定、经济保养与发展、实际利益的调节与平衡。他认为三民主义立法有四个特点:基于民族利益;保障民族精神、民权思想、民生幸福;注重农业与工业并进;区分公法和私法,把法的基础至于全民族之上。胡汉民认为立法贵在创新,适应社会需

---

① 邹容:《革命军》,华夏出版社 2002 年版,第 56 页。

② 陈天华:《论中国宜改创民主政体》,载《陈天华集》,中国文化服务社 1946 年版,第 18 页。

③ 陈天华:《论中国宜改创民主政体》,载《陈天华集》,中国文化服务社 1946 年版,第 25 页。

④ 陈天华:《警世钟》,载《陈天华集》,湖南人民出版社 1958 年版,第 82 页。

⑤ 伍延芳:《中华民国图治刍议》,中国第二历史档案馆藏。

⑥ 贾国发:《清末民初法文化流变》,东北师范大学出版社 2003 年版,第 185 页。

⑦ 胡汉民:《三民主义之立法精义与立法方针》,载中国国民党中央委员会党史委员会编辑:《胡汉民先生文集》(第 4 册),1978 年版。

要,"立法这件事,除参酌历史的事实以外,还须顾及时代的情形,斟酌损益,以求适应社会的需要"①。胡汉民强调国民党对立法权的控制,"至于我们立法院,因为立法的原则都是由政治会议决定的,我们只是政治会议下的一个机构而已"②。这里的政治会议是指中国国民党中央政治会议。

二、清末、民国宪法中的民主法治思想

1. 清末《钦定宪法大纲》中的民主法治思想

1908年,清政府颁布了具有宪法性质的《钦定宪法大纲》,共23条,分成君上大权和臣民权利义务两大部分。大纲规定:臣民中有合于法律命令所定资格者,得为文武官吏及议员;臣民于法律范围以内,所有言论、著作、出版及集会、结社等事,均准其自由;臣民非按照法律所定,不加以逮捕、监禁、处罚;臣民之财产及居住,无故不加侵扰。《钦定宪法大纲》虽然重皇权轻民权,但在一定程度上限制了君权,扩大了民权。大纲是清政府为了永续皇权统治,装饰门面的需要,但它在中国历史上第一次以根本大法形式承认人民有参政、言论、出版、人身及财产等民主权利,具有明显的历史进步性,标志着中国从专制人治向民主法治转变的开端。

2. 《中华民国临时约法》中的民主法治思想

1912年1月,中华民国临时政府在南京成立,中华民国的成立开创了中国民主法治的新纪元。1912年3月8日由临时参议院通过了《中华民国临时约法》。该法规定,中华民国之主权属于国民全体,即强调了主权在民的原则,与封建社会主权在君相对立。约法规定了人民有身体、财产、言论、集会、书信、迁徙、信教、请愿、选举与被选举、考试等民主权利,体现了资产阶级天赋人权的思想。约法规定了参议院、总统、国务员、法院的权力,体现了权力分立和制衡的思想。临时约法虽然也存在这样或那样的不足,但它毕竟开创了资产阶级民主法治的新时代,对民国时期的后续宪法及其他法律产生了深远的影响。

3. 北洋政府时期宪法中的民主法治思想

北洋政府时期颁布了多部具有宪法性质的法律,主要包括:1913年10月31日完成的《中华民国宪法草案》(天坛草案)、1914年5月1日公布的《中华民国约法》(袁记约法)、1923年10月10日实施的《中华民国宪法》(曹

---

① 《胡汉民先生文集》(第4册),台北:"中央"文物供应社1978年版,第772页。
② 《胡汉民先生文集》(第4册),台北:"中央"文物供应社1978年版,第816—817页。

锟宪法)和 1925 年段祺瑞政府的《中华民国宪法草案》。这些宪法在立法上大都确定了"主权在民""三权分立"的原则,确定了人民的自由和权利,主要包括:居住、通信、集会、结社、言论、宗教信仰等自由,具有请愿及陈诉,选举与被选举,从事公职权利,人民的财产所有权不受侵犯,人民在法律上不分种族、阶级、宗教的差别一律平等的权利。

4.南京国民时期宪法中的民主法治思想

这一时期的宪法具体包括:1931 年 6 月 1 日公布施行的《中华民国训政时期约法》,共 8 章 89 条,规定国民有迁徙、通信、集会、结社等自由,国民具有选举、罢免、创制、复决之权,具有财产继承权、考试权、服公务权、提起诉愿及行政诉讼权、请愿权、财产权等。

1936 年 5 月 5 日公布的《中华民国宪法草案》确定了主权在民、五权分立、民族平等、法律面前人人平等等原则,人民具有居住、迁徙、言论著作出版、秘密通信、宗教信仰、集会结社等自由,具有请愿诉愿及诉讼、选举、罢免、创制、复决、考试等权利以及请求国家赔偿的权利。

1947 年 1 月 1 日公布的《中华民国宪法》规定了主权属于全体国民,贯彻了行政、立法、司法、考试和监察的"五权分立",人民具有人身自由、居住迁徙、秘密通信、宗教信仰、请愿的自由,人民具有平等权、诉愿及诉讼权,参政权、考试权、教育权等权利。

近代宪法中的民主法治思想的历史演变,表明了中国从传统的专制人治到民主法治的转变,并逐步成长。

第五节　清末、民国时期的政府审计

一、清末的政府审计

1.清末的政府审计体制

雍正元年(1723),清代吏、户、礼、兵、刑、工六科给事中以及十五道监察御史的审计执掌归于都察院。都察院下设都御史,都御史又分为左都御史、左副都御史和右都御史、右副都御史。都御史下设六科给事中、十五道监察御史、科道各差等。其中,六科给事中的执掌为:章论考、传音庶、达稽政;十五道监察御史的执掌为:掌官陈、纠刑庶、劾条陈;科道各差的执掌为:稽察诸仓、催督漕运、掌巡省风俗、巡视五城。① 都察院具有建议政事、监察行政、考察官吏、弹劾官吏、检查会计、注销案卷、明辨冤案等职权。

光绪末年（1908），户部以整理财政之名，派遣财政监理官，监理各省财政，并随时到各衙门局所调查其收支出纳。宣统二年（1910），资政院会同度支部，奏定国库章程，规定由审计院盘查国库，在审计院未成立前，派钦差大臣及各省督抚监督财政。②

2.清末筹备立宪中的政府审计设想

光绪三十二年（1906），载泽、端方等大臣考察西洋回国，密陈立宪有皇位永固、外患渐轻、内乱可弭三大好处，主张诏定国是，仿行宪政。经过御前会议的一番争论之后，清政府于9月底正式宣布预备仿行宪政，从改革官制入手，逐步厘定法律，广兴教育，清理财政，整顿武备，作为立宪的预备。在此背景下，当时一些有识之士以考察政治馆（后改为宪政编查馆）为阵地，纷纷陈述自己的立宪见解，其中也对审计制度提出了新的设想。

光绪三十二年七月初三，监察御史赵炳麟指出："审计院及行政裁判院宜同时设立。君民所以实握督责之机关者，曰检查岁用，曰行政诉讼。审计院不立，则行政官之岁入、岁出，借贷国债，皆无人过问，而财政上之责任弛矣。行政裁判院不立，则行政官之畸重畸轻，违背宪法，皆无人评定，而法律上之责任弛矣。欲行责任制度，必立监督机关，宜照光绪三十二年编定官制原案，将审计院及行政裁判院同时设立，而实行其职务，一以坚国民之信服，一以制行政之专横，庶责任机关较为完备。"③可见，赵炳麟认为，只有设立审计院和行政裁判院分别负责监督财政和行政官员，才能确保行政官员责任的履行。

同年七月二十八日大臣杨晟在《条陈官制大纲折》中提出："检定出纳之官，如各国所谓会计检查院者。夫内外百司莫不有会计出入之事，政府监督势难遍及，且以行政官自相检查，亦恐流于瞻徇，故必有一司独立于政府之外以检定之。"④可见，杨晟认为必须成立独立于行政之外的机构才能监督行政，而不是行政自己监督自己。

宣统三年（1911）二月二十日，大臣张荫棠上奏："宜设不隶内阁之大审及会计检查二院以完司法之独立，重财政之考核也……凡司大审院及会计

---

① 许祖烈：《中国现行审计制度》，立信会计图书用品社1947年版，第11—12页。
② 陶元琳：《中国政府审计》，大时代书局1942年版，第13—14页。
③ 故宫博物院明清档案部：《清末筹备立宪档案史料》，第512—513页。
④ 故宫博物院明清档案部：《清末筹备立宪档案史料》，第402页。

检查院职者,在各国多为永任官,非犯罪恶不罢职,此制必须酌行,而后法权常伸,而财政不紊矣。"①显然,张氏观点强调了对审计人员的保护。

光绪三十二年,奕劻等就制定中央各衙门官制的缮单进呈折中,附有"阁部院官制节略清单",其中就审计院拟定了 20 多项条款,对其职责、机构设置和分工、审计工作大政、审计官员任职及保障等作了完整详细具体的规定。例如,在审计机构设置方面,他主张,"审计院置正使 1 人,从一品;副使 1 人,正三品;掌佥事 6 人,正四品;佥事 36 人,正五品;别置一、二、三等书记官及录事各若干人","审计院分设六司,第一司负责本院行政事务;第二司负责审计陆海军部;第三司负责审计民政部、学部、农工商部;第四司负责审计财政部、法部、吏部;第五司负责外务部、交通部、理藩部;第六司负责审计内阁及各院"②。

清末筹备立宪中的审计设想虽然没有付诸实施,但这是中国古代审计转化到近代审计过程中很重要的飞跃,对中华民国时期产生近代意义的政府审计产生了直接的影响。

二、民国时期的政府审计

1. 北洋政府时期的政府审计

民国元年(1912),地方审计机构的成立早于中央审计机构的成立,各省审计机构的名称也不一致,例如,江西的审计厅、云南的会计检查厅等。1912 年 9 月 25 日,北洋政府设立中央审计机构——审计处,统一地方审计机构的名称为审计分处。1914 年 6 月 16 日根据北洋政府公布的《审计院编制法》,改审计处为审计院,各省不设地方审计机关。

北洋政府重视审计立法工作。1912 年 11 月 15 日公布了近代第一部审计法规——《审计处暂行审计规则》,明确了审计范围、内容和方式等,1914 年 3 月公布《审计条例》,1914 年 10 月公布了近代第一部审计法。1914 年 12 月公布《审计法施行规则》。这些法规使政府审计工作得到法律的保障,有利于审计工作的开展。同时,为了加强对政府审计机关和人员的监督,北洋政府于 1915 年 10 月 16 日公布了《审计官惩戒法》,对审计人员的违法行为作出处分。这一时期的政府审计机关注重审计工作的制度化建设,以提高审计质量,制定了一系列内部管理制度,主要有《审计处拟定审计成绩报告书格式》《文书程序》《审计院各厅审查报告书模范》等。

---

① 故宫博物院明清档案部:《清末筹备立宪档案史料》,第 551 页。
② 故宫博物院明清档案部:《清末筹备立宪档案史料》,第 469 页。

北洋政府的审计活动主要围绕财政支出审计、盐务收支审计、外债审计以及交代的专项审计等。在财政支出审计方面,审计处时期主要以事前审计方式为主,审计院时期以事后审计方式为主,军费支出审计是财政支出审计的重点。由于盐务收入占北洋政府预算收入的比重较高,政府重视盐务收支审计,但是盐务署多次抗拒审计,审计效果比较差。外债审计是北京政府时期审计的一个重要方面,政府先后成立专门的审计处外债室和审计院外债室负责外债审计。

北洋政府时期,政府内部审计得到了发展。在政府各部门成立内部审计机构开展内部审计工作。在军队审计方面,1912 年 9 月成立陆军会计检查处,负责陆军收支审计;10 月 4 日改陆军会计检查处为陆海军会计检查处;12 月颁布《陆海军会计检查处暂行章程》,使内部审计工作有章可循。1912 年,北洋政府在财政部下设立盐务稽核造报所,负责审计盐务机关的账目。

中国近代在西方新思想的冲击下,北京政府在实行反动统治的过程中,为装饰门面,标榜民主法治,也不得不实行一定程度的新政。其中在审计上仿效近代先进国家的审计制度[①],建立了一套不同于中国封建社会、具有近代意义的审计机构和审计法规,出现了审计人员职业化和民间审计,对后世产生了积极的影响。

2.南方革命政府时期的政府审计

南方革命政府先后分为陆海军大元帅大本营时期和广州国民政府时期。1923 年 2 月,孙中山任陆海军大元帅大本营大元帅,3 月公布《大本营条例》,规定大本营下设军政部、审计局等机构,审计局负责各机关收支审计、稽察营缮工程等。1925 年 7 月广州国民政府成立,8 月 1 日成立监察院,行使监察和审计职能。

广州国民政府继续推进审计法规建设,1925 年 11 月 28 日颁布《审计法》和《审计法施行规则》。

南方革命政府实行对政府各部门的预算进行事前审计和对决算进行事后审计相结合,发现了内政部、建设部、禁烟督办署、会计司、外交部等经费使用的问题,加强了对军费的审计,发现大本营管理俘房处、航空局、长洲要塞、广东兵工厂、大本营兵站总监部及其所属部门军费使用中的问题,作出审计处理决定,取得了很大的成绩。同时,开展了对大本营审计局长刘纪文、财政部长叶恭绰、会计司长王棠等人的离任审计。作为具有军政府性质

---

① 杨汝梅:《近代各国审计制度》,中华书局 1931 年版。

的南方革命政府重视军队的内部审计,制定了《陆海军审计条例》作为内部审计依据。国民革命军总司令部成立审计处对军费进行内部稽查。这一时期,政府还注重审计信息的公开,例如,大本营政府公报及广州各报刊上公布各政府机关的财务收支状况及核销情况。

3. 南京国民政府时期的政府审计

(1)南京国民政府时期的政府审计机构

1927年9月宁汉合流,南京国民政府正式成立。1928年7月1日,南京国民政府审计院正式成立,审计院隶属于国民政府,负责财政收支审计。审计院下设第一厅、第二厅和总务处、秘书处。1931年2月21日,国民政府任命茹欲立为审计部部长,对审计院进行改组。3月成立第一厅和第二厅,分别负责事前和事后审计。1933年9月,审计部成立第三厅,负责稽察。1932年6月公布的《审计处组织法》,规定成立地方审计机构。1935年4月成立了江苏、湖北、浙江和上海四个省市的审计处以及津浦铁路审计办事处。1936年9月成立河南、陕西两省的审计处,11月成立广东省审计处。

抗战时期,国民政府迁都重庆,审计部对审计机构进行了调整,以适应战时的需要。首先,扩充了人员,协审、稽察和佐理人员都比战前有了增长;其次,在湖南、四川、广西等省区增设审计处,在盐务总局增设审计办事处,在国库总库设立审计办公室。

抗战胜利后,国民政府返迁南京。抗战胜利初期,由于接收敌伪资产的需要,审计部增设了部分内部机构并调整了派外机关,审计人员的编制也比战时增加。后来,随着国民党军队在解放战争的节节败退,国统区逐渐缩小,审计机构和人员也随之大幅减少。

(2)南京国民政府时期的政府审计法规

南京国民政府进一步推进了审计法规建设,颁布的主要审计法规有:1928年公布《审计院组织法》《审计法》《审计法施行细则》等。同时,为了加强对审计机关的内部监督,推进依法审计和民主审计,审计院时期颁布了《审计院院务会议规则》和《审计院设计委员会会议规则》,审计部时期颁布了《审计会议规则》《审计部法规委员会会议规则》和《审计联席会议规则》。这一时期,政府审计信息公开有了很大的发展,1928年颁布的《国民政府审计院公报室暂行规则》和1931年公布的《审计部编辑公报规则》,这些规则使政府审计信息的公开有章可循。

抗战时期,为了适应形势的需要,政府对审计法规作了修改。1938年5月3日公布了新的《审计法》,1938年7月23日公布了新的《审计法施行细则》。与1928年的《审计法》和《审计法施行细则》相比,1938年的《审计法》

在审计职权、审计方式等方面有了扩大和拓展,1938 年的《审计法施行细则》更加具体和严密。抗战时期,经济统制政策的施行,使国家资本主义有了很大的发展,国民政府先后修订了《公有营业及公有事业机关审计条例》。为了加强对军事物资和军事工程的监督,1939 年公布了《审计部稽察中央各机关营缮工程及购置变卖各种财物实施办法》。为了推进就地审计工作,审计部制定了《审计部和所属各处办理各机关就地审计事务暂行规则》。1943 年1 月审计部颁布了《审计部巡回审计实施办法》,以加强对未派驻审计机关的监督。

解放战争时期,1947 年制定了《驻库审计人员核签公库支票办法》《简化事前审计程序暂行办法》《修正审计机关稽察各机关营缮工程及购置变卖财物办法》等,简化了审计程序。1946 年公布的《审计部各省市审计处办理中央机关巡回审计办法》,进一步完善了巡回审计办法。

（3）南京国民政府时期的政府审计活动

南京国民政府审计院时期,主要对预算和支付命令进行事前审计。审计部时期推行事前审计、事后审计和稽察相结合。地方审计处在中央审计部的垂直领导下,对地方的财政收支进行了监督和审查。南京国民政府时期,军费支出占财政总支出的比重较大,政府加大了对军费审计的力度:一是签核支付命令,对军费预算进行审计;二是对军用被服、衬衣等军需物资进行稽察;三是对收支计算书进行事后审计。同时,对国家投资的各项工程项目进行招投标的监视和完工后的验收工作。

抗战时期,政府开展的审计活动主要包括:预算执行审计、金融审计、建设事业专项审计、稽察、官员离任审计等。在预算执行审计方面,对国库总库进行了就地审计,审计处对各省财政收支进行送审审计和抽查审计相结合。在金融审计方面,对中国、交通、农民等三大银行进行就地审计,由于银行出现不配合或抵制审计的情况,审计效果受到限制。在建设事业专项审计方面,对建设事业专款审核委员会负责的经费进行审计。在稽察方面,主要对田赋征实与军需物资和工程进行实地稽察,对各种救济慈善组织的社会捐赠物资和经费也进行了稽察。开展了包括对教育部长王世杰在内的官员离任审计。

解放战争时期,主要开展了预算执行审计、决算审计、军费审计、银行审计以及案件稽察等审计活动。在军费审计中,审计部门剔除了 1945 年和1946 年军政部支出计算 3.56 亿元。在银行审计中,开展对中央银行、中国银行、交通银行和中国农民银行四大行的审计,但遭到了不同程度的抵制。在稽察中,对营缮工程及购置变卖财物和田赋征实的审计,查明了 1947 年

"金融风潮案"的真相,曾经迫使宋子文辞去行政院院长,对涉案人员作了不同程度的刑事和行政处分。

（4）南京国民政府时期的政府内部审计

南京国民政府时期的政府内部审计得到了进一步发展。政府部门和公有营业单位或国家资本控股企业内部设置审计机构的数量进一步增加,内部审计组织进一步完善,内部审计的目的、范围、方法和程序得到了进一步明确和细化。在铁路内部审计方面,1931年颁布了《修正铁道部驻路总稽核职掌规程》,在平汉、京沪、沪杭等铁路局设立了总稽核室,负责内部审计。在银行审计方面,1928年颁布的《中央银行稽核处组织规程》,规定了稽核处的机构设置、人员安排和岗位职责,1935年颁布的《稽核通则》,完善了稽察程序。国民政府中央造币厂以及建设委员会等也设立了内部审计机构。财政部和实业部等政府部门也建立了内部审计机构,开展内部审计工作。

国民政府迁都重庆后,内部审计总体上遭到了削弱,但在局部得到了发展,例如,1939年9月四联总处成立后,为了加强对金融的管制,在四联总处的秘书处下设稽核科专门从事稽核事务。

抗战胜利初期,随着国家资本主义的发展,内部审计一度得到了发展,解放战争时期,战争不断,内部审计总体难以发展,而在金融领域,内部审计则有所加强。

这一时期由于战乱不停,社会经济、国家财政混乱不堪,使审计工作受到很大的影响。抗日战争时期,收入锐减,支用激增,收支失去平衡,加上物价飞涨,预算追加纷至沓来。甚者多方借垫,案未成立,款已支用,迨国库收支结束期届,手续犹未完备。[①] 在这种情况下,可想而知,对预算执行的监督成为一纸空文,而且,这一时期吏治腐败,政治黑暗,"许多国营事业机关,如四大银行、中央信托局、邮政储金汇业局,均收支庞大,而其业务支出,特别支出,暨全部收入,均拒不送审"[②]。

---

① 许祖烈:《中国现行审计制度》,立信会计图书用品社1947年版,第127页。
② 许祖烈:《中国现行审计制度》,立信会计图书用品社1947年版,第146页。

第四章　民国政府审计立法思想

第一节　民国政府审计立法的历史演进

1912 年 1 月 1 日，孙中山在南京宣告中华民国成立。中华民国的成立结束了封建王朝的统治，开创了民主共和的新纪元，加速了西方民主法治思想在中国的传播和实践。民国时期，在引进西方先进民主法治思想的同时，一批政府的立法者注意结合中国国情，制定了大量的法律法规，初步构建了体现民主法治的法律法规体系，审计立法便是其中之一。民国时期的审计立法大致可以分为北京政府时期、广东国民政府时期、国民政府建都南京时期、国民政府迁都重庆时期和国民政府返迁南京时期的审计立法。

一、北京政府时期的审计立法

中华民国成立之初，曾出现先有审计机构，后有审计立法的局面。例如，广东的核审院、湖南的会计检查院、云南的会计检查所、陕西的会计检查处、湖北江西的审计厅、贵州的审计科等。1912 年 9 月 25 日，袁世凯发布大总统令，宣布成立审计处。审计处设在国务院之下，10 月 22 日，北京政府批准施行《审计处暂行章程》，规定了审计处的机构、人员设置和职责。1912 年 11 月 15 日，北京政府公布了《审计处暂行审计规则》，共 8 章 27 条，规定了审计处的审计范围和审计方式等。1914 年 3 月，北京政府颁布《审计条例》，取代了《审计处暂行审计规则》。

1914 年 4 月 29 日，北京政府通过《中华民国约法》，规定成立审计院。6 月 16 日颁布了《审计院编制法》，规定了审计院的机构和人员设置，审计院时期还制定了《审查决算委员会规程》。1914 年 10 月 2 日，北京政府公布《审计法》，对审计范围、程序、方法等方面作了比较详细的规定，这是民国时期第一部经过国家立法机关通过的审计法律，对后世产生深远的影响。12 月 7 日，北京政府又公布了《审计法施行细则》，进一步补充、深化和完善了《审计法》。为了对审计人员进行监督和制约,北京政府审计院时期于1915年10月16日公布了《审计官惩戒法》,对审计官员的失职给予夺官、降官、降等、减俸、记过等处分。

1923年10月10日,北京政府公布《中华民国宪法》,规定了审计院的机构设置、职能以及审计人员的任职等。这是北京政府时期第一次以根本大法的高度正式确定了政府审计在国家中的地位。

二、广州国民政府时期的审计立法

1925年7月1日,中华民国国民政府在广州成立。国民政府于7月17日颁布了《国民政府监察院组织法》,该法规定:"监察院负责监察政府各级机关官吏之行动,及考核款项之收支状况。"随后,在1925年9月30日以及1926年10月4日两次修正了《国民政府监察院组织法》,对监察院的组织机构、人员设置、职权等进行了调整。

1925年11月28日,广州国民政府同时公布了《审计法》和《审计法施行规则》,开创了两个审计法律法规同时颁布的先河。广州国民政府时期还颁布了《监察院单据证明规则》等法规。

三、国民政府建都南京时期的审计立法

1927年4月,蒋介石在南京组建国民政府。1927年9月,宁汉合流,南京国民政府正式成立。1928年2月,南京国民政府公布《国民政府组织法》,规定国民政府下设审计院。1928年7月12日,国民政府正式公布《审计院组织法》,规定审计院直接隶属于国民政府,负责监督预算执行,审核国家决算。

1928年10月8日重新颁布的《中华民国国民政府组织法》规定,国民政府下设行政院、立法院、司法院、考试院和监察院五院,监察院为国民政府最高监察机关,掌理弹劾权及审计权。10月12日,国民党中央政治会议通过的《监察院组织法》,规定监察院设审计部掌管审计事项。

1928年4月19日,国民政府公布《审计法》,共计23条。1928年11月3日公布了《审计法施行细则》,对《审计法》作了补充和细化。

1929年10月29日公布的《审计部组织法》,规定了审计部设三厅一处。当时,各地自行设立了地方审计机构,但名称不一,例如云南、广西等省区设立审计处,江西省设立审核委员会。为给地方审计机构的设立提供法律依据,国民政府于1932年6月17日公布《审计处组织法》,规定在各省、市所在地设立审计处;中央及各省公务机关、公有营业机关其组织非由行政区域划

分者,设立审计办事处。

1933年,为了加强对官办企事业单位的审计,国民政府颁布了《公有营业及公有事业机关审计条例》。

1936年5月5日,南京国民政府公布了《中华民国宪法草案》,规定国民政府设立五院,即行政院、立法院、司法院、考试院和监察院。监察院为政府最高监察机关,行使弹劾、惩戒和审计职权。

四、国民政府迁都重庆时期的审计立法

1937年7月7日,日本发动全面侵华战争,中国人民的8年抗日战争拉开了帷幕。11月12日,随着上海的沦陷,国民政府各机关纷纷内迁。11月20日,国民政府宣布正式迁都至重庆。

随着时间的推移,1928年颁布的《审计法》和《审计法施行细则》越来越不能和审计实践相适应。为此,国民政府于1938年5月3日公布了修订后的《审计法》,随后于7月23日公布了修订后的《审计法施行细则》。与1928年《审计法》相比,1938年的《审计法》增加了33条,确立了事前审计、事后审计和稽察相结合的审计法体系,审计范围和审计职权都有所扩大。1938年的《审计法施行细则》比1928年的《审计法施行细则》增加了28条,内容更加详细和具有操作性。

政府迁都重庆后,随着抗战形势的变化,国民政府加强了对官办全事业单位的经济统制和经济监督,分别于1939年和1943年对《公有营业及公有事业机关审计条例》进行了两次修订。为加强对军事物资的控制,国民政府于1939年3月8日颁布了《审计部稽察中央各机关营缮工程及购置变卖各种财物实施办法》。为了规范就地审计工作,1942年审计部制定了《审计部和所属各处办理各机关就地审计事务暂行规则》。对于未派驻审计人员单位的监督,审计部实行巡回审计。1943年1月,审计部颁布了《审计部巡回审计实施办法》,巡回审计可以对就地审计工作进行复核或抽查。

这一时期,审计机关非常重视提高审计质量,分别制定了事前审计、事后审计和稽察的工作标准和审计质量检查要点等审计规范,提高了对《审计法》和《审计法施行细则》的执行效率。

五、国民政府返迁南京时期的审计立法

随着抗日战争的胜利,1946年5月国民政府返迁南京。1947年1月1日,国民政府公布《中华民国宪法》,规定监察院有同意、弹劾、纠举及审计权,规定了审计长的产生办法以及审计部的审核决算权。

1947年4月17日,审计部审计会议修正通过的《驻库审计人员核签公库支票办法》以及1947年第18次国务会议颁布的《简化事前审计程序暂行办法》等,简化了事前审计的手续。

1947年随着通货膨胀日益严重,国民政府于10月31日颁布了《修正审计机关稽察各机关营缮工程及购置变卖财物办法》,共23条,大大提高了营缮工程和购置变卖财物价格规定的限额。

1947年6月12日,审计部审计会议通过了《审计部及所属各处处理巡回审计规则》,共12条,规定了巡回审计的审核对象、工作范围和审核报告的复核等。

1949年5月27日公布施行的《审计部组织法》,对审计部门内部机构进行了调整,大幅减少了审计人员的编制。

第二节　民国政府审计立法思想的主要内容

民国时期,在近代西方民主法治思想的影响下,政府比较重视审计立法工作,立法较为详尽完备。其所体现的政府审计立法思想主要有:一是把审计载入国家根本大法;二是以立法形成规定多种审计职权;三是以立法形式规定审计人员任职和审计会议;四是审计立法稳定性、继承性和创新性相结合。

一、把审计载入国家根本大法

1. 北京政府时期宪法中的审计规定

1913年的《天坛宪法草案》①第一百零五条规定:"国家岁出之支付命令,须先经审计院之核准。"这条明确了审计主体、审计对象和审计权。第一百零六条规定:"国家岁出岁入之决算案,每年经审计院审定,由政府报告于国会。众议院对于决算否认时,国务员应负其责。"这条主要规定了审计报告程序及其被否决时的责任问题。第一百零七条规定:"审计院以参议院选举之审计员组织之。审计员任期九年,每届三年改选二分之一。审计员之选举及职任,以法律定之。"这条规定了审计人员的任职期限和选举办法。第一百零八条规定:"审计院设院长一人,由审计员互选之。审计院院长关于决算报告,得于两院列席及发言。"这条规定了审计院院长的选举办法及

----
① 岑德彰:《中华民国宪法史料》,新中国建设学会1933年版,第185—186页。

明确了审计长直接向两院报告工作。1913 年的《天坛宪法草案》在中国近代史上第一次把审计载入根本大法，具有深远的历史意义。

1914 年 5 月 1 日公布的《中华民国约法》第五十七条规定："国家岁出岁入之决算，每年经审计院审定后，由大总统提出报告书于立法院，请求承诺。"第五十八条规定："审计院之编制，由约法会议议决之。"①比较前法的相关条款，该法进一步明确了报告主体，即由大总统报告；同时，该法规定了审计院组织编制的决定机构。

1923 年 10 月 10 日，北京政府公布《中华民国宪法》②，该法与 1913 年《天坛宪法草案》的审计条款比较，其变化主要有：一是规定审计人员的任职资格和保护措施，如第一百二十一条规定："审计院之组织及审计员之资格，以法律定之。审计员在任中，非依法律，不得减俸、停职或转职。审计员之惩戒处分，以法律定之。"二是改变了审计院院长的选举方式，变间接选举为参议院直接选举，如第一百二十二条规定："审计院之院长，由参议院选举之。"

2. 南京国民政府时期宪法中的审计规定

1927 年，南京国民政府成立后，仍然重视在国家根本大法中规定政府审计制度。1936 年 5 月 5 日，国民政府公布的《中华民国宪法草案》第八十七条规定："监察院为中央政府行使监察权之最高机关，掌理弹劾、惩戒、审计，对国民大会负其责任。"③这条规定监察院掌握审计权，明确了监审合一体制。

1947 年 1 月 1 日，国民政府公布《中华民国宪法》④，与以前宪法相比，该法的变化主要有：一是对审计报告时间作出了刚性的规定，如第一百零五条规定："审计长应于行政院提出决算后三个月内，依法完成其审核，并提出审核报告于立法院。"二是规定了审计长的任命程序，如第一百零四条规定："监察院设审计长，由总统提名，经立法院同意任命之。"这两条表明审计长同时对监察院和立法院负责，"此不但加强立法院对预算的执行加强控制力量，同时使审计长之身份，不但为政府之官吏，且为代表人民监督政府财政之机体"⑤。

---

①　中国第二历史档案馆整理编辑：《政府公报》第 712 号，上海书店 1988 年版。

②　郭卫、林纪东：《中华民国宪法史料》，大东书局 1947 年版，第 30—41 页。

③　国民政府文官处印铸局：《中华民国国民政府公报》，第 107 册第 2039 号，台湾成文出版社有限公司 1972 年发行。

④　审计部：《审计法令汇编》，商务印书馆 1948 年版，第 5 页。

⑤　余宣：《行宪后审计职权与审计长人选》，《现代会计》1948 年第 6 期，第 3 页。

由上可知,中华民国时期,历届政府在审计立法思想上都十分重视把政府审计作为国家不可或缺的基本建制,载入国家的根本大法——宪法之中。综合上述宪法的审计条款,主要内容有:审计主体、审计对象和审计权;审计报告程序、报告关系和报告时间;审计人员的任职、选举办法和保护措施等。

二、以立法形式规定多种审计职权

民国时期的审计立法,其中重要的内容就是规定审计的职权范围及保证行使审计职权的措施。有关审计职权的主要立法有:①1912 年北京政府颁布的《暂行审计规则》[①]。该法主要规定的审计职权有审查支出、决算、国库、簿记、官有财产、国债等权力,同时具有质问权,通知处分、惩戒权。②1914 年 10 月 2 日北京政府公布实施的《审计法》[②]。该法规定审计院除法令规定之大总统、副总统岁费暨政府机密费外,应行审定者有总决算、各官署每月之收支计算、特别会计之收支计算、官有物之收支计算、由政府发给补助费或特与保证之收支计算、法令特定为应经审计院审定之收支计算等。具体而言,该法在前法的基础上增加的审计职权有调阅取证权、委托审查权、追溯权。③1938 年南京国民政府颁布的《审计法》[③]。此法不仅详细规定了审计的各种职权,而且还规定了为保证审计职权的贯彻与执行,被审机关必须配合审计机关审查的具体做法,可谓是国民政府在审计立法上对审计职权规定的较大突破。因此,对此予以重点介绍。

比较前面的审计立法,此次《审计法》增加的审计职权和保证审计职权行使的措施有:

一是独立审计权。如第九条规定:"审计人员独立行使其审计职权,不受干涉。"独立性是审计的灵魂,没有独立性,审计就失去价值。此次立法,突出"独立"二字,可谓是最大的亮点和进步。

二是核签支付权。如第二十条规定:"各机关违背本法之规定,其情节重大者,审计机关除依法办理外,并得拒绝核签该机关经费支付书。"第二十一条规定:"审计机关或审计人员对于各机关显然不当之支出,虽未超越预算,亦得事前拒签或事后驳复之。"第三十条规定:"财政机关发放各项经费之支付书,应送审计机关核签,非经核签,公库不得付款或转账。"第三十一条规定:"各机关收支凭证,应连同其他证件,送驻公库或驻各机关之审计人

---

① 方宝璋:《中国审计史稿》,福建人民出版社 2006 年版,第 389—390 页。
② 许祖烈:《中国现行审计制度》,立信会计图书用品社 1947 年版,附录,第 53—54 页。
③ 审计部:《审计法令汇编》,商务印书馆 1948 年版,第 33—35 页。

员核签,非经核签,不得收付款项,但未驻有审计人员者不在此限。"以往审计立法规定的审计职权大都从事后审计的角度。此次审计立法不但规定审计机关事后审计的权力,而且赋予审计机关事前审计的权力,核签支付权就是事前审计权的体现①,"非经核签,公库不得付款或转账",这样能使审计达到防患于未然的效果。当时,审计学者徐以枬对审计机关的这项权力予以积极肯定,他指出:"审计院实施核签主管财政机关之支付命令,凡未经核准签字之支付命令,国库不得付款,此为我国官厅审计执行事前监督之一新纪元。"②

三是稽察权。如第十三条规定:"审计机关为行使职权,得派员持审计部稽察证,向有关之公私团体或个人查询或调阅簿籍、凭证或其他文件,各该负责人不得隐匿或拒绝,遇有疑问,并应为详实之答复。行使前项职权,遇必要时,得知照司法或警察机关协助。"第四十六条规定:"审计机关对于各机关之一切收支,得随时稽察之。"当时政府审计专家蒋明祺曾指出:"政府专设机关为行使审计职权,以公正态度,严密方法,对于各级政府岁出入之达成收付实现与权责发生诸程序及关系问题,随时随地,对事对人,从事考验者,谓之稽察。"③可见,稽察就是在审计事务分掌上把对事的审计和对人的监察合二为一。因此,稽察权实际上是把一部分原属于监察的权力直接赋予审计机关。这可以增加审计的监督效率。

四是送请监察院核办权。如第十二条规定:"审计人员为行使职权,向各机关查阅簿籍凭证或其他文件或检查现金财物时,各该主管人员不得隐匿或拒绝,遇有疑问并应为详实之答复。遇有违背前项规定,审计人员应将其事实报告该管审计机关,通知各该机关长官,予以处分,或呈请监察院核办。"第十五条规定:"审计人员发觉各机关人员有财务上之不法或不忠于职务之行为,应报告该管审计机关通知各该机关长官处分之,并得由审计部呈请监察院依法移付惩戒。"在监审合一体制下,这项权力有助于加强审计和监察两个部门之间的联系和配合,提高监督的效力和效率。

五是知照司法或警察机关协助权。如上列第十三条。这是一项很重要的保证审计机关行使职权的措施,有了这项权力,审计机关可以得到强力部

---

① 民国时期的事前审计权还包括审核月份收入、支出预算书、审核解款书与领款书之报核联、审核岁入岁出预算分配表和审核收入命令等,参见黄凤铨:《中国现行事前审计制度》,1934年发行,第18—20页。

② 徐以枬:《民国以来我国官厅审计之概况》,《会计杂志》1933年第二卷第5期,第71页。

③ 蒋明祺:《政府审计原理》,立信会计图书用品社1946年版,第5页。

门的支持和配合。

六是封锁权。如第十四条规定:"审计机关或审计人员行使前二条之职权,遇必要时,得临时封锁各项有关簿籍、凭证或其他文件,并得提取其全部或一部。"封锁权一般属于公检法机关的权力,此次立法使审计机关直接拥有"封锁各项有关簿籍、凭证或其他文件,并得提取其全部或一部"的权力,这可以有效阻止被审计单位转移违法资料,从而保全审计证据。

七是规定主管长官负连带责任。如第十六条规定:"审计人员对于前条情事,认为有紧急处分之必要,应立即报告该管审计机关通知该机关长官从速执行之。该机关长官接到前项通知,不为紧急处分时,应连带负责。"这也是一项重要的保证审计机关行使职权的措施。以往的立法只是规定审计机关有通知主管长官处分下属的权力,没有规定主管长官不执行处分时所承担的责任问题。此次立法突出主管长官要负连带责任,这有助于增加审计决定的权威性。总之,1938年《审计法》对行使审计职权的规定,说明当时有关这方面的审计立法思想已较为成熟。

三、以立法形式规定审计人员任职和审计会议

民国时期,为确保审计人员的专业胜任能力和独立、客观和公正地行使审计职权,审计立法中对审计人员的任职资格、保护措施、限制兼职和回避原则等作出具体的规定,体现了当时审计立法中较强的民主与法治思想。下面介绍当时主要立法中关于审计人员任职的规定。

第一,北京政府时期公布《审计院编制法》①,主要规定了审计人员的任职资格和保护措施。其中前者主要从审计人员的学历、经验和工作业绩三方面考虑,后者规定:"审计官、协审官非受刑法之宣告或惩戒之处分,不得令其退职或减薪。"

第二,国民政府时期,在建立健全审计机构的同时,还进行了审计人员队伍的建设,规定了各类审计人员的任职资格、保护措施、限制兼职及回避原则等。

国民政府于1928年3月公布《审计院组织法》②,主要对审计和协审的任职资格和限制兼职作了规定。1929年10月公布的《审计部组织法》③对任

---

　　①　中国第二历史档案馆整理编辑:《政府公报》(影印本),上海书店1988年版,第31册第284页。

　　②　许祖烈:《中国现行审计制度》,立信会计图书用品社1947年版,附录52页。

　　③　审计部秘书处统计科公报股编:《审计部公报》,1931年第1卷第1期,法规第3—5页。

职资格作了补充,从专业领域学历、从事专业工作经验、工作成绩三个方面选拔各层次审计人员。1939年3月颁布的《审计部组织法》①主要对专业审计人员的回避原则作了详细规定。

1945年12月31日,国民政府对《审计部组织法》②进行了修正公布。这次修正对审计人员的任职资格、保护措施、限制兼职和回避原则等作了较为全面、详尽、系统的规定。因此,下面着重介绍该法。

该法第十一条规定:"审计须以具有左列③资格之一者充之:一、具有第十二条或第十三条之资格,并曾任简任以上官职者。二、现任最高级协审、稽察一年以上,成绩优秀者。前项第一款规定,于常务次长准用之。"这里的第一条侧重于官职,第二条侧重于业绩和工作经历。

第十二条规定:"协审在未有考试合格之人员以前,须以具有左列资格之一者充之:一、曾在国内外专门以上学校,习经济、法律、会计之学三年以上毕业,并有相当经验者。二、曾任会计师或关于审计之职务三年以上,成绩优良者。"可见取得协审的资格要有专业学历和工作经验,或者要有工作经验和工作业绩。

第十三条规定:"稽察在未有考试合格之人员以前,须以具有左列资格之一者充之:一、于稽察事务所需学科,曾在国内外专门以上学校修习三年以上毕业,并有相当经验者。二、于稽察事务曾任技师或职官三年以上,成绩优良者。"可见,稽察资格的规定基本和协审相同,即须具备专业学历和工作经验,或者工作经验和业绩。

综上所述,该法主要从专业学历、工作经验和工作业绩三方面规定审计人员的资格,以确保审计人员有一定的专业胜任能力。

有关审计人员的保护措施,该法第十四条规定:"审计、协审、稽察,非有左列情形之一,不得令其转职:一、在年度开始,因职务从新分配,有转职之必要者。二、审计机关有添设或裁并者。三、因法定原因有缺额者。四、因法定回避原因,有转职之必要者。"第十六条规定:"审计、协审、稽察非受刑事之宣告或惩戒处分者,不得免职或停职。"这两条主要是为了保障审计人员在职业上的独立,排除他们的后顾之忧。

有关审计人员的限制兼职,该法第十七条规定:"审计、协审、稽察在职

---

① 国民政府文官处印铸局:《中华民国国民政府公报》,第139册渝字第133号。

② 审计部:《审计法令汇编》,商务印书馆1948年版,第13—14页。

③ 由于民国时期的行文格式为直式,从右往左书写,因此,"左列"即为现代文中的"下列"。

中,不得兼任左列职务:一、其他官职。二、律师、会计师或技师。三、公私企业机关之任何职务。"在这里第一点是为了确保审计人员的组织独立,第二和第三点是为了确保审计人员的经济独立。

有关审计人员的回避原则,该法第十五条规定:"审计、协审或稽察,与被审计机关之长官或主管会计、出纳人员为配偶,或有七亲等内之血亲,或五亲等内之姻亲关系时,对该被审计机关之审计事务,应行回避,不得行使职权,因其他利害关系颇有瞻徇之虞者,亦同。审计、协审或稽察与被审计之案件有利害关系时,对该案件,应行回避,不得行使职权。"这条规定的主要目的是为了防止审计人员在审计过程中假公济私,损害客观公正。

总的来说,审计人员的保护措施、限制兼职和回避原则主要是为了确保审计人员在审计工作中独立、公正、客观地行使审计职权。

把以上所引 1945 年的《审计部组织法》的条款与前几次颁布的《审计部组织法》主要内容进行对比,显而易见,前者是后者的集大成者,充分体现了审计立法从审计人员任职资格、保护措施、限制兼职和回避原则等方面确保和维护审计人员的专业胜任能力、独立、客观和公正的思想。

上述三大政府审计立法思想是相互联系和相互配合的关系。把审计载入根本大法,其目的是提高审计在国家经济监督中的地位,把审计纳入法治化的轨道。它对其他两大立法思想起着根本性的促进、保障和指导作用。审计的其他立法思想是它的进一步具体化。例如,审计立法中的多种审计职权是宪法中审计权的具体化。

审计职权是政府审计立法思想的中心,无论是把审计载入根本大法,还是以立法形式规定审计人员的任职,都是为了更好地配合审计职权的行使,以提高审计监督的效力、效果和效率。

审计人员的任职资格主要是为了确保审计人员的专业胜任能力,因为没有一定的专业胜任能力就无法真正有效地行使审计职权。审计人员的保护措施、限制兼职和回避原则主要是为了确保审计人员在审计工作中独立、公正、客观地行使审计职权。

同时,民国时期为了保证民主合议之精神,在审计立法中对审计机关内部的审计会议作出了规定。北京政府时期,1914 年 10 月 2 日公布的《审计法》第八条规定:"审计院之审查以总会议或厅会议决定之。审计院会议规则另定之。"[1]南京国民政府时期,1928 年 4 月 19 日颁布的《审计法》第十一条规定:"审计院对于第五条所列决算及计算之审查,以院会议或厅会议决

① 李金华:《中国审计史》(第二卷),中国时代经济出版社 2004 年版,第 48 页。

定之。"①1938 年 5 月 3 日公布的《审计法》第十条规定:"审计机关处理重要审计案件及调度主要审计人员在部以审计会议、在处以审核会议决议行之。前项审计会议及审核会议之会议规则,由审计部定之。"②在《审计法》中规定审计会议条款,其目的是为了确保审计机关实行民主审计和依法审计。

四、审计立法稳定性、继承性和创新性相结合

北京政府审计处时期,1914 年 3 月 12 日公布了《审计条例》,审计处改为审计院后,对条例进行了修正,1914 年 5 月 2 日公布了《修正审计条例》,前法共分 8 章 29 条,后法也是 8 章 29 条,两法在审计职权、审计程序和审计结果的处理等方面都大同小异。

南京国民政府于 1928 年 3 月 30 日公布了《国民政府审计院组织法》,于 1928 年 7 月 12 日公布了《修正国民政府审计院组织法》,前法共 17 条,后法共 17 条。比较两者的差异,前法第六条规定审计院设置总务处、第一厅和第二厅,后法规定审计院设置秘书处、总务处、第一厅和第二厅。前法第十五条规定:"审计院因缮写文件或其他事务得酌置雇员。后法第十五条规定:"审计院于必要时得设专门委员会。"其他条款几乎完全相同。

这种以修正公布的立法,体现了民国国家审计立法的稳定性和继承性。在此基础上,民国国家审计立法随着审计实践的发展而变化,体现了立法的创新性。

1914 年 10 月 2 日,北京政府公布了我国第一部《审计法》,共 19 条。1925 年 11 月 28 日,南方革命政府公布了《审计法》,共 17 条。两法虽然在条款总数上变化不大,但后法在前法上有了创新。前法规定大总统、副总统岁费和政府机密费,不在审计之列,但后法删除了这一条款,扩大了审计职权;前法规定审计结果向大总统报告,后法规定了审计结果向国民政府报告,改变了审计报告关系。这些都体现了南方革命政府是具有革命性质的政府。

南京国民政府时期,1928 年 4 月 19 日颁布实施《审计法》,共 23 条。1938 年 5 月 3 日国民政府修正公布了《审计法》,共 56 条。与前法相比,后法最大的特点是规定了事前审计、事后审计和稽察相结合的审计立法框架体系。前法是在审计院时期制定的,审计院改为审计部之后,审计部设第一厅、第二厅和第三厅分别掌握事前审计、事后审计和稽察。审计机关内部机

① 国民政府审计院编:《审计院公报》,1928 年第 1 期,法规第 5 页。
② 审计部:《审计法令汇编》,商务印书馆 1948 年版,第 33 页。

构的调整,必然要求在新的审计法中得到体现。另外,后法与前法相比,审计职权进一步扩大,注重财政的合理性与经济性审计,在审计方式上进行了拓展。因此,1938 年的《审计法》体现了审计立法随着审计实践的发展而创新。

第三节 民国政府审计立法思想的民主法治分析

一、审计立法是审计民主的保障

审计民主是政府审计机关接受民众的委托,监督政府各部门和人员的公共资金使用情况,以实现公众的民主权利,即审计是民主的工具。民主是法治的基础,法治是民主的保障,因此,审计法治是审计民主的保障。

法治即法的统治,视法律为最高权威。审计法治即在审计过程中,视审计法律为最高权威。在法律体系中,宪法在整个法律体系中居于首要地位,它对一国法律体系的建立和完善起着重要的保障、指导和促进作用。因此,在审计法律体系中,宪法中的审计规定处于最高层次。法治是民主的保障,法律的层次越高,其权威性越大,对民主的保障也越大。因此,民国时期把审计载入国家根本大法——宪法中,提高了审计的立法地位,夯实了审计法治的基础,有助于实现审计民主。

审计是民主的工具,审计关系是一种委托代理的契约关系。因此,实现审计民主的关键是相关契约的履行。履行契约的实质是契约签订者之间的权利和义务的履行。在审计委托代理的契约关系中,存在着三方:一是社会民众;二是政府审计部门;三是政府各部门。社会民众把公共资金交由政府各部门管理,政府各部门有使用公共资金的权利,但必须履行接受公众对资金使用情况进行监督的义务;政府审计部门接受公众的委托,有审计公共资金使用情况的权利,但必须履行向公众汇报审计情况的义务。社会公众有提供给政府各部门和政府审计部门公共资金的义务,也有监督资金使用情况的权利。

民国时期,在宪法中规定了审计主体、审计对象、审计权、审计报告程序、报告关系、报告时间和审计人员任职等。这些规定实际上以根本大法的高度明确了审计委托代理关系中契约签订者之间的权利和义务。例如,宪法中规定审计的对象为岁入岁出之决算,实际上明确了政府各部门的义务,即要履行接受国民对资金使用情况进行监督的义务,同时,也明确了国民有权监督政府各部门资金使用情况的权利。又如,宪法中审计权的规定实际上明确了政府审计部门有审计公共资金使用情况的权利,宪法中审计报告程序、报告关系和报告时间实际上明确了政府审计部门有向国民汇报审计情况的义务。再如,审计人员任职的规定,实际上明确了国民有权监督政府审计部门资金使用效果的权利,即通过规定审计人员的任职,提高审计人员质量,从而提高审计资金的效果。

因此,在宪法中规定了审计主体、审计对象、审计权、审计报告程序、报告关系、报告时间和审计人员的任职,实际上规定了审计契约中相关三方的权利和义务。把这些权利和义务写入根本大法,提高了审计契约的权威性和严肃性,有助于审计契约的履行,从而促进审计民主的实现。

二、审计立法体现了权力制约权力

社会公众和政府部门形成委托代理关系,政府部门的权力来自社会公众的授予,但政府部门获得权力之后,就有滥用权力的动机和现象。政府的权力必须受到公众的监督,否则,绝对的权力必将导致绝对的腐败。"一切有权力的人都容易滥用权力,这是万古不易的一条经验。有权力的人们使用权力一直到遇有界限的地方才休止。"①欲要限制权力,必须以权力制约权力,只有这样,才能保证民主的实现。但是社会公众由于有限理性及搭便车问题,他们亲自来监督政府的权力通常效率低下,因此,社会公众委托政府审计部门对政府的权力进行监督,这样社会公众必须赋予政府审计部门监督的权力。通常来说,只有监督权力的权力大于被监督权力的权力时,监督才能有效。

因此,应当扩大政府审计的监督权,才能制约政府的权力。民国时期,审计立法中规定的多种审计职权,其目的就是为了更有效地制约政府的权力,主要体现在以下几个方面:

1. 制约主体活动的独立性

权力制约权力的首要特征是制约主体活动的独立性。权力作为一种强制的制约力量,表现为制约者对被制约者的限制,它要求制约者只向赋予其制约权的组织负责,独立行使自己的职权,包括组织机构依法设置的独立性,工作人员依法任命的独立性,制约活动依法进行的独立性。一旦失去这些独立性,制约主体就会蜕变为权力的应声虫,根本不能开展正常有效的任何制约。民国时期,政府审计立法中独立审计权的规定表明作为制约主体

---

① ［法］孟德斯鸠:《论法的精神》(上册),张雁琛译,商务印书馆1961年版,第154页。

的政府审计组织具有独立进行审计监督活动的权力,不受其他任何部门的干涉,较好地体现了制约主体活动的独立性。

2. 制约主体地位的对等性

权力制约主体和权力制约对象的地位对等,才能使制约主体的腰杆硬起来,制约才能切实有效。制约主体要有与制约对象平等的地位、平等的权利,两者各施其职,各行其权,制约监督才能进行。如果制约主体依附于制约对象,制约也就丧失了它的坚实基础。民国时期,审计立法规定了审计机关有送请监察院核办权,就体现了这一思想。在五权宪法中,审计权是监察权的一部分,而监察权与立法权、行政权、考试权和司法权并列,与其他四权处于对等的地位。这样作为权力制约主体的监察审计机关与其他制约对象处于同等的地位,提高了制约权力的效果。正如当时政府审计专家杨汝梅指出:"现在世界各国,尚仅实行三权宪法,其行使立法监督之立法院,属于人民方面之代议机关,其监督政府财政之权限,不仅限于预算,对于决算亦行之。审计院每年编制之审计报告,尚须经内阁送交立法院为最后之议决。故审计机关之对于立法机关,实无对等之地位。今吾国试行五权宪法。所谓立法权与监察权,同属治权内之一部分,各自独立实行其职权,而相互辅助,以完治权之作用……关于决算之监督,惟监察院内之审计机关,有最后决定全权,无须再向立法院报告。"①

3. 制约手段的强制性

强制性是保证制约主体权威的前提基础。制约主体的制约活动要有权力与法制的强制力量予以保证。以权力制约权力虽然也需要制约对象的合作,但制约绝不能建立在这种"合作"的基础之上。权力制约主体不能离开强制性的手段,无论制约对象是否愿意接受这种强制。民国时期,审计立法中的封锁权和知照司法或警察机关协助权就体现了制约手段的强制性。它使审计机关具备了部分公检法系统的权力。

4. 制约方式的灵活性

以权力制约权力,但被制约的权力总是试图规避制约。在权力运行过程中,权力的要素是运动的。作为权力主体的人是运动的,他们的思想时刻在变化着;权力运行的环境也在变化着(如经济、政治、文化);权力作用的对象(财政资金)也是运动的。如果制约权力的权力是静止的,那么被制约的权力由于其运动的特性,就能很好地规避制约,这样就会弱化制约的效果。

---

①   杨汝梅:《论审计制度——中国财政问题之一》,军需学校丛书 1930 年版,第 2 页。

因此,权力的制约方式必须是运动的,以动制动。民国时期,审计立法中规定审计部门具有稽察的权力,"事前审计及事后审计外,复另设单位,办理稽察事务,随时纠正财务上不法及不忠于职务之行为"①。可见,稽察是一种动态的审计方式,这样能达到以动态的稽察权制约运动的权力,提高权力的制约效果。当然,在审计实际工作中,由于审计经费有限,战争频繁,稽察工作并不能全面展开,这制约了稽察的实际效果。

5. 制约权力的置前性

为了更有效地制约权力,必须把制约的权力置于被制约的权力之前,即处于先导的地位。民国时期,在审计立法中规定了审计机关有核签支付权,支付命令非经审计机关核签,公库不得支付;公库不支付,则政府就无法使用财政资金,即先有核签支付权,后才有财政使用权。这表明审计机关的核签支付权置前于政府财政的使用权,它体现了审计权对政府财政权的制约。

三、审计立法有助于实现依法审计

政府审计部门和人员受公众的委托,有监督政府的各种职权。但是,政府审计部门和人员获得这些权力后,也有不正当使用这些权力的可能性,表现在两个方面:一是滥用审计权力,即审计过度;二是消极使用权力,即审计不作为。为此,必须监督政府审计部门和人员恰当地使用审计职权。

依法审计就是审计机关的设立、审计职权的赋予、审计活动的于展、审计人员的任职、审计结果的处理和审计结果的报告等都以法律为依据。依法审计是有效地监督政府审计部门和人员恰当地使用审计职权的保证。民国时期,把审计机构的设置、审计权力的赋予、审计人员的任职和审计报告关系都以法的形式固定下来,这样能达到以法律的刚性来制约审计过度和审计不作为的目的。

例如,审计权力的赋予固然体现了审计权力对政府权力的制约,同时,也体现了法律对审计权力的制约,即法律规定审计部门有这些权力,而不能超越这些权力。又如,审计立法中审计人员资格的规定,表明审计人员的任用必须到达法定的资格,否则,就不能成为审计人员。这是对政府审计部门人事聘用权的制约。审计立法中审计人员的回避原则和限制兼职,体现了法律对审计人员审计权的制约,即违反回避原则和限制兼职条款的审计人员,不得行使审计职权。另外,在《审计法》中规定审计会议条款,其目的也是为了制约审计机关的审计权力。

---

① 梁节民:《政府审计三疑》,《公信会计月刊》1947 年第 10 卷第 5 期,第 115 页。

四、审计立法有助于降低民主成本和提高民主效益

根据委托代理理论，社会公众为维护自身的民主权利，委托政府审计部门和人员对政府各部门和人员的受托责任进行监督，但社会公众和政府审计部门和人员之间由于信息的不对称和目标的不一致，政府审计人员为违背社会公众的利益，给社会公众造成价值损失，这种价值损失称为第二类代理成本。因此，第二类代理成本的实质是社会公众为维护自身民主权利所支付的代价，即民主的成本。降低第二类代理成本就是降低民主成本。

第二类代理成本产生的主要原因是社会公众和政府审计人员之间的信息不对称。在社会公众和政府审计人员签订委托代理契约前，审计人员知道自己的专业水平，而社会公众不知道，这样会产生事前的逆向选择问题。在他们签订代理契约后，审计人员利用信息优势，以损害社会公众的利益为代价而追求自身的利益最大化，这样会产生事后的道德风险问题。

为降低信息不对称，社会公众有必要设计一个制度，规定审计人员的任职资格，只有达到一定的任职资格后，社会公众才可能和审计人员签订代理契约。作为审计人员来说，通过资格向社会公众传递自身能力的信号。民国时期，通过审计立法规定审计人员的任职资格（学历、工作经验和业绩三个方面），只有具备这些资格后，全体国民才可能和审计人员签订代理契约。这样，全体国民可以减少自身的信息收集成本，降低与审计人员的信息不对称程度，解决逆向选择造成的代理成本问题。

在签订代理契约后，全体国民需要设计一个制度解决政府审计人员的道德风险问题。民国时期，在审计立法中规定审计人员的保护措施、限制兼职和回避原则，其目的是确保审计人员在审计工作中，独立、公正地行使审计职权，降低他们的道德风险引起的代理成本问题。

因此，以审计立法形式规定审计人员的任职条件、保护措施、限制兼职和回避原则等审计人员任职思想，可以降低国民和政府审计人员的信息不对称程度，从而降低第二类代理成本，即民主的成本。

健全的立法是推行法治的前提，也是法治不可或缺的组成部分。法治成本可以包括法律的制定成本和法律的执行成本。民国时期，审计立法大都沿袭前法，而不是全部推倒重来，使法律保持相当的稳定性和继承性，这可以降低法律的制定成本和执行成本。

同时，审计立法又随着实践的发展，作适当的变更，使法律更加符合审计实践发展的需要。例如，与 1928 年的审计法相比，1938 年的审计法扩大了审计职权，拓展了审计方式，加强了经济性审计，这有助于提高审计效率

和效果。审计是民主法治的工具,审计效率和效果的提高,其实也是民主法治效益的提高。

第四节　民国政府审计立法思想对当代的借鉴

一、进一步丰富《宪法》中的审计条款

《宪法》作为一个国家的根本大法,主要规定国家的根本任务和根本制度。政府审计作为国家最高层次的经济监督,作为国家民主法治的工具,理应在宪法中取得应有的地位。我国现行《宪法》为 2004 年 3 月通过的《中华人民共和国宪法》(修正案)[①],有关审计的条款主要有第六十二、六十三、六十七、八十六、九十一、一百零九条,其中前三条主要规定人大及其常委会有权决定和罢免审计长,后三条主要规定了中央和地方审计机关的组织关系、审计对象和审计权。借鉴民国时期宪法中的审计条款,我们应该增加现行宪法中的以下两项内容:

1. 明确审计机关的报告关系和报告时间

根据受托经济责任理论,审计机关接受人民的委托,对政府各部门的受托经济责任进行监督,审计机关负有向人民报告其履行经济监督情况的责任。而我国现行的《宪法》中没有规定政府审计机关向作为代表人民行使权力的人大及其常务委员会报告的条款。现行的做法是每年审计署受国务院委托向全国人大及其常委会报告国务院上一年度中央预算执行和其他财政收支的审计工作报告,既然是受"国务院委托",那么这种报告关系的实质是行政机关向立法机关的报告,它不能代替审计机关独立向人大及其常委会报告的责任。因此,必须在《宪法》中明确规定审计机关向人大及其常委会报告的责任。另外,在报告时间上也必须明确。从上所知,1947 年《中华民国宪法》第一百零五条规定了行政院提出决算三个月后,审计长须向立法院报告审计结果。而我国现在的情况是报告时间不统一,没有刚性。如 2007 年度中央预算执行和其他财政收支的审计情况的报告时间为 2008 年 8 月 27 日;而 2008 年中央预算执行和其他财政收支的审计情况的报告时间为 2009 年 6 月 24 日。根据委托代理理论,人民和政府各部门是委托代理关

---

① 全国人民代表大会:《中华人民共和国宪法》,[2006-12-18],http://www.npc.gov.cn/npc/xinwen/node_505.htm。

系,两者之间存在着信息不对称,信息不对称是造成代理问题的主要原因。信息不对称包括时间上的不对称和内容上的不对称。时间上的不对称是指代理人掌握信息的时间早于委托人。为降低人民和政府之间信息的不对称程度,人民需要更早地获得政府各部门履行受托责任的信息。为此,必须在宪法中明确审计机关向人大及其常委会报告审计工作的时间,而且报告的时间尽量提前,如规定每年的 4 月 30 日前审计机关必须向人大报告。

2.增加审计人员任职的规定

我国现行《宪法》中规定审计长由总理提名,全国人大及其常务委员会决定是否任免审计长,但没有规定审计长的任期和一般审计人员的任职。审计长作为最高审计机关的行政负责人,他的任期对确保审计机关的独立性至关重要。我们可借鉴 1913 年《天坛宪法草案》第一百零七条和 1923 年《中华民国宪法》第一百二十一条,在我国《宪法》中明确审计长的任期为 10 年,非触犯法律,不得免职。同时,规定审计人员资格以法律定之;审计人员在任中,非依法律,不得免职或停职。这样能够排除审计长和一般审计人员的后顾之忧,以根本大法的高度确保其独立性。

二、增加《审计法》中的审计职权及明确相关负责人的责任

1.增加事前审计权

我国现行《审计法》①是 2006 年修订的。根据该法,审计机关的主要职责是对中央预算执行情况和其他财政财务收支情况进行审计监督。可见,审计机关的职权主要是事后审计权。事后审计的目的是"惩创于既往",通过审计对被审计单位和个人的违法乱纪行为作出处罚。但是,事后审计的弊端也是明显的,许多违法乱纪和舞弊等行为发生后,经济上的损失已经发生,即使事后对相关人员作出处罚,也可能无法挽回已有的损失。事前审计起到"防弊于未然"的作用,可以弥补事后审计的不足。正如民国时期著名会计师奚玉书指出:"考事前审计于政府审计之重要,较事后审计为尤甚。盖事前审计足资防患于未然,所以富有积极性,不若事后审计,仅能揭弊于既发……不免发生种种损失,此事后审计所以仅有消极之作用也。"②因此,我们可借鉴民国时期的审计立法,增加审计机关的事前审计权。例如,规定政府各部门的支出,须经审计机关的核签,国库才能支付。这样可以起到事

---

① 全国人民代表大会常务委员会:《中华人民共和国审计法》,[2006-03-01],http://www.audit.gov.cn/n1087/n1599/325639.html。

② 奚玉书:《论事前审计》,《公信会计月刊》1940 年第 4 卷第 3 期,第 68 页。

前发现和阻止不法或超过预算的支出。

2. 强化获取协助权

现行《审计法》第三十七条规定："审计机关履行审计监督职责,可以提请公安、监察、财政、税务、海关、价格、工商行政管理等机关予以协助。"这里用了"提请"二字,既然是提请,那么这些机关就有接受或不接受审计机关请求的选择,这显然弱化了审计机关获得这些机关的协助权。因此,我们可借鉴民国时期的做法,把"提请"二字,改为"知照","知照"作为一种下达公文的用语,有"通知"和"知晓"之意。审计机关不是请求有关机关协助,而是知照有关机关协助,这意味着有关机关协助审计机关是它们应尽的义务和责任。这样可以强化审计机关获取协助的权力。

3. 明确被审计单位主管部门负责人的连带责任

现行《审计法》第四十七条规定："审计机关依法责令被审计单位上缴应当上缴的款项,被审计单位拒不执行的,审计机关应当通报有关主管部门,有关主管部门应当依照有关法律、行政法规的规定予以扣缴或者采取其他处理措施,并将结果书面通知审计机关。"第四十九条规定："被审计单位的财政收支、财务收支违反国家规定,审计机关认为对直接负责的主管人员和其他直接责任人员依法应当给予处分的,应当提出给予处分的建议,被审计单位或者其上级机关、监察机关应当依法及时作出决定,并将结果书面通知审计机关。"显然,这两条都没有提到被审计单位的主管部门或上级机关不执行审计处罚和处分决定所要承担的责任问题。这大大弱化了审计结果的权威性。从最近几年审计署公布的审计结果公告中可知,许多单位出现的问题都是"似曾相识",审计难,审计结果(处理、处罚)执行更难,这是目前一个比较突出的问题,其关键是没有落实相关领导人的责任。因此,我们可以借鉴民国时期的审计立法,在《审计法》中明确规定,被审计单位主管部门(上级机关)负责人不执行审计机关处理、处罚决定的,要负连带责任。

三、增加《审计法》中审计人员任职的规定

根据委托代理理论,人民和审计人员是委托代理关系,由于人民和审计人员之间存在着信息的不对称和目标的不一致,会引起事前的"逆向选择"和事后的"道德风险"等代理问题。"逆向选择"问题即是人民和审计人员在达成代理契约之前,审计人员知道自己的真实情况(如能力和知识结构),而人民不知道。因此,人民有必要事前规定审计人员的资格,只有达到一定资格的人员,人民才愿意和他们签订契约。同时,审计人员为了和人民达成契约,也必须向人民传达自己能力的信号,即提供自己诸如学历、经验和业绩

等证明。因此,规定审计人员的资格是为了解决"逆向选择"问题。人民和审计人员签订契约后,会发生事后的"道德风险",制定审计人员的保护措施、限制审计人员的兼职和实行回避原则,就是为了降低审计人员的道德风险,确保他们独立、公正、客观地行使审计职权。借鉴民国时期审计立法中的审计人员任职规定,我们应当对现行《审计法》进行修改,增加以下条款:

1.详细规定审计人员的任职资格

上述笔者建议修改的《宪法》中只是纲领性地提到审计人员资格以法律定之,在《审计法》中就要详细规定审计人员的任职资格。现行《审计法》第十二条规定:"审计人员应当具备与其从事的审计工作相适应的专业知识和业务能力。"可见,法律对审计人员的资格只是笼统地作出规定,对审计人员的专业知识和业务能力没有一个具体的量化指标。因此,《审计法》应当对资格进一步具体化,可从学历、经验和业绩等三方面制定详细的条款。

2.制定审计人员的回避原则、保护措施和限制兼职

现行《审计法》第十三条规定:"审计人员办理审计事项,与被审计单位或者审计事项有利害关系的,应当回避。"现行《审计法实施条例》①第十二条规定,与被审计单位负责人和有关主管人员之间有夫妻关系、直系血亲关系、三代以内旁系血亲以及近姻亲关系的,应当实行回避。比较民国时期1945年的《审计部组织法》与现行法规中相关条款的规定,前者对回避的要求更高,前者第十五条规定,审计、协审或稽察,与被审计机关之长官或主管会计、出纳人员为配偶,或有七亲等内之血亲,或五亲等内之姻亲关系时,对该被审计机关之审计事务,应行回避,不得行使职权,因其他利害关系颇有瞻徇之虞者,亦同。首先,在法律层次上,前者比后者更高,前者在组织法中作出具体规定,而后者只是在《审计法实施条例》中作出具体规定。其次,前者规定七亲等内之血亲,或五亲等内之姻亲关系时,实行回避,而后者规定三代以内旁系血亲以及近姻亲关系的,应当实行回避。因此,应当修改现行《审计法》,对回避原则作出更加具体和更高的要求。现行《审计法》第十五条规定:"审计人员依法执行职务,受法律保护。任何组织和个人不得拒绝、阻碍审计人员依法执行职务,不得打击报复审计人员。审计机关负责人依照法定程序任免。审计机关负责人没有违法失职或者其他不符合任职资格的情况的,不得随意撤换。地方各级审计机关负责人的任免,应当事先征求上一级审计机关的意见。"这里有两点值得注意:一是规定审计机关负责人,

---

① 中华人民共和国国务院:《中华人民共和国审计法实施条例》,[2010-02-20],http://www.gov.cnzwgk2010-02/20/content_1537495.htm.

不得随意撤换，没有规定一般审计人员也不得随意撤换；二是用"不得随意撤换"，言外之意是，如果不是随意的，也可以撤换。总体而言，该法对审计人员任职的保护措施比 1945 年《审计部组织法》的相关措施弱。因此，应把第十五条中"审计机关负责人没有违法失职或者其他不符合任职资格的情况的，不得随意撤换"改为"审计人员没有违法失职或者其他不符合任职资格的情况的，不得撤职和停职"。最后，我国现行《审计法》中没有对限制审计人员兼职作出规定，因此，应当进一步明确审计人员不得兼职的条款。

第五章　民国政府审计组织体制思想

第一节　民国政府审计组织体制的历史演变

一、民国元年至北京政府时期的政府审计组织体制

民国元年(1912),各省纷纷设立审计机构,例如,湖南省设立会计检查院,广东省设立核审院,湖北和江西设立审计厅,云南设立会计检查厅等。1912 年 9 月 25 日,袁世凯发布大总统令,宣布设立审计处,任命王璟芳为审计处代理总办。10 月 22 日北京政府颁布的《审计处暂行章程》规定,审计处隶属于国务总理,下设 5 个股和 17 个课。1913 年 2 月 19 日,北京政府任命了湖北、吉林、云南等省的审计分处处长,至 1914 年 3 月,全国有 22 个省设立了审计分处,从而构建了中央有审计处、地方有审计分处的两级政府审计组织体制。

1914 年 4 月 29 日通过的《中华民国约法》规定国家政体由责任内阁制改为总统负责制,废除了审计处而改为审计院。随后公布《审计院编制法》,规定审计院隶属于大总统,各省不设审计分院,审计院分为三个业务厅和书记室,后又改为三厅二室一会,即第一厅、第二厅、第三厅、书记室、外债室和审查决算委员会。

二、陆海军大元帅大本营时期的政府审计组织体制

1923 年 3 月,孙中山在广东创立中华民国陆海军大元帅大本营,同年颁布了《大本营条例》,条例规定大本营设置军政部、外交部、内政部、财政部、建设部、法制局、审计局、秘书处、参谋处、参军处和会计司等机构。其中,审计局掌管审计各官署职官出纳事宜,由刘纪文担任首任局长。1924 年 5 月,审计局改为审计处,林翔任处长。

三、广州国民政府时期的政府审计组织体制

1925 年 7 月 1 日,广州国民政府设立。7 月 17 日,《国民政府监察院组织法》颁布,监察院与其他各部、院平行。撤销原大本营审计处和广州市审计处,相关审计事项移交监察院。《国民政府监察院组织法》规定,监察院下设五局一科。其中第二局下设审计科,负责对政府各机关的审计事宜。9 月 30 日颁布的《修正监察院组织法》,将监察院减为三个局,其中第二局掌管设计和财政事项,下设审计科和财政科。

1926 年 10 月 4 日,国民政府再次修正《国民政府监察院组织法》,规定监察院下设四科和一处。其中,第二科监督财政,稽核中央及地方收支,从而突出了监察院的审计监督职责。

四、南京国民政府时期的政府审计组织体制

1927 年 9 月,南京国民政府正式建立。1928 年 2 月公布的《国民政府组织法》规定,国民政府下设审计院,负责监督预算的执行,审核国家岁入岁出的决算。1928 年 7 月 1 日,审计院正式成立。7 月 12 日国民政府正式公布的《审计院组织法》规定,审计院直接隶属于国民政府,审计院设两厅两处。其中,第一厅负责事前审计,监督预算执行;第二厅负责事后审计,审核决算。1928 年 10 月修正的《中华民国国民政府组织法》规定,审计院改组为监察院审计部。1929 年 10 月 29 日颁布的《审计部组织法》规定,审计部隶属于监察院,审计部设三厅一处。其中第一厅负责事前审计,第二厅负责事后审计,第三厅负责稽察事务。此法公布后,直到 1931 年 2 月审计部才正式成立,期初,审计部只成立了第一和第二厅。1933 年 9 月,审计部第三厅才正式成立。

在地方审计机构上,1928 年颁布的《审计院组织法》虽然有设立审计分院的规定,但一直未实现。各省自行设置了各种审计组织,例如,湖南、湖北和浙江的审计委员会,云南、广东、广西的审计处等。1932 年 6 月 17 日公布的《审计处组织法》规定,审计部在各省、市政府所在地设立审计处。到 1936 年 11 月,江苏、湖北、浙江、上海、河南、陕西、广东等省设立了审计处以及京浦铁路设立了审计办事处。抗战时期,审计部在湖南、四川、贵州、广西、福建、江西、安徽、甘肃、云南等省增设了审计处,在盐务总局、国库总库增设了审计办事处。

抗战胜利后,审计部还增设了台湾省审计办事处、青海省审计办事处、国营招商局审计办事处等。1948 年,审计部还增设了辽宁、吉林两省审计处

和浙赣铁路审计办事处、平汉铁路审计办事处、京沪杭甬铁路审计办事处等。1949 年随着国民党在战场上的节节败退,审计处和审计办事处逐渐被撤销。

第二节　民国政府审计组织体制思想的主要内容

一、政府审计组织在国家治理组织中独立性强、地位较高

1928 年 10 月 8 日南京国民政府公布的《国民政府组织法》规定:"国民政府设五院,即行政院、立法院、司法院、考试院、监察院,监察院为国民政府最高监察机关,依法行使弹劾、审计职权。"1928 年 10 月 20 日公布的《监察院组织法》第二条规定:"监察院关于审计事项,设审计部掌理之。"第十三条规定:"审计部掌左列事项:(一)国民政府及各省各特别市政府岁出岁入之决算事项。(二)关于国民政府所属各机关每月之收支计算事项。(三)关于特别会计之收支计算事项。"从上述两个法规可知,政府最高审计组织为审计部,由于审计部隶属于监察院,监察院和行政院并列,同隶属国民政府。我们可以构建民国国家治理组织图,如图 5-1 所示。

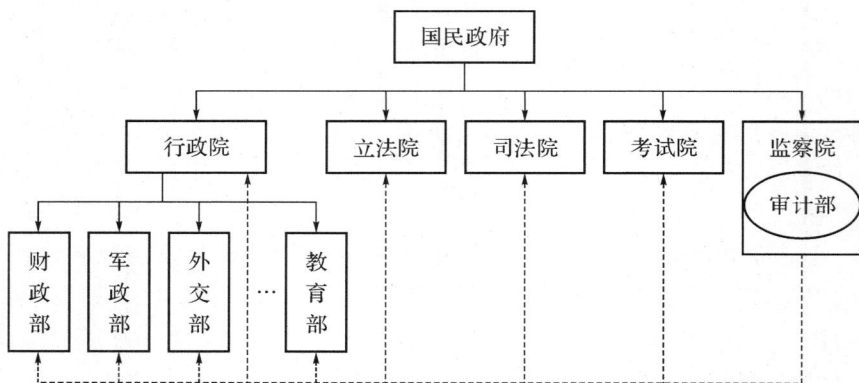

说明:──→ 隶属关系;┈┈→ 监督关系。

图 5-1　民国国家治理组织

从上图可知,审计部独立于行政院,即在政府最高审计组织和最高行政部门的关系上,政府审计组织独立于它的监督对象——行政部门。

西方国家一般实行三权分立,即行政权、立法权和司法权既相互独立又

相互牵制,审计权没有成为三权之一。孙中山创造性地提出了五权分立思想,即在三权基础上,增加监察权和考试权。从上图可知,掌握审计权的监察院,与分别掌握行政权、立法权、司法权、考试权的其他四院在地位上处于平等的地位,同属于五权之一。包含审计权的监察权可以直接制约最高行政权、最高立法权、最高司法权和最高考试权。同时,西方三权分立国家,掌握立法权的议会有最后审定决算的权力,而在民国国家五权宪法体制下,监察院之审计机关,对决算有审核全权,无须向立法院报告。在民国国家治理组织中,审计机构不但独立于最高行政机构——行政院,而且可以监督立法院、司法院和考试院,可见,在民国国家治理组织中,国家审计的地位相当高。

监察权与立法权分开,得到了当时一些学者的支持。如章渊若认为:"现在有一些人主张立法部可兼监察权,这是没有认清楚监察权的根本性质。第一,我们要知道议会本身的职务,在于立法;如果再兼监察,则必荒弃本质。第二,而且议会年初期甚少短,如再管弹劾之事,则对时间上与能力上均属不可能。第三,要增加监察权的效力,则必先使其独立,不能附属别部,承仰别部的意志。第四,在现代各国政党政治之下,立法机关常有反对党与政府党相对峙的形势,政府党的分子,一定拥护政府官吏,反对党的分子,一定攻击政府官吏。前者装聋作哑,后者吹毛求疵。结果,无一得正当地运用监察权。这又是监察权所以必须离立法权而独立的主要理由。第五,现在各国宪法都以审计院为独立机关,非常重视,而审计之事,乃监察性质,是各国明明于事实上承认监察权之独立。第六,我国于民元也有审计处的设立,然而这个审计处,是奉承行政部的命令而设立的,非但无独立施行之权,且处处须奉承行政部的意志,实在非常滑稽,不合设立审计处的初旨。结果是各机关之滥用浮支,依然如常,收支出纳,概无报告送承审计处。审计处自己职权弱小,也无法相强,结果,审计处等于虚设,审计的目的,无从达到。这又认明检察权应该独立,以提高职权的必要。"①

二、政府审计组织在财政组织系统中处于关键地位

财政组织按横向可分为财政执行组织和财政监督组织。财政组织按纵向可分为中央财政组织和地方财政组织。财政执行组织即财务系统,财政监督组织包括公库系统、主计系统和审计系统。下面我们进一步把它细化为中央和地方两级财政组织系统,可用图 5-2 表示。

---

① 　章渊若:《监察院的审计问题》,《社会科学杂志》1928 年第 3 期。

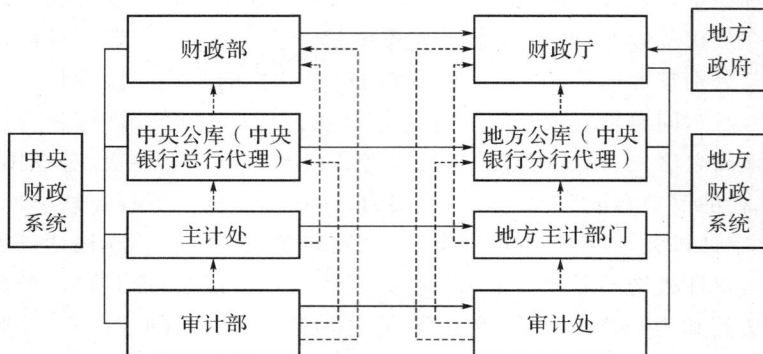

说明：——▶ 隶属关系；--------▶ 监督关系。

图 5-2　民国中央和地方两级财政组织系统

下面我们先分析中央财政组织系统，在上图中，财政执行系统为财政部，中央公库虽然有着某种监督的职能，但它主要行使出纳的功能，中央公库只有接到经审计部签发的支付命令，才能行使出纳功能。主计处的运行效率也直接受制于审计部。在主计处有三个机构分别是岁计局、会计局和统计局。岁计局负责编制财政预算和财政决算，会计局负责会计制度设计与会计处理两个方面，统计局负责各机关统计事务的统筹与分工。

统计局的统计数据是岁计局编制预算的依据，预算通过后，会计局负责记录预算的执行情况，执行结果又成为岁计局编制决算的依据，决算结合统计之后，又成为编制下一期中央财政预算的依据。在这个过程中，会计局记录的会计数据的合法、合规和效益性需要审计部的监督审查，同时，审计部又有审定决算的权力。因此，审计部的审计监督直接影响中央财政会计和决算的正确性，从而影响下一期中央财政预算数据的合理性和科学性。主计系统更多的是一种建设计政系统，而审计系统是真正的监督计政系统。民国计政专家顾保廉指出："一国政治的设施，赖财政为基础，而财政又须计政为之监督与推进。"①可见，计政的监督与推进中，监督先于推进，计政的监督可以推动计政的发展，从而推动整个财政组织系统的有效运行，审计部不但监督财政部，而且对中央公库和主计处也起着监督作用，因此，审计部在中央财政组织系统中处于关键的地位。

另外，在地方财政组织系统中，财政厅既受财政部领导，又受省级政府领导，即地方财政执行系统是一种双重组织隶属模式。其他三个财政监督

---

① 顾保廉：《推行计政的几个问题》，《计政季刊》1942 年第 1 期。

组织系统分部为地方公库、地方主计部门和审计处。三大监督机构虽然办事机构设在地方,但是直接受上级机构管理,不隶属于地方政府,即地方财政组织监督系统是一种垂直型组织模式。这三个机构的运行原理基本上和各自的上级系统相似,同理可知,地方审计处在地方财政监督组织系统中处于关键地位。正如林兆镁所指出的:"财政部厉行会计独立制度,凡财政部所属机关,其会计主任均有财政部招考派充,并由财政部直接掌其任免选调,对其所在机关长官为地位超然之事务官,斯为政府机关自动打破一条鞭组织,而采用联宗组织之初步。"①

三、垂直型的政府审计组织体制且代理层级较短

南京国民政府时期,1932 年 6 月 17 日公布的《审计处组织法》第一条规定:"审计部于各省省政府所在地或直隶于行政院之市政府所在地设审计分处。"第二条规定:"审计处设审计一人,简任;协审二人、稽察一人、秘书一人均荐任;佐理员委任,其名额由审计部按事务之繁简,分别拟定呈请监察院核定之。"第三条规定:"审计处设处长一人,由审计兼任,承审计部之命综理处事务。"第四条规定:"审计处分下列四组,其中第一组掌理本省或本市内中央及地方各机关之事前审计事务;第二组掌理本省或本市内中央及地方各机关之事后审计事务;第三组掌理本省或本市内中央及地方各机关之稽察事务。"从《审计处组织法》第一条可知,审计分处在组织上隶属于审计部;从第二条可知,审计分处的人事由审计部决定;从第三条可知,审计分处的业务工作直接接受审计部的领导。虽然从第一条可知,审计分处在组织上隶属于审计部,但不能排除它在组织上又隶属于地方政府,即双重领导体制。人事关系和业务工作关系是组织关系的重要体现,从第二条和第三条可知,审计分处的人事和业务工作只接受审计部的领导,因此,我们可以得出结论:审计分处在组织上不但隶属于审计部,而且只隶属于审计部,不隶属于地方政府,即审计部和审计处是一种垂直型的领导体制。另外,1947 年元旦颁布的《中华民国宪法》规定了地方行政制度,即地方实行二级行政体制,省为一级行政,县为二级行政。从《审计处组织法》第四条可知,全省的审计事务都由审计处负责,审计处下面没有再设县一级的审计机关。这表明在中央审计组织和地方审计组织的关系上,只有一个层级的代理关系,代理层级较短。

---

① 林兆镁:《财务行政联综组织与审计之关系》,《交通职工月报》1935 年第 3 卷第 10 期,第 5—13 页。

第三节　民国政府审计组织体制思想的民主法治分析

1947 年《中华民国宪法》第二条规定:"中华民国之主权属于国民全体";第九十条规定:"监察院为国家之最高监察机关,行使同意、弹劾、纠举及审计权";第九十一条规定:"监察院设监察委员,由各省市议会,蒙古、西藏地方议会,及华侨团体选举之"。因此,从理论上来说委托人是全体国民,代理人是监察院。

全体国民和政府及所属机构和人员形成的代理关系所产生的代理成本,属于第一类代理成本。全体国民和监督部门(监察部门和审计部门)形成的代理关系所产生的代理成本,属于第二类代理成本。在审计部门内部上下级之间(例如审计部和审计处之间)代理关系所产生的代理成本,属于第三类代理成本。审计是民主法治的工具,这三类成本分别可称为第一类民主法治成本、第二类民主法治成本和第三类民主法治成本。

一、政府审计组织体制思想可以降低第一类民主法治成本

民国时期在政府审计组织和政府行政部门的关系上,政府审计组织独立于行政部门的思想能够降低第一类代理成本。全体国民和行政院形成委托代理关系,由于全体国民和行政院之间双方目标的不一致和信息的不对称,行政院为了实现自身的目标可能会偏离全体国民的目标,作出损害国民利益的行为,从而给国民造成价值的损失;为降低这种损失,全体国民委托审计部对行政院进行审计监督,在审计部独立于行政院的情况下,审计部不受行政院的制约,审计部人员的调动、具体审计活动的开展和审计结果的公布能够独立地进行,这样能够对行政院进行有效的监督,促使行政院的目标和全体国民的目标一致,从而降低第一类代理成本。假设审计部隶属于行政院,那么审计部门人员的调动、审计活动的开展和审计结果的公布都要受行政院的控制,当审计部的审计活动不符合行政院的利益而符合全体国民的利益时,行政院就会对审计工作进行不正当的干预。在这种情况下,审计部门通常会屈服于行政院,甚至和行政院合谋,违背国民的利益,这样不但不能降低,而且反而会增大第一类代理成本。

在审计机构和监察机构合二为一的情况下,由于审计机构隶属于监察机构,审计机构通过对监察对象的审计,可以为监察机构提供专业化的手段,有利于提高监察工作的效果;监察机构为审计机构指明审计工作的方

向、重点、内容,这反过来会提高审计工作的效率。

监察又为审计工作及其结果的执行提供制度保障。对监察对象的审计必须落实到相关责任人,才能真正发挥审计的效力。审计难,审计结果执行更难。在审计机构隶属监察机构的情况下,监察机构通过弹劾等职权的行使,有助于落实审计的审查权、处理权,从而提高审计工作的效力。因此,民国时期审计组织隶属于监察组织的思想提高了监督部门的工作效力和效率,从而促使第一类代理成本的降低,即第一类民主法治成本的降低。

二、政府审计组织体制思想可以降低第二类民主法治成本

民国时期在审计组织和监察组织的关系上,最高审计组织隶属于最高监察组织的思想能够降低第二类代理成本。由于监察部门和审计部门都接受国民的委托,监督政府各机构和人员,因此,它们在工作上必然存在着协调关系,因协调关系的存在而发生的成本为协调成本。协调成本越大,给全体国民造成的损失越大,即第二类代理成本越大。

监督机构之间的协调成本主要取决于信息的交换成本和信息的处理成本。在审计部隶属于监察院的情况下,监察和审计的协调在组织内部完成;在监察院和审计部独立的情况下,监察和审计的协调在组织之间外部完成。一般来说协调成本主要取决于协调双方的信息不对称程度,以及协调双方的独立性。审计和监察部门协调的核心是双方信息的交换和处理。通常组织内部享有共同的组织文化,组织内部的信息不对称程度较低,信息交换成本较低。在审计部隶属于监察院的情况下,审计机构和监察机构彼此都比较熟悉对方,信息的不对称程度较低。而在监察和审计独立的情况下,由于两个组织之间不属于同一个组织文化,双方的信息不对称程度较高。因而监审合一比监察和审计相互独立情况下的信息交换成本低。另外,在信息的处理成本上,审计机构需要监察机构对某官员的弹劾来增加审计的效力,而监察机构需要审计机构提供的审计情况来进行有针对性的弹劾。在审计和监察独立的情况下,两个机构是平行的,为了各自部门的利益,存在着相互"扯皮"、相互推诿责任的问题,这无疑增加了监督机构的信息处理成本。在审计机构隶属于监察机构的情况下,审计部门要服从监察部门的行政指令,这增加了行政效率,使信息处理成本降低。因此,它可以降低第二类民主法治成本。

三、政府审计组织体制思想可以降低第三类民主法治成本

民国时期审计组织内部垂直型的体制且代理层级较短的思想能够降低第三类代理成本。如果审计组织内部是双重领导体制,即审计处在业务上

受审计部的领导,在组织上受地方政府负责人的领导,这样,审计部与审计处形成委托代理关系,地方政府负责人与审计处又形成委托代理关系。由于中央审计组织和地方审计组织地理距离较远,中央审计组织获取地方审计组织信息的成本较大,掌握地方审计组织的信息较少;地方政府负责人和地方审计组织地理距离很近,地方政府负责人获取地方审计组织信息的成本较低,掌握地方审计组织的信息较多。因此,地方审计组织与中央审计组织的信息不对称程度较高,与地方政府负责人信息不对称程度较低。

另外,在地方审计组织接受地方政府负责人领导的情况下,当地方审计组织和地方政府负责人目标不一致时,地方政府负责人可以更换地方审计组织负责人的办法,促使审计组织负责人的目标与自己的目标一致;当地方审计组织和中央审计组织目标不一致的情况下,中央审计组织通常不能更换地方审计组织负责人,因此,地方审计组织的目标会更多地偏离中央审计组织的目标,而趋向地方政府负责人的目标。

代理成本产生的原因是委托人和代理人信息的不对称和目标的不一致,信息不对称和目标不一致程度越大,则代理成本越大。因此,在双重领导体制下,中央审计组织和地方审计组织之间的代理成本较大,地方政府负责人和地方审计组织之间的代理成本较小。当中央审计组织与地方政府负责人的目标不一致时,地方审计组织会趋向地方政府负责人的目标,这样就会增大中央审计组织和地方审计组织之间的代理成本,即第三类代理成本。

在审计组织内部的代理关系中,每一下级审计组织都可能会偏离上级审计组织的目标,每一下级和上级审计组织之间都存在着信息的不对称,因此每一代理层级都会产生代理成本。随着代理层级越多,代理链条越长,则第一层级和最后层级之间的信息不对称程度和目标不一致程度就会放大,从而使第三类代理成本放大。民国时期在地方审计组织上只有一个层级,在它们之下没有层级,即在审计组织内部只有一个代理层级,代理层级较少,代理链条很短,这样能够很好地降低第三类代理成本,即降低第三类民主法治成本。

思想与现实常常存在着差距,思想的实践受制于一定的环境,民国时期由于政治腐败,权大于法,加上长期处于战争状态,兵荒马乱,使政府审计组织结构思想没有得到有效实施,其作用也不能得到充分发挥,但我们不能因此忽视其合理的成分而加以全盘否定。

第四节　民国政府审计组织体制思想对当代的借鉴

民国时期政府审计组织体制思想对当代审计改革有两种可以借鉴的思

路:一是保持目前审计组织体制的基础上,作适当的补充和完善;二是分"三步走"改革目前审计组织体制。

一、完善目前政府审计组织体制

自从 1983 年我国恢复政府审计制度以来,政府审计取得了很大成绩,但是,我们也必须清醒地认识到,我国目前的政府审计组织体制也存在着一些需要完善的地方。我们可借鉴民国时期政府审计组织体制思想,在保持目前审计组织体制的基础上,作适当的补充和完善:

一是健全审计结果向全国人民代表大会报告制度。我国目前的审计组织体制是一种行政型体制,即审计署在国务院总理的领导下,因此审计结果向国务院总理报告是理所当然的。但是,根据受托经济责任理论,审计接受人民的委托,监督公共资金的使用情况,因此,审计结果必须向人大报告。国务院总理李克强 2013 年 6 月 17 日在审计署考察时也强调:"审计结果要向人大报告、向社会公开、向人民负责。"每年的人大开会,审计署受国务院委托向人大报告上一年度中央预算执行情况审计结果的报告,这是一种间接的报告制度。在不改变行政型组织体制情况下,未来要建立审计向人大直接报告制度,并在报告时间、报告频率、报告透明度方面进一步完善。

二是加强审计和监察两个部门的配合,以降低第二类代理成本。我国现在的审计署和监察部是两个独立的监督机构,但它们又存在着重复监督。根据《中华人民共和国行政监察法》第十八条规定:"监察部的职责包括检查国家行政机关在遵守和执行法律、法规和人民政府的决定、命令中的问题;受理对国家行政机关及其公务员和国家行政机关任命的其他人员违反行政纪律行为的控告、检举。"从上可知,监察的对象包括行政部门和行政人员。《中华人民共和国审计法》第二条规定:"国务院各部门和地方各级人民政府及其各部门的财政收支,国有的金融机构和企业事业组织的财务收支,以及其他依照本法规定应当接受审计的财政收支、财务收支,依照本法规定接受审计监督。"第二十五条规定:"审计机关按照国家有关规定,对国家机关和依法属于审计机关审计监督对象的其他单位的主要负责人,在任职期间对本地区、本部门或者本单位的财政收支、财务收支以及有关经济活动应负经济责任的履行情况,进行审计监督。"从上可知,审计的监督对象也包括行政单位和行政人员(单位主要负责人)。因此,监察和审计存在着共同的监督对象,可行的做法是在审计署成立专门的监察工作联络处,在监察部成立审计工作联络处,加强审计和监察两个部门的信息沟通、相互协调和配合,提高监督合力,以降低第二类代理成本。

三是加强上级审计组织对下级审计组织的领导,减少地方审计组织层次,以降低第三类代理成本。《中华人民共和国审计法》第八条规定:"省、自治区、直辖市、设区的市、自治州、县、自治县、不设区的市、市辖区的人民政府的审计机关,分别在省长、自治区主席、市长、州长、县长、区长和上一级审计机关的领导下,负责本行政区域内的审计工作。"第九条规定:"地方各级审计机关对本级人民政府和上一级审计机关负责并报告工作,审计业务以上级审计机关领导为主。"可见,我国的地方审计组织是一种双重领导体制,一方面要接受上级审计机关的领导,另一方面又要接受本级政府负责人的领导。虽然《中华人民共和国审计法》规定了审计机关负责人没有违法失职或者其他不符合任职条件的情况的,不得随意撤换。地方各级审计机关负责人的任免,应当事先征求上一级审计机关的意见。但是,地方政府领导人实际上掌握了地方审计机关负责人任免的权力。因此,当地方政府负责人的目标和上级审计机关的目标不一致时,地方审计机关负责人会更趋向地方政府负责人的目标,而背离上级审计机关的目标,这样会增加第三类代理成本。可见,目前的"双重"领导实际上是地方领导强化,而审计上级领导弱化。

为减少第三类代理成本,不改变"双重"领导组织体制的情况下,适当加强"一重"方面的领导,即加强上级审计组织对下级审计组织的领导,在人事任免权上规定地方审计组织的负责人由地方政府提名,并由上级审计组织批准,这样地方政府掌握人事提名权,上级审计组织拥有人事批准权。

另外,我国现在的地方审计组织是按照地方行政级别设置的,包括省、市、县三级,在中央审计组织和地方审计组织的关系上,存在三级代理关系,代理链条较长,代理成本较大。现在我国交通设施日益发展,从省会到地方的交通时间已大大缩短,有些省份在行政上已经尝试省直管县,因此,在地方审计组织的层级上,也可以进行试点,撤销市级和县级的审计组织,减少代理链条,以降低第三类代理成本。

二、分"三步走"改革政府审计组织体制

我们发现,民国政府审计组织体制思想与党的十八大、十八届二中、三中全会的精神有不谋而合之处:民国政府审计垂直体制与强化上级纪委对下级纪委的领导,审计部隶属于监察院与食品药品监管的大部制改革,五权宪法中审计的较独立地位与加强人大对政府预决算的监督。因此,我们可以借鉴民国政府审计思想,分"三步走"改革政府审计组织体制。

第一步,建立审计垂直组织体制。我国目前的审计组织属于双重隶属

组织体制。在这种审计组织体制下,地方审计组织的人事权和经费权掌握在地方政府手中,地方审计组织独立性较弱,很难对地方政府尤其是一把手实行有效监督。因此,可以改变双重隶属组织体制,建立审计垂直组织体制,规定下级审计组织主要领导由上级任命,经费由上级财政拨款。

第二步,推进大部制改革,合并监察部和审计署成立监审部。我国现在的审计署和监察部是两个独立的监督机构:监察部主要负责行政监察,审计署主要负责经济监督。但现在审计和监察是两个独立的部门,协调成本较大。因而可行的做法是把审计署归于监察部之下,实行监审合一。审计为监察提供专业化的手段,监察为审计结果的处理提供支持,形成监督合力,提高监督效率。

第三步,改行政型审计体制为立法型审计体制,在人大下设立监审委员会,加强对"一府两院"、预决算监督。

考虑到我国的实际情况,我们可以借鉴五权宪法中的一些合理思想,重新定位政府审计在国家治理系统中的位置,即从"小内审"变为"大外审",成立中央监审委员会,使之隶属于全国人民代表大会及常务委员会,中央监审委员会下面可以设置审计、监察、反腐等部门,这样审计不仅可以监督国务院各部委,而且可以监督国务院、中央军事委员会、最高人民法院、最高人民检察院,实现从"小内审"到"大外审"的转变,提高了审计独立性,具体可用图 5-3 表示。

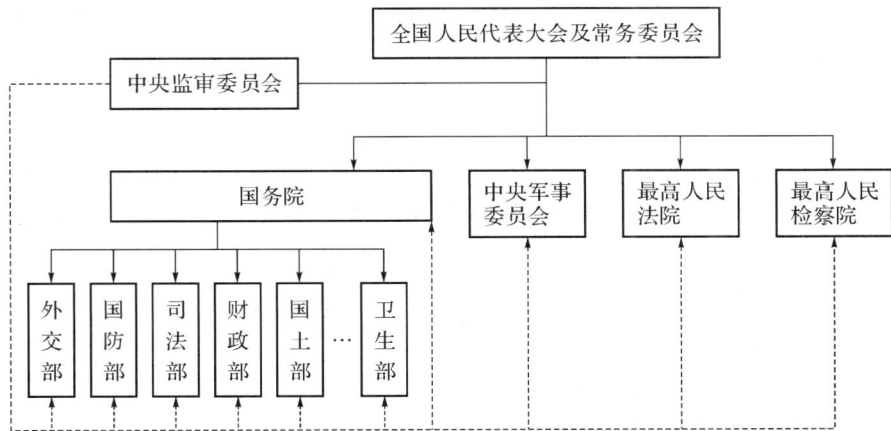

说明:——→ 隶属关系;-------→ 监督关系。

图 5-3　立法型审计组织体制系统

第六章　民国政府监审合一思想

第一节　民国政府监审合一的历史演变

1925 年 7 月 1 日,中华民国国民政府在广州成立。7 月 17 日,国民政府公布《监察院组织法》,原大本营审计处和广州审计处被撤销,与审计有关事务移交监察院。

根据《监察院组织法》,监察院下设五局一科。其中,第一局负责总务及吏制事宜;第二局下设训练科与审计科,负责训练及审计事宜;第三局负责邮电与运输监察事宜;第四局负责征税与货币监察;第五局负责密检与监察违法渎职案件。从上可知,虽然监察院第二局设有审计科,负责审计事宜,但第三局、第四局和第五局的监察中也含有审计职能,因此,审计职能混淆在其他各局中。此为监审合一开始时的状况。

1925 年 9 月 30 日国民政府颁布的《国民政府监察院组织法》规定,监察院由原来的五局减至三局。其中,第一局负责监察考试与农工林矿等实业;第二局掌管审计和财政事项,下设审计科与财政科;第三局负责掌管吏治和训练事宜,编订官厅簿记册籍事项。此次修正,审计职能专属于第二局,有利于审计专业化的发展。但是,监察院同时行使了监察、考试、财政、训练、审计、会计等职能,职能过于庞杂,审计职能虽然专属于第二局,但在监察中没有取得应有的地位。

1926 年 10 月 4 日,国民政府再次修正《监察院组织法》,规定监察院设四科一处。其中,第一科考察官员;第二科监督财政,稽核中央及地方财务收支,并统一官方簿记表册事项等;第三科弹劾官吏违法及提起行政诉讼事项;第四科对违纪官员实行审判和惩戒。这次修正,取消了"审计"两字,用"稽核"两字替代,字面上有所倒退,但在这里,两词的本义基本相同。同时,这次修正,剔除了监察院考试、训练两大职能以及大部分财政职能,使监察职能和审计职能的配置更为合理,密切了监察和审计的配合关系,但是审判职能存在于监察职能中,混淆了监察和司法的界限。

1927 年 11 月 5 日,国民党中央特委会第九次修正通过《监察院组织法案》,规定监察院设三司,其中,第三司掌管掌理中央及地方审计及统一官厅簿记表册事项,但是该法案没有付诸实施。

1928 年 2 月,国民政府公布《国民政府组织法》规定,国民政府下设审计院,付诸监督预算执行和审核决算。7 月 1 日,审计院正式成立,这样监察和审计实际上分离了。

1928 年 10 月重新修正的《国民政府组织法》遵循了孙中山的五权宪法思想,规定国民政府下设行政院、立法院、司法院、考试院和监察院。其中,监察院为国民政府最高监察机关,掌理弹劾和审计权。这样,监察和审计重新实现了在职权上的合二为一。1928 年 10 月 20 日通过的《监察院组织法》规定,监察院设审计部掌管审计事项。这样,监察和审计在机构设置上合二为一。1931 年 2 月 21 日,国民政府特任茹欲立为审计部部长;3 月 2□ 日,任命李元鼎为审计部副部长,成立了审计部第一厅和第二厅,分别负责事前审计和事后审计。1933 年 9 月,审计部第三厅成立,行使稽察职权。这样,民国政府的监审合一基本定型,直到 1949 年国民党在大陆统治的结束。

第二节　民国政府监审合一思想的主要内容

一、在机构设置上体现监审合一,即审计机构隶属于监察机构

1925 年 7 月 17 日,广州国民政府颁布的《监察院组织法》规定:"监察院监察国民政府所属各级机关官吏之行为及考核税收与各种用途之状况。监察院设五局一科,其中第二局掌理训练及审计事宜。"[1]1928 年 10 月 8 日南京国民政府公布的《国民政府组织法》规定:"国民政府设五院,即行政院、立法院、司法院、考试院、监察院,监察院为国民政府最高监察机关,依法行使弹劾、审计职权。"[2]10 月 12 日,国民党中央政治会议第 158 次会议通过的《监察院组织法》第二条规定:"监察院关于审计事项设审计部掌理之。"[3]从

---

[1]　国民政府文官处印铸局:《中华民国国民政府公报》,第 1 册第 3 号,法规第 6—7 页。

[2]　国民政府文官处印铸局:《中华民国国民政府公报》,第 20 册第 99 期,训令第 13—18 页。

[3]　国民政府文官处印铸局:《中华民国国民政府公报》,第 21 册第 1 号,法规第 10 页。

此以后,南京国民政府在机构设置上,审计部一直隶属于监察院。从上可知,无论是广州国民政府颁布的《监察院组织法》,还是南京国民政府颁布的《监察院组织法》,在机构设置上审计部门都隶属于监察部门,即在机构设置上实行监审合一。

二、在权力配置上体现监审合一,即监察权中包含审计权

1925 年 7 月 17 日颁布的《监察院组织法》规定:"监察院第二局审计科的职责主要是审查各机关所用之簿记方法是否遵守训练科所议定的统一方式、审核政府一切机关各项收支之权、派员亲赴各地各机关审查账项等"①,即监察权中之审计权。1925 年 11 月 28 日颁布的《审计法》第八条规定:"监察院随时派员亲赴各机关审查账项,如遇怀疑及质问,无论任何高级官吏,应即予以完满之答复。"②即监察权中之质询权。1926 年 10 月 4 日国民政府通过的《修正监察院组织法》规定:"监察院第一科考察各种行政事项;第二科稽核中央及地方财务收入支出及统一官厅簿记表册事项;第三科弹劾官吏违法及提起行政诉讼事项。"③在这里,第三科针对第一、第二两科所查出的问题和涉及的官员提起弹劾和行政诉讼,即监察权中之弹劾、起诉权。1936 年 5 月 5 日公布的《中华民国宪法草案》第八十七条规定:"监察院为中央政府行使监察权之最高机关,掌理弹劾、惩戒、审计,对国民大会负责。"④这里增加了监察权中之惩戒权。1947 年 1 月 1 日国民政府公布的《中华民国宪法》第九十条规定:"监察院为国家最高监察机关,行使同意、弹劾、纠举及审计权。"⑤这里增加了监察权中之同意权、纠举权。从上所知,监察院行使的监察权包括同意权、弹劾权、起诉权、纠举权、质询权、惩戒权、审计权等。因此,监察权中包含审计权是监审合一思想在权力配置上的体现。

三、在分掌事务上体现监审合一

民国时期审计事务分掌上有事前审计、事后审计和稽察。1932 年 6 月 24 日通过的《修正监察院组织法》第五条规定:"审计部掌理稽察政府所属全

---

① 国民政府文官处印铸局:《中华民国国民政府公报》,第 1 册第 3 号,法规第 8 页。
② 国民政府文官处印铸局:《中华民国国民政府公报》,第 3 册第 16 号,法规第 10 页。
③ 国民政府文官处印铸局:《中华民国国民政府公报》,第 8 册第 47 号,法规第 7 页。
④ 国民政府文官处印铸局:《中华民国国民政府公报》,第 107 册第 2039 号,第 8 页。
⑤ 国民政府文官处印铸局:《中华民国国民政府公报》,第 207 册第 2715 号,第 7 页。

国各机关财政上之不法或不忠于职务之行为。"①1933 年 4 月 24 日通过的
《修正审计部组织法》第五条规定:"审计部第一厅负责事前审计,第二厅负
责事后审计,第三厅负责稽察事务。"②1933 年 9 月审计部第三厅成立,稽察
职权正式行使。稽察的出现是监审合一思想在审计事务分掌上的体现。从
稽察的对象上看,它包括财政上之不法或财政上之不忠于职务之行为。
1938 年 5 月 3 日颁布的《审计法》第四十六条规定:"审计机关对于各机关之
一切收支得随时稽察之。"第四十七条规定:"审计机关对于各机关之现金、
票据、证券得随时检查之。"第四十八条规定:"审计机关对于各机关之财物
得随时盘查,遇有遗失、损毁等情事,非经审计机关证明其对于良善管理人
应有之注意并无怠忽者,经管人应负其责任;如遇水火盗难或其他意外事
故,各机关所管之现金、票据、证券与会计档案及其他重要公有财物,立分别
解缴公库或移地保管,倘因怠忽致有遗失损毁者,该机关长官及主管人员应
负赔偿之责。"③稽察财政上之不法主要是对事的审计,即审查单位的财务收
支、现金、票据、证券和财物是否合法,如上述的《审计法》第四十六条、四十
七条和四十八条的相关规定。稽察财政上之不忠于职务之行为,主要是监
察单位的官员,即对人的监察,如上述第四十八条的经管人员、机关长官及
主管人员等。蒋明祺指出:"政府专设机关为行使审计职权,以公正态度,严
密方法,对于各级政府岁出入之达成收付实现与权责发生诸程序及关系问
题,随时随地,对事对人,从事考验者,谓之稽察。"④因而,稽察就是在审计事
务分掌上把对事的审计和对人的监察合二为一。

四、在监察权的行使方式上体现监审合一

民国时期在监察权的行使方式上有弹劾、纠举、建议、视察调查、巡察和
监试等。⑤ 巡察(巡回监察)和视察调查是监审合一思想在监察权行使方式
上的体现。1935 年 5 月 22 日监察院公布施行的《监察史巡回监察规程》第
四条规定:"监察使为行使职权,得向所派监察区内各官署及其他公立机关,

　　① 国民政府文官处印铸局:《中华民国国民政府公报》,第 60 册洛字第 12 号,法规
第 3 页。
　　② 审计部秘书处编:《审计部公报》,1933 年第 25—26 合期,第 37 页。
　　③ 国民政府文官处印铸局:《中华民国国民政府公报》,第 133 册渝字第 45 号,法
规第 5—6 页。
　　④ 蒋明祺:《政府审计原理》,立信会计图书用品社 1946 年版,第 5 页。
　　⑤ 国民政府行政院新闻局:《监察制度的运用》,行政院新闻局 1947 年发行,目录
第 1 页。

查询或调查备案册结,遇有疑问,该主管人员应负责为详实之答复。"①这里的"册结"包含各种账项表册,这表明监察史在巡察中具有审计调查各种账项表册的权力,即在监察权的行使中包括审计调查权的行使。国防最高委员会第八次常务会议通过的《监察院第二期战时监察工作实施纲要》对地方机关视察工作作出的主要规定有:"一是全国分为若干视察区,除派监察史巡回视察外,还派监察委员到指定区域视察;二是视察事项为各机关施政进度和各级公务人员有无违法失职行为,应特别注意的事项有国民精神总动员、兵役征募及军事征用、食粮的储备及调剂、伤兵救护及管理、灾民的救济、捐税及其他人民负担等。"②显然,视察的内容既包括各级机关施政和公务人员的违法失职等监察事项,又包括涉及经济的灾民救济款、捐税和粮食等审计事项,即作为监察权行使方式之一的视察,在其内容上体现了监审合一思想。

五、在审计和监察关系的协调上体现监审合一

1926 年 10 月 4 日国民政府再次修正的《监察院组织法》规定:"第二科稽核中央及地方财政收入支出及统一官厅簿记表册事项;第三科弹劾官吏违法及提起行政诉讼事项;第四科审判官吏、惩戒处分及行政诉讼事项。"③在这里,第二科职责属于审计性质,第三、四科职责属于监察性质,第三、四科针对第二科查出的问题,进行弹劾、惩戒和行政诉讼,表明审计和监察的关系在一个组织内进行协调,即在监察院内部协调,而不是在两个独立组织之间协调。同样,1938 年 5 月 3 日公布的《审计法》④也体现了审计和监察关系的内部协调。该法第十二条规定:"审计人员为行使职权,向各机关查阅簿籍凭证或其他文件,或检查现金财物时,各该主管人员不得隐匿或拒绝,遇有疑问并应为详实之答复;遇有违背前项规定时,审计人员应将其事实报告该管审计机关通知各该机关长官,予以处分或呈请监察院核办。"即审计检查权、质询权得不到落实时,审计部门可向监察部门反映,监察部门予以保障。第十五条规定:"审计人员发觉各机关人员有财务上之不法或不忠于

---

① 中央训练团编:《中华民国法规辑要》(第五册),1941 年发行,第十五编,监察第9 页。

② 中央训练团编:《中华民国法规辑要》(第五册),1941 年发行,第十五编,监察第37—38 页。

③ 国民政府文官处印铸局:《中华民国国民政府公报》,第 8 册第 47 号,法规第 7 页。

④ 国民政府文官处印铸局:《中华民国国民政府公报》,第 133 册渝字第 45 号,法规第 3—4 页。

职务之行为,应报告该管审计机关通知各该机关长官处分之,并得由审计部呈请监察院依法移付惩戒。"即审计发现官员有不忠行为时,可呈交监察院移送惩戒。第十九条规定:"对于审计机关通知处分之案件,各机关有延压或处分不当情事,审计机关应查催或质询之,各该机关应为负责之答复;审计机关对于前项答复仍认为不当时,得由审计部呈请监察院核办。"即审计机关认为审计结果得不到落实时,可请监察院办理,加以落实。

六、在报告关系上体现监审合一

报告关系涉及由谁报告、报告什么和向谁报告的问题。由谁报告即是报告主体,报告什么即是报告客体,向谁报告即为报告对象。1938 年颁布的《审计法》第二十八条规定:"审计部应将每会计年度审计之结果编制审计报告书,并得就应行改正之事项附具意见,呈由监察院呈报国民政府。"第四十五条规定:"各级政府编制之年度总决算,应送审计机关审定。审计机关审定后应加具审查报告,由审计部核呈监察院转呈国民政府。"①在这里,审计报告由监察院向国民政府报告,而不是审计部门单独向国民政府报告,意味着审计工作是监察工作的一部分。这表明在报告主体上,监察和审计合二为一。

第三节　民国政府监审合一思想的民主法治分析

一、监审合一思想能够降低民主法治的成本

民主法治的发展要付出代价,这个代价就是民主法治的成本。从一定意义上来说,民主法治的成本越小,越能促进民主法治的发展。民主的本质是人民当家做主,但是并不是每个人都来直接管理国家,由于人民之间存在着搭便车行为,以每个人都来直接管理国家的方式来实现每个人的民主是不现实的。洛克在《政府论》中认为:"人类在自然状态下是自由平等的,但是他们的人身和财产得不到保障,人们为了更好地维护自身的自由、平等、人身、财产等民主权利,把部分权力让渡给国家和政府,依靠国家和政府来

---

①　国民政府文官处印铸局:《中华民国国民政府公报》,第 133 册渝字第 45 号,法规第 2—4 页。

保护他们的自由、财产等权利,制定法律交由政府去执行等。"①因此,人们把权力让渡给国家和政府是为了更好地维护自己的民主权利。人民和政府是一种委托代理关系,人民一旦把权力让渡给政府之后,就会产生道德风险,由于政府和人民之间的信息不对称,政府会违背人民的目标而给人民造成价值损失,这种价值损失可称为第一类代理成本。同时,为了监督政府,促使政府的目标与人民的目标一致,人民又委托政府监督机关对政府各部门进行监督,但是政府监督机关和人民也存在着信息不对称,政府监督机关也会违背人民的利益给人民造成价值损失,这种价值损失可称为第二类代理成本。总而言之,人民为了更好地维护自己的民主权利而把权力让渡给政府,但让渡给政府后又会产生代理成本,因此,从这种意义上来说,代理成本是人民维护自己民主权利的代价——民主的成本,减少代理成本,就是减少民主的成本。《中华民国宪法》第二条规定:"中华民国之主权属于国民全体。"②第九十条规定:"监察院为国家之最高监察机关,行使同意、弹劾、纠举及审计权。"第九十一条规定:"监察院设监察委员,由各省市议会,蒙古、西藏地方议会,及华侨团体选举之。"③因而,从理论上来说委托人是全体国民,代理人是监察院。

现假设审计部门和监察部门属于两个独立的部门,即全体国民和监察院形成委托代理关系,又和审计部门形成委托代理关系。这两个部门的共同职责都是受全体国民的委托,监督政府各机构和人员。全体国民和政府及所属机构和人员形成的代理关系所产生的代理成本,属于第一类代理成本。全体国民和监督部门(监察部门和审计部门)形成的代理关系所产生的代理成本,属于第二类代理成本。

民国时期,为确保国民能够有效地监督政府,降低第二类代理成本,必须建立一个有效的监督制度。制度成本包括制度建立的成本和制度执行的成本。因此,监督制度的成本主要包括建立监督制度的成本和执行监督制度的成本。

1. 监审合一能够降低建立监督制度的成本

新制度经济学认为,一项制度的创新首先要受到制度变迁成本的影响,制度变迁成本越小,制度变迁越可能发生。而在制度的变迁过程中,路径依赖对制度变迁的成本产生重要影响。

---

① [英]洛克:《政府论》,叶启芳、瞿菊农译,商务印书馆 1964 年版。
② 国民政府文官处印铸局:《中华民国国民政府公报》,第 207 册第 2715 号,第 2 页。
③ 国民政府文官处印铸局:《中华民国国民政府公报》,第 207 册第 2715 号,第 7 页。

　　监审合一作为民国时期的一项民主监督制度的创新，它的建立受到路径依赖的影响。在监督制度中，监察和审计作为两个监督机构，它们的关系在理论上有三种可能性：一是并列关系，即两者之间互不隶属；二是审计机构包含监察机构；三是监察机构包含审计机构。在这三种关系中，民国时期为什么选择第三种关系，即监察机构包含审计机构呢？笔者认为，这种监督制度的选择受到路径依赖的影响。

　　监审合一思想体现在中国古代的监督制度中，我国古代审计的特征之一是御史监察审计，即御史既掌握监察权又掌握审计权。"我国监察机关，第一次和古人见面的便是秦的御史"①，秦汉时御史参与上计察计簿，这里的察计簿，指的就是审计，这表明监察一开始就注重和审计的结合。唐宋时六察监临吏、户、礼、兵、刑、工六部以及元明清时御史（或科道官）兼职进行财政财务终审等，这些都是监审合一思想的体现。但是我国古代的审计职权包含于行政、监察两大系统中，没有独立设置审计机构。许祖烈曾指出："国民政府完成五权之治，以审计权属于监察院，其下设审计部，行使审计职权，并于各省分设审计处完成中央与地方之审计，其制度与前清科道之属于都察院者相类……由此可知，中国古时对于管勾勘复等审计事务，早已行之有素，非完全得自欧美之邦也。"②显然，许祖烈指出了民国时期监审合一思想与我国历史的渊源关系。

　　路径依赖原理告诉我们历史是至关重要的，"人们过去作出的选择决定了他们现在可能的选择"③。玛格丽特·利瓦伊（Margaret Levi）（1997）指出："路径依赖意味着，一旦一个国家或者区域不得不朝着某一路径前进，逆转成本就非常高。虽然存在其他可供选择的路径，但是，现有的制度或破坏试图逆转最初选择的行动。最好的比喻是一棵树。从相同的树干出发，然后出现很多不同的树枝。尽管一个爬树的人可以从一根树枝爬到另一根树枝，或者沿着树枝退下来，但是，爬树者最开始爬的那根树枝是他最有可能沿着继续爬的树枝。"④路径依赖原理告诉我们，一项制度沿着历史的轨迹作出适当的改良，总比创造一个完全与历史不同的制度的成本要少得多。

　　显然，在监察和审计的关系中，无论选择并列关系，还是选择审计机构

---

①　徐式圭：《中国监察史略》，中华书局1937年版，第3页。

②　许祖烈：《中国现行审计制度》，立信会计图书用品社1947年版，第1—2页。

③　道格拉斯·C.诺思：《经济史中的结构与变迁》，上海三联书店1991年版，第1—2页。

④　Margaret L. A Model, a Method and a Map: Rational Choice in Comparative and Historical Analysis, Cambridge University Press, 1997:17.

包含监察机构,都不符合我国历史上的监审合一思想,都会产生高额的逆转成本,这种逆转成本的产生,可能使制度设计者感到选择前两种监督模式,则制度的变迁成本较高。因此,选择监审合一制度符合路径依赖原理,减少了制度变迁成本。正如民国时期政府审计专家蒋明祺所指出的:"立法院监督财务,重在制定施政大计及预算政策,已充分表现其权力。而审计权的行使,须有熟练的技能,须设分支机构。宪法草案已经将监察作为上院,立法作为下院,分工合作,殊途同归。审计归监察符合历史传统,可以驾轻就熟,继续推进。监察和审计可以互相配合。"①

因此,民国时期的监审合一制度受到我国古代监察审计制度的影响,我国古代监审合一思想产生的路径依赖降低了这种监督制度的建立成本。

2. 监审合一能够降低执行监督制度的成本

执行监督制度的成本又包括监督机构执行具体业务的成本、监督机构之间的协调成本和监督机构的报告成本。

①监审合一可以减少监督机构执行具体业务的成本。民国时期在监察权的行使方式上出现了巡察和视察调查,在巡察和视察调查中既审查地方的财政收支,又监察地方官吏,是对人监察和对事审计的统一。如果监察和审计相互独立,那么监察要派一个巡回组,审计又要派一个巡回组,这样无疑会增加业务执行成本。在监审合一情况下,只派一个巡回监察组就可以了,因此,巡察可以减少监督机构的业务执行成本。

②监审合一可以节约协调成本。协调成本包括信息的交换成本和信息的处理成本。在监审合一情况下,监察和审计的协调在组织内部完成;在监察和审计独立的情况下,监察和审计的协调在组织之间完成。一般来说,协调成本主要取决于协调双方的信息不对称程度,以及协调双方的独立性。审计和监察部门协调的核心是双方信息的交换和处理。通常组织内部享有共同的组织文化,组织内部的信息不对称程度较低,信息交换成本较低。在监审合一情况下,由于审计机构隶属于监察机构,审计机构和监察机构彼此都比较熟悉对方,信息的不对称程度较低。而在监察和审计独立情况下,由于两个组织之间不属于同一个组织文化,双方的信息不对称程度较高。因而监审合一比监察和审计独立情况下的信息交换成本低。另外,在信息的处理成本上,审计机构需要监察机构对某官员的弹劾来增加审计的效力,而监察机构需要审计机构提供的审计情况来进行有针对性的弹劾。在审计和监察独立的情况下,两个机构是平行的,为了各自部门的利益,存在着相互

---

① 蒋明祺:《宪政时期之审计制度》,《财政评论》1947 年第 16 卷第 15 期。

"扯皮"、相互推诿责任的问题,这无疑增加了监督机构的信息处理成本。在审计机构隶属于监察机构的情况下,审计部门要服从监察部门的行政指令,这增加了行政效率,使信息处理成本降低。同理,稽察在审计事务分掌上体现监审合一,把对事的审计和对人的监察统一由稽察来执行。1933年审计部第三厅成立后,审计和监察的协调在第三厅内部完成。巡回监察的范围既包括审计事项又包括监察事项,这样审计和监察的协调在巡回监察组内部完成。因此,无论是稽察和巡回监察都减少了监察和审计之间的协调成本。

③监审合一可以减少监督机构的报告成本。在监察和审计独立的情况下,监察部门和审计部门都要分别向国民政府报告,由于监察和审计在监督对象上存在着重复,这样必然会存在重复报告的问题。在审计部门隶属于监察部门的情况下,审计部门没有独立向国民政府报告的权力,审计工作作为监察工作的一部分,由监察部门统一向国民政府报告,这样就避免了重复报告的问题,因而减少了监督机构的报告成本。

二、监审合一思想能够提高民主法治的效益

国民委托监督机构对政府各部门进行监督的目的是促使政府的目标和国民的目标一致,降低第一类代理成本,实现国民价值最大化。监审合一作为一项民主监督制度,它的目的主要是降低第一类代理成本。因此,从这种意义上来说,第一类代理成本越低,则监督制度的效益越大,亦即民主法治的效益越大。

英美等西方国家实行三权分立,立法权、行政权和司法权相互分立和制约。议会掌握立法权和弹劾权(又有审计权,如1921年美国掌握审计权的中央会计院向国会负责)。孙中山认为,西方议会的权力过大,会限制政府,进而影响行政效率,因此,他创造性地提出"五权分立"思想:行政院、立法院、司法院、监察院和考试院分别掌握行政权、立法权、司法权、监察权和考试权。隶属于监察权的审计权能够独立于行政权、立法权、司法权和考试权,审计独立性较高,这有利于加强审计权对其他四权的制衡和监督,提高监察效率。[①]

监督机构的监督效力直接影响第一类代理成本的大小。通常情况下,监督机构监督的效果、效率、效力越强,代理人偏离委托人的动机和行为发生的可能性越小,这样,给委托人造成的价值损失也就越小,即第一类代理成本越小。

---

① 朱灵通、方宝璋:《略论民国时期监审计合一思想》,《会计之友》2011年第12期。

在审计机构和监察机构合二为一的情况下，由于审计机构隶属于监察机构，审计机构通过对事的审计，可以为监察机构提供专业化的手段，有利于提高监察工作的效果；监察机构为审计机构指明审计工作的方向、重点、内容，这反过来会提高审计工作的效率。

监察又为审计工作及其结果的执行提供制度保障。对事的审计必须落实到相关责任人，才能真正发挥审计的效力。审计难，审计结果执行更难。在监审合一情况下，由于监察权中包含审计权，这样，监察院通过同意权、弹劾权、起诉权、纠举权、质询权、惩戒权等职权的行使，有助于落实审计的审查权、处理权，从而提高审计工作的效力。

监督机构之间的协调关系也影响第一类代理成本。监督机构对受托者监督的及时性和有效性直接制约着受托者的行为，监督者越及时、越有效地进行监督工作，受托者偏离委托者的行为越不可能发生，或发生了，也能得到及时的制止，从而降低委托者的价值损失，即第一类代理成本。监督机构对受托者监督的及时性和有效性直接取决于监督机构之间的协调关系。监察机构主要负责对人的监察，审计机构主要负责对事的审计，监察机构需要借助于审计，提高监察效果，审计机构需要监察机构为其指明工作方向和提供支持。这样，两个机构之间就存在着工作上的协调关系。协调的关键是信息的交换和处理。在监审合一的情况下，审计机构隶属于监察机构。监察机构以"行政命令"的方式，能够及时地获取审计机构的信息，监察机构也就能及时地行使监察权，对受托人进行弹劾、起诉、纠举、质询、惩戒等。在监察和审计相互独立的情况下，监察机构要获取审计机构的信息时，审计机构为了自身的利益，可能会发生"延迟""推诿"等情况的发生，这样监察机构就不能及时获得审计信息，也就不能及时地对受托者进行监督。另外，监督机构通常根据掌握的信息来进行监督决策，如监察权之中的弹劾权，审计权之中的处理权的行使。监督机构掌握的信息越完备、信息处理效率越高，信息流失越少，越能对受托人进行有效的监督。在监察机构和审计机构合一的情况下，两者共同拥有一个组织文化，组织内部的信息不对称程度较低，信息处理效率较高，信息流失较少。在监察和审计相互独立的情况下，由于两者之间组织文化不同，组织之间的信息不对称程度较高，信息处理效率较差，信息流失较多。因此，监审合一能够使监督机构获得及时的信息，掌握比较完备的信息，及时有效地对受托人进行监督，从而降低第一类代理成本。

可见，监审合一思想能够减少民主法治的成本，提高民主法治的效益。

第四节　民国政府监审合一思想对当代的借鉴

民国政府监审合一思想对当今如何加强审计和监察等专项监督,发挥监督合力,仍然有一定的借鉴意义:一是适当减少监督机构,二是实行监审合一。

一、适当减少监督机构

现在相关的监督机构有中纪委、监察部、预防腐败局、反贪污贿赂总局、审计署等,存在着重复交叉监督的现象。假设上述监督机构都接到群众举报,某副省长(中共党员)搞权钱交易,贪污受贿。因为其是中共党员,属于中纪委的监督范围;因为是副省长,属于监察部的监察范围;因为是贪污受贿,属于预防腐败局和反贪污贿赂总局的监督范围;因为副省长贪污,属于审计的经济责任审计的范围。这样,对同一监督对象,可能需要派出 5 个不同的工作组去调查,这增大了监督机构的业务执行成本。另一方面,为发挥监督的合力,离不开监督部门之间有效的配合和协调。这 5 个监督机构都属于独立的监督部门,互不隶属,也有不同的部门利益,存在着"搭便车"问题,即会出现"消极监督"的现象。这 5 个监督部门各自有不同的组织文化,使彼此之间的协调成本很大,监督部门之间的信息不对称程度较高,信息处理效率较低,信息流失较多,这在一定程度上制约了监督的合力。因此目前,应适当减少国家的监督机构。例如,可以撤销预防腐败局。目前国家预防腐败局直属于国务院,在监察部加挂牌子,局长由监察部部长兼任。预防腐败局的职责和监察部的职责存在交叉重叠,因此,撤销预防腐败局,完善监察部的相关职能就可以,不需要另挂一块牌子。

二、实行监审合一

我国现在的审计署和监察部是两个独立的监督机构,但它们又存在着重复监督。根据《中华人民共和国行政监察法》第十八条规定:"监察部的职责包括检查国家行政机关在遵守和执行法律、法规和人民政府的决定、命令中的问题;受理对国家行政机关及其公务员和国家行政机关任命的其他人员违反行政纪律行为的控告、检举。"①从上可知,监察的对象包括行政部门和行政人员。《中华人民共和国审计法》第二条规定:"国务院各部门和地方各级人民政府及其各部门的财政收支,国有的金融机构和企业事业组织的财务收支,以及其他依照本法规定应当接受审计的财政收支、财务收支,依照本法规定接受审计监督。"第二十五条规定:"审计机关按照国家有关规定,对国家机关和依法属于审计机关审计监督对象的其他单位的主要负责人,在任职期间对本地区、本部门或者本单位的财政收支、财务收支以及有关经济活动应负经济责任的履行情况,进行审计监督。"②从上可知,审计的监督对象也包括行政单位和行政人员(单位主要负责人)。因此,监察和审计存在重复监督,这样会增加监督成本。实行监审合一,可以避免重复监督,节约监督成本,以降低第二类代理成本。审计署自成立以来发挥着重要的经济监督作用,取得了很大的成绩,但是我们从近年来已公开的审计公告中可知,目前突出的问题是许多审计结果得不到落实和执行,同一个单位同样的问题年年出现,审计执行难问题得不到解决,其关键是得不到相关职能部门尤其是监察部门的支持配合。腐败现象产生的一个重要原因是权力过于集中,对权力缺乏制约和监督。而对权力进行监督的实质是对行使权力的主体——行政领导人的监督,这属于监察部门的主要职责。为发挥监察效力,监察部门也需要审计的配合。但现在审计和监察是两个独立的部门,协调成本较大,监督效率较低。借鉴监审合一思想,可行的做法是把审计署和监察部合并,设立监审部,实行监审合一。

---

① 全国人民代表大会常务委员会:《中华人民共和国行政监察法》,[2004-01-06],http://www.mos.gov.cn/Template/article/display0.jsp? mid=20040105000299。

② 全国人民代表大会常务委员会:《中华人民共和国审计法》,[2006-03-01],http://www.audit.gov.cn/n1087/n1599/325639.html。

第七章　民国政府审计人员职业化思想

第一节　民国政府审计人员职业化的历史演进

一、北京政府审计处时期审计人员职业的产生

1912 年 9 月 25 日,袁世凯发布大总统令,设立审计处,并任命王璟芳为审计处代理总办。10 月 22 日,北京政府批准施行的《审计处暂行章程》规定,审计处设总办 1 人,为最高长官,由大总统任命。审计处人员由股主任、课长、助理、庶务员、书记员及速记员组成。审计处设审计员 25 人,由总办提名,国务总理审定,大总统任命。至 1914 年 3 月,审计处有人数 99 人,22 个省均设立了审计分处。审计分处处长由省最高行政长官保举,转交审计处呈报国务总理,再由大总统任命。当时,审计法规并没有规定审计人员的任职资格,但这些审计人员大都是留学日本的财政专家。审计处处长和审计分处处长由大总统任命,标志着近代时期一种新的政府职业产生了。

二、北京政府审计院时期审计人员职业的初步发展

根据 1914 年 4 月 29 日通过的《中华民国约法》,审计处改为审计院。6 月 16 日颁布的《审计院编制法》规定,审计院设正、副院长各 1 人,院长由总统特任,副院长由总统简任,设审计官 15 人、协审官 27 人、审查决算委员会专职坐办 1 人。这一时期的审计院院长大都是前清官员,并不具备审计职业技术。审计人员的职业级别按照《中央行政文官官等法》的规定,分为特任、简任、荐任、委任。同时,对审计官、协审官的年龄以及荐任级以上官职的年限、政绩、学习和工作经验作出了规定。《审计院编制法》还规定,未受刑罚或未受惩戒的审计官、协审官,不得令其退职或减俸,这是中国近代第一次以法律的形式对审计人员职业作出了保障。1915 年 10 月 16 日,北京政府公布了《审计官惩戒法》,对审计官员违背、废弛职务等作出六种不同形式的

处分。1923年10月10日公布的《中华民国宪法》规定,审计员在任中非依法律不能减俸、停职或转任他职。这是中国近代第一次以根本大法的形式对审计人员作出正式的职业保障。从上可知,审计院时期对审计职业的级别、任职资格、惩戒、保障等都有了明确的规定,与审计处时期相比,审计人员职业有了初步的发展。

三、国民政府建都南京至 1946 年年底审计人员职业的进一步发展

1927年,蒋介石在南京成立国民政府,1928年7月21日国民政府公布修正后的《审计院组织法》规定,审计院设院长、副院长各1人,审计10人,协审15人,由国民政府任命。该法还规定了审计、协审的任职资格,以及院长、副院长、审计、协审非经法院判决剥夺公民权,或依《惩戒法》受惩戒处分的,不能令他们退职,还规定副院长、审计、协审在职期间不得兼任其他职务。

按照1928年10月通过的《国民政府组织法》的规定,国民政府撤销审计院改组为监察院审计部。1929年10月29日公布的《审计部组织法》规定,审计部设部长、副部长、三厅一处,在审计院时期的审计、协审的基础上,再增加稽察。同时,对审计、协审和稽察的任职资格作出了比审计院时期更加严格的规定。

这一时期标志审计职业发展的事件是推行审计人员考试制度。1934年7月考试院公布的《普通考试审计人员考试条例》规定考试分为甄录试、正试和面试。甄录试科目包括国文、党义、中国历史及地理、宪法。正试科目包括必试科目和选试科目,前者由民法概要、经济学、财政学、会计学、审计学组成;后者从官厅会计、铁道会计、会计法规、审计法规和行政法中任选一种。此时的审计人员考试已摒弃了中国古代科举考试的单一性,综合英、美两国考试之长,注重"通才"与"专才"兼顾,知识与经验并重。国民政府先后组织了多次政府审计人员的考试。以考试的形式选拔政府审计人才,可以避免任人唯亲,大幅度提高审计人员的专业水平,大大推动了审计职业的发展。

1939年再次修正的《审计部组织法》,对审计职业回避作出比较详细的规定。1945年国民政府再次修正公布的《审计部组织法》,对审计人员的任职资格、限制兼职、职业回避、职业保障等作了比较全面详细的规定,审计人员的编制大幅增加,到1946年年底审计部职员和工勤人员达到435人,其中

具有大学文化水平的有 218 人,占 50.11％。[①] 这是审计职业发展至旺盛时期的体现。

四、1947 年至 1949 年审计人员职业的衰退

1946 年后,随着国民党军队在战争上的节节败退,国民党统治区域也日益缩小。国民政府于 1949 年 5 月 27 日公布了修正的《审计部组织法》,将审计部长改为审计长,撤销政务、常务两次长,审计部编制中的协审、稽察、核计员、科员和雇员人数大幅减少,审计部共减少编制 147 人,撤销驻外审计、协审和稽察的设置,取消了对审计、协审和稽察的任职资格以及职业保障与限制兼职的规定。这些都表明审计职业很快衰退了。

第二节 民国政府审计人员职业化思想的主要内容

民国时期已经开始进行审计职业化建设,即把国家审计工作作为一种职业看待,对国家审计人员的准入、道德、兼职和回避、考核和惩戒、保障按照职业化标准进行规定,其体现的职业化思想主要包括以下七个方面。

一、审计人员产生办法思想

民国时期对审计人员如何产生,当时有任命制、选举制和考试制三种思想。

1. 选举制

据宪法起草委员的说明,主张由参议院选举审计长的理由有:"一、审计院考核财务事项,系属司法监督性质,万不宜参入党派关系。众议院为政潮起伏之处,则关于此项选举,不如由政潮较远之参议院行之,易得相当人才。二、众议院对于国务员有同意之特权,而选举审计院长,当然予诸参议院,以企职权之平。"[②]

蒋明祺较早反对审计人员由选举产生。他提出:"审计人员如若由选举产生,非由党派之拥护,不能当选,当选后对于党派的利益,难免有所偏袒。"[③]

---

① 审计部统计室:《审计部及所属各处员役俸薪工饷数查报表》,载:《审计部最近六年审计工作之统计》,1947 年 6 月版,第 4、8 页。
② 李济民:《宪法内选举审计长之先决问题》,《银行周报》第 322 号。
③ 蒋明祺:《宪政时期之审计制度》,《财政评论》1947 年第 16 卷第 15 期。

　　审计学者李济民也反对审计院长由党派选举产生。李济民在《宪法内选举审计长之先决问题》一文中指出，宪法第一百二十二条规定，审计院长由参议院选举，会产生流弊，不能由党派选举产生。"惟审计院长，具有特别性质，其选举方法，尤应特别考求，始免流弊，否则，虽于宪法规定选举，恐亦无法选出也。试观美法两国，均属共和先进国家。其国中官吏之出于选举者颇多。（美国如大理院长及地方官吏，均由人民选举。）非不赞成选举也，盖无法以防止选举上之弊害也。请择其弊害之要点言之。一、审计院长以稽核财政上之鼻窦为其天职。其产出绝对不可以以金钱运动。若采选举制度，无论如何文明之国家，终不免有一部分议员，须有金钱买票之行为。始肯投票，使审计院长须由金钱运动得来，则其被选举时已丧失其财政上之威信。将来讵能尽忠于其职务。二、审计为公平无私之职务，系属财政上之司法监督。绝对不可偏于党见，而选举则惟挂名党籍者，最易当选。否则，即使富有专门学识经验，亦必为人所弃，使被选之审计院长，为一党首领，则其所引用之审计职员，势必均属同党之人，抑或一党占其多数，则审计院将为政潮起伏之总汇。成为第二国会矣，安能执行其公平无私之司法监督职务哉。"①

　　同时，他批驳了宪法起草委员主张选举制的理由："证以事实，多不相符，吾国参议院之议员，其资格与参议员无大差异。故参议院之党派争斗，亦与参议院相等。去岁参议院选举议长，发见②金钱运动及政党暗斗之风潮甚烈。事实昭然……今宪法既以选举审计院长之权，完全畀诸参议院，若不先设严格限制，难保不演同样之怪剧。第二理由，纯出于瓜分权利之私见，殊不足以服人。"

　　接着他提出了弥补宪法缺点的办法："一、议员为选举机关，不得选举现任参议员及甫经解职之参议员为审计院长，致嫌立法自利，予社会以攻击之口实。二、宪法第一百十九条规定，国家岁出之支付命令，须先经审计院之核准等语。是吾国财政已采普遍无限制之事前监督，所有国家一切军政各项经费，非经审计院之核准，一概不能支用。其责任之重大，可以想见。如选举一有党派关系者为审计院长，则不免党同伐异，当其审核国家岁出时，政府若为院长同党，必致特别通融……其结果必惹起行政上极大之纷扰。故审计院长被选之资格，其第一要件，须为无党籍者。三、实行选举以前，须定一审计院长选举法。而严定其被选之资格及详密之选举程序以防流弊。

---

① 李济民：《宪法内选举审计长之先决问题》，《银行周报》第 322 号。

② 发见：发现。

四、先由全国各法定之职业团体及各省省议会各推举一人为候补审计院长，再由参议院就被推举人中之得票超过推举机关半数以上者，指定为候补人，再行正式投票选举。如此则将选举之范围扩大，贿选无从着手。五、现任或前任国家高级管理，曾因财政关系舞弊，受有犯罪嫌疑，为舆论多数所不满意之人，不得当选为审计院长。"①可见李济民观点是对选举制进行完善，可称为改进了的选举制。

2. 任命制

北洋政府时期，1912 年 9 月 26 日《政府公报》第 149 号公告临时大总统令："任命陈锦涛为审计处总办，未到任以前著王璟芳署理，此令。"此为任命制的开端。1923 年 3 月，孙中山在广东创立中华民国陆海军大元帅大本营，同年颁布了《大本营体例》，条例规定大本营设置军政部、外交部、内政部、财政部、建设部、法制局、审计局、秘书处、参谋处、参军处和会计司等。其中审计局掌管审计各官署职官出纳事宜，审计局由刘纪文担任首任局长。1924 年 5 月，审计局改为审计处，林翔任处长。可见，任命制一般产生于非常特殊的时期。

3. 考试制

这种观点认为，审计人员不应该由任命产生，也不应该通过选举产生，而应该采用考试制度选拔。"因为这种种的原因，所以现在各国审计员的产生，多不采用选举制，而取任命的方法。然而任命的方法，也不是尽善舞弊：第一，任命难免私人感情用事；第二，难免原来官官相扶之弊；第三，任命不是公平选择专门人才的办法；第四，审计员势必要承仰任命者的鼻息，不能独立坚定的意志；第五，仍不免受别机关的利用与操纵，从而失却审计的初衷。我以为审计是一种会计上的专门知识，又是政务上的超然职司。所以，审计员的产生，从审计的技术上说，应当采行选贤与能的考试制度，以选出技术专精的人才；从审计的性质上说，也应采用超然局外的考试制度，以选出公平正直的人才。还有相当限制的，就是属于立法行政诸机关的人员，概不能兼任审计之职。这样才能使审计机关超然局外，充分发挥监督财政的效力。"②对于普通审计人员的考试制度，在民国时期得到了推行，民国时期曾制定了《普通考试审计人员考试条例》，通过考试选拔政府审计人才，例如，知名政府审计专家蒋明祺就是通过考试选拔出来的审计人才。

---

① 　李济民：《宪法内选举审计长之先决问题》，《银行周报》第 322 号。
② 　章渊若：《监察院的审计问题》，《社会科学杂志》1928 年第 3 期。

二、审计人员职业资格和考试思想

(一)审计人员职业资格思想

1.审计法规中的审计人员职业资格思想

民国时期,为确保审计人员具有一定的专业胜任能力,政府通过制定相关法规,规定审计人员的职业资格。

北京政府时期公布的《审计院编制法》对审计人员的任职资格作出规定。该法第十条规定:"审计院之审计官协审官须年满三十岁以上具有左列资格之一者充任之:一、任荐任以上行政职满三年以上著有成绩者;二、在专门以上学校习政治经济之学三年以上毕业并任行政职满一年以上者。"①

国民政府于 1928 年 3 月公布《审计院组织法》②,主要对审计和协审的任职资格作出规定。"审计协审以在国内外大学或专门学校,修习政治经济之学三年以上毕业,并对于财政学或会计学,有湛深之研究者充任之。"③

1929 年 10 月公布的《审计部组织法》对任职资格作了补充,从专业领域学历、从事专业工作经验、工作成绩三个方面选拔各层次审计人员。该法第九条规定:"审计须以具有左列资格之一者充之。一、曾任国民政府简任以上官职并具有第十条或第十一条之资格者。二、现任最高级协审稽察一年以上成绩优良者。第十条规定,协审在未有考试及格之相当人员以前须以具有左列资格之一者充之。一、曾在国内外专门以上学校习经济法律会计之学三年以上毕业并有相当经验者。二、曾任会计师或关于审计之职务三年以上成绩优良者。第十一条规定,稽察在未有考试及格之相当人员以前须以具有左列资格之一者充之。一、于其稽察事务所需学科曾在国内外专门以上学校修习三年以上毕业并有相当经验者。二、于其稽察事务曾任技师或职官三年以上成绩优良者。"④

1945 年 12 月 31 日,国民政府对《审计部组织法》⑤进行了修正公布。这次修正对审计人员的任职资格作了详细的规定。

该法第十一条规定:"审计须以具有左列资格之一者充之:一、具有第十

---

① 许祖烈:《中国现行审计制度》,立信会计图书用品社 1947 年版,附录 52 页。
② 许祖烈:《中国现行审计制度》,立信会计图书用品社 1947 年版,附录 52 页。
③ 蒋明祺:《政府审计原理》,立信会计图书用品社 1946 年版,第 87 页。
④ 审计部秘书处统计科公报股编:《审计部公报》,1931 年第 1 卷第 1 期,法规第 3—5 页。
⑤ 审计部:《审计法令汇编》,商务印书馆 1948 年版,第 13—14 页。

二条或第十三条之资格,并曾任简任以上官职者。二、现任最高级协审、稽察一年以上,成绩优秀者。前项第一款规定,于常务次长准用之。"这里的第一条侧重于官职,第二条侧重于业绩和工作经历。

第十二条规定:"协审在未有考试合格之人员以前,须以具有左列资格之一者充之:一、曾在国内外专门以上学校,习经济、法律、会计之学三年以上毕业,并有相当经验者。二、曾任会计师或关于审计之职务三年以上,成绩优良者。"可见取得协审的资格要有专业学历和工作经验,或者要有工作经验和工作业绩。

第十三条规定:"稽察在未有考试合格之人员以前,须以具有左列资格之一者充之:一、于稽察事务所需学科,曾在国内外专门以上学校修习三年以上毕业,并有相当经验者。二、于稽察事务曾任技师或职官三年以上,成绩优良者。"可见,稽察资格的规定基本和协审相同,即须具备专业学历和工作经验,或者工作经验和业绩。

可见,该法主要从专业学历、工作经验和工作业绩三方面规定审计人员的资格,以确保审计人员有一定的专业胜任能力。

总之,民国时期国家相关法规规定了审计人员职业可分为审计(简任)、协审、稽察(荐任)和佐理员(委任)共三级四种,而且每一种审计人员的任职资格各有不同。其指导思想主要是从专业领域学历、从事专业工作经验、工作成绩三个方面来选拔任用各个层次的审计人员。

2.蒋明祺的审计人员资格和品质思想

蒋明祺认为,各级审计人员,有事实上应备学识、才能和经验等资格。"第一,学识。审计人员除应具有丰富之应用学识,如会计学及政府会计学、审计学及政府审计学、经济学、经济政策及财政学等项外,后应具有法律学识,即财务法典与审计法规,以及一般法典各种法则。他如普道常识,及关系学识,亦当有丰富之修养。第二,才能。审计人员应有:①分析之才能,用以考察繁复之现象,勾稽错综之数字。②建设的才能,用以整理审计之结果,建议善良之意见。③说明的才能,俾于疑难之场合,能以简要之词令或笔墨,阐释事态之真相,随时应付其职务上之困难,并答复该管长官之质询。第三,经验。经验一项,对于审计人员自属非常重要。关于审计案件之决定,除须依据法令与事理外,有时援引成例,非有相当经验即无所适从,不能解决。他如对于静态审计对象之运用科学方法,以增效率;对于动态审计对象之施展机智与手腕,以明真象;暨于某种审计案件,进行某种审计程序之各种经验,皆为审计人员所宜具有与擅长者也。"

与此同时,蒋明祺提出了政府审计人员应具备相当的品质。"①奉公守法之精神。依照革命的人生观,人生原以服务为目的;其在公务人员,自尤当以奉公守法为前提。审计人员,未能外此。且审计案件之处理与其决定,又悉依法令为准绳,自不能有丝毫之曲解瞻徇,敷衍塞责;唯其奉公守法,始能公正不阿,超然行使职权,到处受人尊重也。②志洁行廉之抱负。政府审计属监察权,同为风宪机关,审计人员必须有志洁行廉之抱负,乃能攻人之蔽,而击彼之瑕……未有己不正而能正人者,是故审计人员绝对不能沾染贪污,绝对须有廉洁抱负。③健强之体魄。审计人员执行任务,有时须跋涉遐荒含辛茹苦;有时须监临繁剧,体倦神疲;自非有健强之体魄不能胜任。假设体魄不健全,即难望勤奋服务,而发生确实、迅速之效果矣。④睿智之机智。审计人员办理审核事务,尤于稽察为然,欲求美满之效果,须有睿智之机智。一切诈伪欺骗之事实与错误之现象,每隐藏于普通注意力之水准以下,设非秉赋睿敏之机智,辄难发现与纠正……他如财物质量之监验,稍属庸愚,易遭蒙混,是故更非有睿敏之机智不可。"①

政府审计人员受公众的委托对政府受托经济责任进行审计,因此,奉公就是对公众负责,以公众的利益为出发点和归宿。法律是审计的依据,审计人员必须以审计法规为审计依据,即做到依法审计。审计是对受托经济责任进行监督,因此,审计人员必须做到廉洁,否则,就可能增加与被审计单位合谋的风险。审计时间短,任务重,要提高审计效率,审计人员必须有强健的体魄。审计人员还必须睿智,才能由此及彼,由表及里,发现隐藏在账目后面的经济违法或犯罪行为。可见,蒋明祺提出审计人员应该具有四个品质是很有见地的。

3. 吴宗焘的审计人员资格思想

吴宗焘在《谈吾国之审计制度》一文中,认为审计官员的资格,须具备以下各条:"①须领有证书。②须操守廉洁。③须由保证人或铺保。④须有保证金。"②须领有证书主要是指专业能力方面的资格,廉洁是指道德方面的资格,需要有保障人和保障金主要是为了防止审计人员丧失独立性,徇私舞弊。

(二)审计人员职业考试思想

民国时期,在没有实行考试之前,通过规定职业资格来设置审计人员的门槛。随后,实行考试制度。例如,"1934 年 7 月考试院公布《普通考试审计人员考试条例》第三条规定,甄录试之科目如左:一、国文,论文及公文。二、

①　蒋明祺:《政府审计原理》,立信会计图书用品社 1946 年版,第 209—210 页。

②　吴宗焘:《谈吾国之审计制度》,《银行周报》1928 年第 18 期。

党义,三民主义及建国方略。三、中国历史及地理、宪法。第四条规定,正试之科目如左:甲、必试科目。一、民法概要;二、经济学;三、财政学;四、会计学;五、审计学。乙、选试科目。一、官厅会计;二、铁路会计;三、会计法规;四、审计法规;五、行政法。以上选试科目任选一种。第五条规定,就应考人正试之必试科目及其经验面试之。"可见,考试的内容除专业知识外,还包括思想政治方面,如三民主义和建国方略,也囊括中国的历史文化。此时的审计人员考试已摒弃了中国古代科举考试的单一性,综合英、美两国考试之长,注重"通才"与"专才"兼顾、知识与经验并重。考试实行笔试和面试相结合的方式来选拔审计人员,值得当今借鉴。

三、审计人员职业宣誓、教育训练思想

（一）审计人员职业宣誓思想

1912 年 1 月 1 日,孙中山先生在就任民国临时大总统时的宣誓,开民国政府官员就职宣誓之先河。1930 年 5 月 27 日,南京国民政府颁布了《宣誓条例》,从而使民国时期的宣誓制度走上了程序化和制度化的轨道。作为政府审计官员自然要遵从《宣誓条例》的规定。

于右任在 1929 年 4 月 27 日被任命为审计院院长时宣誓,其誓词是:"奉受国民,整理财政,慎重支度之使命,职责巨重,深惧弗胜,惟天忠实践,履以符革命政治之精神,尚祈教命,时加俾有,遵循毋祷切,国民政府审计院院长于右任叩感。"[①]

1931 年,审计部副部长暨简任各职员在就职典礼时进行了宣誓。宣誓时间:1931 年 3 月 28 日上午 10 时。宣誓地点:审计部大礼堂。宣誓程序主要有:①奏乐。②主席就位。③监誓员就位。④宣誓员就位。⑤唱党歌。⑥向国旗党旗暨总理遗像行三鞠躬礼。⑦主席恭读总理遗嘱。⑧宣誓员举右手宣誓。"余敬宣誓:余恪遵总理遗嘱,服从党义,奉行法令,忠心及努力于本职,余决不枉费一钱、枉用一人,决不营私舞弊及授受贿赂。如违背誓言,愿受最严厉之处罚。此誓。"[②]⑨监誓员致辞。⑩主席致辞。⑪宣誓员答辞。⑫奏乐。⑬摄影。

南京国民政府审计部时期,新的地方审计处处长任命时,也要到审计部宣誓。例如,江苏省审计处处长就职宣誓典礼于 1937 年 5 月 3 日在审计部

---

①　国民政府审计院编印:《审计院公报》,1929 年第 1 卷第 1 期,文电第 1 页。
②　审计部秘书处编印:《审计部公报》,1931 年第 1 期,杂载第 1—2 页。

大礼堂举行,审计部向监察院发送呈文,邀请监察院派人参加监督。①

政府审计人员宣誓意义重大。首先,宣誓有利于增强审计人员职业使命感、职业责任感和职业荣誉感。其次,宣誓有利于加强"忠诚、公正、清廉"的审计人员职业道德建设,有助于铸造审计人员忠实诚信的职业品格。面对国旗庄严宣誓,能够进一步牢固树立审计人员的职业信仰,对宣誓者形成一种自我约束和自我激励,时时刻刻警醒自己要忠实履行职责、恪守职业道德、维护公平正义、维护法制统一。再次,宣誓有利于增强审计人员的自律意识,强化对自身执法活动的监督。这种宣誓方式在一定程度上借助自我警策和社会监督,把外在的法律规范、职业要求内化为发自内心的自我要求,从而约束自己的心灵、规范自己的行为。这样的宣誓无疑能够进一步推动审计队伍建设。

(二)审计人员教育训练思想

1.学习孙中山"五权宪法"和"三民主义",对审计人员进行职业教育

民国时期,经常举办各种学习班,学习各种法律法规,对国家审计人员进行后续职业教育。

(1)正式学习和非正式学习相结合。在正式学习方面,南京国民政府审计院时期,开设专门的"审计院党义研究班"学习孙中山的"五权宪法"和"三民主义"。研究班每周二、四、六举行一次,每次学习时间为上午八点到九点。审计院院长为研究班主席,全体人员阅读党义书籍,对学员进行口试和笔试两种考查方法,学员学习时要进行签名,对违反学习纪律的人员采取警告和扣除薪金等处分。非正式的学习主要通过开会和总理纪念周进行。在审计部门开会前,全体审计人员诵读孙中山的遗言。于右任在举办总理纪念周时讲话,要求审计人员:"一要学习党义,身体力行,巩固党的基础,实现真正的以党治国;二要努力工作、尽职尽责,监督预算的执行及审核一切决算,将种种积弊铲除出中国。"②

(2)学习方式多样。《审计院党义研究班规则》规定,学习方式有阅读、讨论、演讲等方式,以增强学习效果。"关于阅读:采取集体阅读为原则,每周阅读范围由主席制定,阅读时要做笔记。关于讨论:由主席择要提出关于主义或政治之问题共同讨论并作结论,必要时临时组织小组讨论。关于演讲:招请同志举行演讲,规定时间由本院全体人员轮流演讲。"③

---

① 审计部秘书处编印:《审计部公报》,1937年第74期,第98页。
② 国民政府审计院编:《审计院公报》,1928年第1期,杂载1—2页。
③ 国民政府审计院编:《审计院公报》,1928年第1期,法规第24—28页。

2.蒋明祺的审计人员训练思想

蒋明祺认为,对政府审计人员的训练非常重要。"然审计人员之学验,既非生而具有;其资质亦需加以陶镕。审计机关之甄用审计人员,固可采考试方法,拔其精粹;但考试结果,只能衡量其合乎规定标准之学识,或且能考察其过去服务之一般经验,但于其资质性行,决非以临时口试之察言辨色所能判别。其已由审计机关甄用之审计人员,为求能增进工作效能,适应制度需要,汰糟粕,取菁英,以充实干部,加强力量;亦非放任可致。是故审计人员之训练,为推进制度行使职权之要端;在地方审计机构不断增设;及中央审计工作,厉行扩张之今日,诚为刻不容缓者矣。"[①]审计制度的执行和审计职权的行使,关键在于人,因此,对审计人员的训练十分重要。

接着,蒋明祺提出了训练审计人员的具体意见:"①关于训练之机构,可适用'中央训练委员会统一各地训练机关办法'。审计部应经常设置一训练委员会;并在各审计处分别设置训练委员会分会,而听其指挥与监督。②训练委员会直接对部长负责,并接受审计会议之设计与建议。分会除受其指挥监督外,并应直接对处长负责,仍接受审核会议之设计与建议。③训练委员会之人选,由审计部政务次长,第一、二、三厅厅长,及总务处长为当然委员,并由审计会议推举不兼普通行政职务之审计二人为委员,共同主持训练事宜,另聘协审、稽察及高级佐理员隶佐之。分会之人选,由各审计处处长,及一、二、三组主任以及秘书为当然委员,另聘高级佐理员辅佐之。④因训练所需之教官,除由审计机关自任推派外,并得向各有关机关聘请之。⑤受训练之人员为经任用考试合格之人员,及分期抽调已甄用之审计人员,庶后者无须兼顾实际之工作;而前者得有从事工作之充足准备。其训练期间至少为三个月。除一般课程及精神讲话外,得依其任用等级,及服务部门,作特殊之训练。⑥训练期中应特别注重其资质性行之训导,并利用小组讨论,增多交换学验,解决问题与互相批判之机会。⑦训练科目,除参照'全国各训练机关训练纲领'之各项规定(见本章附录)外,并应设审计法令,审计制度,审计成例、审计学(包括普通审计与政府审计)、会计学、簿记术、财政学及财政法规等项。⑧训练过程,应注重实习,严密考核,备具详细之记录,并举行切实之测验与考试以为考绩之依据。其成绩优异者,除为名誉上之奖励外,并可提高待遇升调等级;其成绩低劣者,应为减薪降级及记过免职之处分。⑨训练制度有特殊表现,适于通行者,应由训练委员会令饬各分会照办;或由各分会提请训练委员会采纳施行。⑩训练委员会及各分会之办理

---

①　蒋明祺:《政府审计原理》,立信会计图书用品社1946年版,第212—213页。

情形,列入工作报告,呈报上级主管机关,为考核对象之一。"①

由上可知,蒋明祺提出了训练机构的设置和隶属关系,训练委员会直接对部长负责,增加了训练的权威性。蒋明祺还提出了训练人员的组成、训练的考核、训练科目、训练重点、训练报告等,可谓系统而全面。

另外,蒋明祺还认为,可以委托其他机关或团体训练审计人员。"除照上开各原则,由审计机关自卫为训练外,如委托教育机关如法商学院或商业专科学校,专设政府审计之班次,或政府审计之讲座,按期训练审计人员,择优甄用之方法,亦甚可取。惟此于扶液新进,固可达成目的;而对于审计机关已任用之人员,求其除旧布新,变质致用之需要,则仍无可匡助也。近年来公私会计事务之发展,各机关团体,对于服务审计机关之人员,莫不设法延引,提高待遇;致其改就离职者为数甚多;尤以审计干部之未能补充,每影响审计机关之效能;是则训练机构与其办法之厘定,实为审计机关之急务矣。假使以经常训练之结果,而能随时补充审计干部;则其流转于机关团体,主持其会计事务;无宁为整饬财计澄清吏治之良助;是则训练之功能,又不仅裨益审计机关与审计制度而已也。"②

四、审计人员运用与流转思想

民国时期政府审计人员运用与流转思想的集中代表是蒋明祺。下面分别从运用、流用和调转三方面介绍他的思想。

(一)审计人员运用思想

蒋明祺认为,站在审计机关长官的立场,审计人员的运用主要包括以下四个方面。

1.如何使审计人员能有适当的职位

蒋明祺认为可以从"为事择人,为人置事"两方面观察。"自为事择人而论,固可详依职位分类之制度,就审计机关之实际工作,逐为分析,确定标准……自易达为事择人之旨,而获成分工合作之局。复就为人置事而论,其有特殊之人材,适于制度之发展,则可以随时位置,而增订推行之计划,或提前执行理想之任务。果能有职位之详细分类,从为事择人或为人置事而运用之;则每一审计人员,必能尽其才,竭其力,而从事适当职务与地位之展布;每一审计工作,必能获得充分之材力,而达成预期之效果矣。于长官宣誓所称:不妄用一人之旨,其庶几乎?"

---

① 蒋明祺:《政府审计原理》,立信会计图书用品社 1946 年版,第 212—213 页。
② 蒋明祺:《政府审计原理》,立信会计图书用品社 1946 年版,第 212—213 页。

"能有职位之分类标准，则为事择人，必用其所学，而非可滥竽充数；为人置事，亦学能致用，而不致尸位素餐。是故职位分类制之设计，为推进审计工作之要务也。又社会现象有工作与报酬不能相当之怨；其无所用心者或坐享高禄；而心力交瘁者或食难一饱。有职位分类之制，则除上述之工作与能力可相当外；兼可免待遇不平允之饥矣。又在社会现象中，难免责任不分明，事务不专一，及同等职位之劳逸苦乐不均之弊。唯其责任不分明，故职事可以推诿，责任得意纠缠；唯其事务不专一，故工作漫无标准，办法遂多歧义；又唯其同等职位而劳逸苦乐不均，各职员遂减少工作之情趣，渐启敷衍因循草率浮泛之习。是皆由职位分类之制，可以切实纠正者也。"

2.如何使审计人员能充分发挥其效能

蒋明祺认为，要充分发挥审计人员的效能需要实施工作标准制。"职位分类制之作用，仍为消极，只规定各地位人员应办之职务与应负之责任……工作标准制之作用，则为积极的，应规定各地位人员，应办职务与应负担责任之适当的标准……有此工作标准之规定，各职位之人员，即知其职责上应达成如何具体之程度，自可随时检点，随时企及，而不敢稍有疏忽放逸。一人之工作能达成标准，即一人之效能可充分发挥；全体之工作能达成标准，即全体之效能可普遍贯彻。对于审计人员之运用与审计制度之推进，关系诚为巨大也。"

3.如何使审计人员能完成预期的效果

蒋明祺认为，工作竞赛制能使审计人员完成预期效果。"虽审计职务，门类各别，动静不同；然每一部分同一性质之工作，仍可择其从同，配为一例，于每一期间举行工作之竞赛，则更可督促其依照规定之职位分类，达成规定之工作标准，使其效果，能如预期也。"

4.如何使审计人员能安心供职且能适应制度发展的需要

"考一般公务人员之不能安心供职，或由于待遇之不平，职位之不称，兴趣之不能鼓舞，成绩之不获认识；今于审计机关，酌行上述职位分类，工作标准，工作竞赛各制度，自可汰除其不安之心情矣。抑有进者，审计机关更宜实行保障制度也。对于免职及停职之限制，应照'修正审计部组织法'第十七条，再扩张及于高级之佐理员，并照一般机关之抚恤及退养办法，并施于所有人员。良以审计工作之进行，常以佐理员为干部，其主管长官，无非负责设计、指挥、监督、考核之责；其办理普通事务，虽一缮校之微，或一收发之易，亦均与整个审计制度之推进有关，是故其保障及抚恤退养办法，应推及于下层也。果能如是，审计人员未有不安心供职者。"

"至于适应发展制度之需要,除当尽量物色专长人材,积极尊重考铨制度,随时充实干部人员外;训导培植之方,尤宜十分注重。"

(二)审计人员流用思想

对于审计人员流用问题,蒋明祺也有自己独到的见解。他提出:"审计机关之政事,既分为普通行政与审计行政两门;后者依执掌,又可分为事前审核、事后审核与稽察三类。审计机关各人员,即悉依此门类,而为配备也。所谓审计人员之流用,即系指各该门类之人员,得于本机关临时互相调度,俾于经常处理之事务外,能有其他门类之体认……以适应制度发展之需要也。盖现制既以力行就地之审计为主,将来每一审计人员,均有独当一面执行全盘审计任务之机会,设照褊枯之旧状,诚难达成其效果;所谓制度发展之需要也。"

接着,他具体分析了审计人员流用的作用:"一、就个人之学验,促其进步;使其能力扩张,技术精纯,乃为显然之裨益。故执著保守之习,受制于一时;而能力技术之长,获福于永久。未有不乐于更调者。且吾人每易对经常服务之工作,发生厌倦,故俗有'做一行怨一行'之谚。能常为更调,使接触新鲜之对象,其服务兴趣,即可获增进矣。二、经常工作所熟悉者,固非生而知之,亦系探索而来……且审计事务之进行,须遵守有关法令,须明悉对象之内容,须正确精细等共通原则,凡各门类职掌,莫不适用,被更调之人员,执此以接触新鲜对象,加以详细事项之咨询、研究、模拟与学习,未必不能胜任。由此不断积累,遂能成就全材。三、人员更调,必有接替,所谓事务之停顿,督察中如能周到,事实上或非必然。且各人员经办之案件,以更调故,必须自为检点,自行辩结;则延压之弊,因交替而可免;平时恐有更调,为防临时积累之赶办不及,处理工作,必更精勤。则纵有一时之停顿,于整个工作之推进,显仍有益也。四、公务人员之服务,完全为对事的,而非对人的,假使能尽忠职守,奉行法令,固无须主官之关照与同僚之维持。则虽更调,无烦过虑。且此种流用,常在同一机关,旦夕可聚会,情愫复得维持也。五、甄用新进人员,为主官之常事,对其学验性行,但能仔细观测,未几即可了然。此种流用更调之人员,譬如新进之甄用,则观测亦为易事。且既为同一机关之人员,改归管辖;对其原主官,必为同僚,谊甚密切,固可详为询问,以助其体认也。六、以普通行政人员,改任审计行政事务,或有困难;然其人员苟非十分庸劣与衰老,自仍可不断学习。抑其流用之际,必依据职位分类,考察专长能力,酌派适当任务,不致过于悬绝;而平时更可施以训遵,补其闪失,果能勤奋,必少烦难。"

在此基础上,他进一步阐述了审计人员流用在审计方式、审计组织、审计人才培养和审计人员考核业绩方面的积极作用："一、审计机关既力行就地之审核，注重实际之稽察，能有熟悉全部审计事务之人员，自可增进效能，发展职权，而调度运用，诸多顺利。二、推行系属制之组织，于事务单简之机关，不能多设人员；则能有熟悉全部审计事务之人员，即可普遍设置，并撙节公帑。三、年来各机关团体之注重会计事务，多延揽审计人员，以求其妥帖熟练。为普遍改进计政，整饬财务计，此种趋势，宁可乐观。假使审计机关能成为训练会计人员与稽核人员之教育机构，亦应造就全能之人材也。流用办法，即为造就此全能人材之途径。四、在审计机关被其他机关团体延揽人员，离职他就之际，其原办工作，每不及补充，物色妥当人选，匆遽颇非易事。如素有流用更调办法，即可就原有人员，酌为调度，以事补充；即审计工作，不致因人而废。五、依国家培养人材之意义，各公务机关，实亦为造就养成专门人材之所。除以相当薪俸之酬报，以购致工作之劳力，而达成法定之任务外；允宜以各种机会，使每一公务人员，在学识上，在经验上，与在性行资质上，能不断有所进益，以冀对社会国家，有更多贡献。则流用更调，适符厥旨。六、考绩之制，如无具体之办法，每由各主官依据其主观而自为衡断。有流用更调之制，则经过若干主官之各期铨考，自能有一致之评议，而确定公允之标准。此于各被流用人员，亦为有利而无害也。近来流用审计人员之办法，已有付之实施者，如湖北省审计处是。将来各审计机关及其他机关，必有继续采行者。"

（三）审计人员调转思想

《审计部组织法》规定，审计人员属于专职，难以调转。蒋明祺主张应当对法律予以补充，实行调转："一、对于各审计机关主管长官及重要审计人员之转职，宜规定相当期间；且其期间不宜过长，至多以两年为准。其有政治上需要，或职务上必要者，得为留任或连任。过去有深觉人地不宜，碍于情面，不能随时调整调转者；初虽隐忍，而终致决裂，平时之痛苦既多，事后之怨隙尤甚；能有转职期间之规定，则其机关长官，向上级机关陈述后，可以暗为调整；而被转职者，认为任期已届，加法应然，必不致有所怨尤。二、审计人员于法定任期届满后，虽得留任或连任，但其留任或连任，宜以一次为限。缘各该主要审计人员，在某省市之期间过久，以接触机关较多，对各被审计机关之人员，必渐能熟识或稍有友谊；在其执行审计事务时，虽能严守法令，绝不瞻徇，而各被审计机关之请托干求，仍所难免，平时应付，或觉困苦。能不长期服务一地域或驻在一机关，即可避免此种困苦，抑于操守不坚，性行不善之审计人员，如其有之，亦可有所防范也。三、审计部与各省市审计处，各机关审计办事处，及各驻审计机关之审计人员，宜按期互为调转，应使上下无所隔阂,内外可以贯通,则各依经验,互为匡补,必能对整个审计制度,有不少之裨益。四、各审计机关长官,以不在其桑梓省份服务为宜,重要主管人员同。固然报国之士,不拘乡土关念;然亲故既多,干求难免,允宜回避。其以新设机关,须明了本省市之财务沿革及施政情形;或须利用人事熟识关系,以更推行制度者为例外。在任期届满之始,即可重予调转也。"①

对于蒋明祺认为调转审计人员可以防止审计人员长期在一地导致出现操守问题的观点,吴宗焘的观点与他不谋而合,吴宗焘认为:"又防审计员之串通舞弊,必须有审计院时常更替审计员"。②

五、审计人员限制兼职和职业回避思想

1928 年 7 月 12 日国民政府公布的《审计院组织法》第十四条规定:"审计院院长、副院长、审计、协审不得兼任其他官职、律师或会计师、商店公司或国有企业机关之董事经历或其他重要职务。"③1929 年 10 月公布的《审计部组织法》第十二条规定:"审计、协审和稽察不得兼任其他官职、律师会计师或技师、公私企业机关之任何职务。"④1939 年 3 月颁布的《审计部组织法》主要对专业审计人员的回避原则作出了更为详细规定。该法第十五条规定:"审计协审或稽察与被审计机关之长官或主管会计出纳人员为配偶或有七亲等内之血亲或五亲等内之姻亲关系时,对该被审计机关之审计事务,应行回避,不得行使职权。因其他利害关系显有瞻徇之虞者亦同。审计协审或稽察与被审之案件有利害关系时,对该案件应行回避。不得行使职权。"⑤1945 年 12 月 31 日,国民政府对《审计部组织法》进行了修正公布。该法第十七条规定:"审计、协审、稽察在职中,不得兼任左列职务:一、其他官职。二、律师、会计师或技师。三、公私企业机关之任何职务。"⑥在这里第一点是为了确保审计人员的组织独立,第二和第三点是为了确保审计人员的经济独立。

六、审计人员职业考核和惩戒思想

(一)审计人员职业考核思想

北京政府时期,1914 年 9 月 7 日审计院公布了《审计院办事员月薪规

---

① 蒋明祺:《政府审计原理》,立信会计图书用品社 1946 年版,第 230—231 页。
② 吴宗焘:《谈吾国之审计制度》,《银行周报》1928 年第 18 期。
③ 国民政府审计院编:《审计院公报》,1928 年第 1 期,法规第 3 页。
④ 审计部秘书处统计科公报股编:《审计部公报》,1931 年第 1 卷第 1 期,法规第 3—5 页。
⑤ 国民政府文官处印铸局:《中华民国国民政府公报》,第 139 册渝字第 133 号。
⑥ 审计部:《审计法令汇编》,商务印书馆 1948 年版,第 13—14 页。

则》,其中第二条规定对办事员实行六级月薪制,第五条规定办事员视办事之勤惰由厅长书记官长详请院长副院长批准得加薪或减薪。1915 年 6 月 17 日颁布了《审计院文官普通甄别委员会执行规则》①,这是对审计院的审计人员进行考核的制度,其中第四条规定了甄别的方法为:检验学业文凭、调查经历、检查成绩、考验学识、考试经验等。甄别完后应出报告书于会长定期开评议会议,议决后应具议决书报告院长分别给予合格证书或免职。根据考核结果分别给予免职、合格、加薪、提升等决定。

《审计院文官普通甄别委员会执行规则》第一条规定:"本院依文官甄别法草案第十三条规定设立文官普通甄别委员会。"第二条规定:"本院委员员额依文官甄别法草案第十七条规定选派组织之。"第三条规定:"本会会长依文官甄别法草案第十八条由本院副院长充任之。"第四条规定:"甄别之方法如左:一检验毕业文凭;二调查经历;三检查成绩;四考验学识;五考试经验。"第五条规定:"前条规定之甄别方法办理完竣应提出报告书于会长定期开评议会议决之。"第六条规定:"报告书应记载左列事项:一甄别之事实;二报告之年月及甄别委员之姓名。"第七条规定:"评议会之议决以得委员过半数之同意为准,可否同数取决于会长。"第八条规定:"议决后应具议决书报告于本院院长分别给予合格证书或免职。"第九条规定:"议决书应记载左列事项:一甄别之事实;二议决之理由;三会议出席人数及姓名;四议决之年月日。"第十条规定:"本会设事务员二人,承会长之命掌理收发保管文书及记录编制并一切辅助事宜。"第十一条规定:"本会因缮写文件及其他庶务由会长于本院雇员中委派兼任。"第十二条规定:"本会以甄别事竣解算之。"

从上可知,北京政府时期对审计人员主要从文凭、学识、经验、业绩等方面进行考核,同时,通过考核会议对考核报告采取投票表决的方式进行考核。

南京国民政府时期,国民政府监察院于 1942 年 5 月 17 日颁布《审计部分级考核实施细则》②。考核分为职员成绩的考核与审计部所属各单位业务的考核。职员成绩的考核在每周、每月、每季和每年年终举行。职员成绩的考核由各级主管长官负责初核。各种考核的初核,由部长复核。职员成绩的考核分级办理。审计厅长、处长、简任秘书由部长考核;协审、稽察、科长和主任,由主管厅长考核;就地审计人员由主办审计考核;各科室职员,由主

---

①　《政府公报》(1915 年 6 月 17 日第 1117 号),上海书店 1988 年出版,第 59 册,第62—63 页。

②　审计部:《审计法令汇编》,商务印书馆 1948 年版,第 232—233 页。

管科长或主任考核,秘书室职员由简任秘书考核;就地审计办公室职员,由主管主任人员考核;各委员会专任职员,由各该会主席考核,等等。

1942 年 7 月 11 日,审计部公布《审计部工作考核委员会工作考核办法》①,其中第二条规定考核范围:"一、本部各厅处及所属各处每月及年度工作报告。二、本部所属各处关于县财务之抽查及调查报告。三、审计部所属各处之审核会议记录。四、部长交办事项。"第三条规定考核程序:"一、各项工作报告抽存或调查报告,由佐理员审查,作成审查报告,送由秘书加具意见,汇提会议决定。二、审核会议记录,由佐理员审查,签注意见,送由秘书转呈主席委员会核定,其有疑义者,提会决定。三、交办事项属于考核范围者,适用前二款之规定,办理其他事项,由秘书拟定办法,呈主席委员核定,其实大者,提会决定。"第五条规定:"考核结果应依左列规定作成总报告提会决定。一、本部各单位工作概况,及用人之比较。二、所属各审计处工作概况,及用人之比较。三、所属各审计处工作,与其经费及用人之比较。"第六条规定:"前条总报告,应呈报部长核定,分别奖惩。"可见,《审计部工作考核委员会工作考核办法》主要细化对部门的考核。

(二)审计人员职业惩戒思想

北京政府时期,1915 年 10 月 16 日《政府公报》公布《审计官惩戒法》②,该法分为:第一章,总纲;第二章,惩戒处分;第三章,惩戒委员会;第四章,惩戒程序以及附则等,共 27 条。其包含的惩戒思想有:

(1)规定惩戒适用范围:审计官、协审官有违背或废弛职务、有失官职上威严或信用。

(2)规定惩戒机构:惩戒委员会。该法第二条规定:"审计官协审官之惩戒由审计官惩戒会员会议决行之。"

(3)刑事与民事之权优先于惩戒权。该法第五条规定:"惩戒委员会为惩戒之议决不得侵及刑事或民事法院之职权。"

(4)分处六种惩戒处分类型:①夺官;②褫职;③降官;④降等;⑤减俸;⑥记过。

(5)总统掌握惩戒委员的人事权和最高决定权。该法规定,惩戒委员会委员长由总统在司法总长、平政院长与大理院长中选任。惩戒委员由总统在平政院评事、大理院推事、总检察厅检察长及检察官、其他三等荐任文官中遴选。同时规定,惩戒委员会的惩戒议决报告书经大总统核准后才能执行。

---

① 审计部:《审计法令汇编》,商务印书馆 1948 年版,第 231—232 页。
② 《审计官惩戒法》,《司法公报》1915 年第 44 期,1915 年 10 月 30 日发行,详见附录。

（6）少数服从多数的惩戒规则。该法第十七条规定了需要列席委员三分之二以上才能通过惩戒决议。

（7）惩戒委员的回避，即惩戒委员与惩戒事件有关系时，要求回避。

七、审计人员职业保障思想

1.审计人员职业保障重要性思想

财政专家朱通九指出了审计人员保障的重要意义。朱通九认为："审计机关，为监督财务性质之司法机关，而审计人员，即执行监督财务之司法人员。设对于审计人员之地位，不予以法律上之保障，则彼等恐开罪其他行政长官，将畏缩不前，不敢严厉依法执行？欲发挥审计之权威，戛戛乎其难矣。因是为弥补此项困难起见，审计部组织法第十条规定，审计人员之保障如下：审计协审稽察非经法院褫夺公权或受官吏惩戒委员会依法惩戒者，不得免职或停职。"①

2.审计法规中的审计职业保障思想

1914年6月16日公布的《审计院编制法》规定："审计官、协审官非受刑法之宣告或惩戒之处分，不得令其退职或减薪。"②这揭开了中国近代审计人员职业保障的先河。1923年10月10日北京政府公布《中华民国宪法》第一次以根本大法的高度规定了审计人员的保障条款，该法第一百二十一条规定："审计院之组织及审计员之资格，以法律定之。审计员在任中，非依法律，不得减俸、停职或转职。审计员之惩戒处分，以法律定之。"③

1945年12月31日，国民政府对《审计部组织法》进行了修正公布。该法第十四条规定："审计、协审、稽察，非有左列情形之一，不得令其转职。一、在年度开始，因职务从新分配，有转职之必要者。二、审计机关有添设或裁并者。三、因法定原因有缺额者。四、因法定回避原因，有转职之必要者。"第十六条规定："审计、协审、稽察非受刑事之宣告或惩戒处分者，不得免职或停职。"④这两条主要是为了保障审计人员在职业上的独立，排除他们的后顾之忧。

---

① 朱通九：《我国的审计制度》，《银行周报》1934年第18卷第46期，第21页。

② 中国第二历史档案馆整理编辑：《政府公报（影印本）》，上海书后1988年版，第31册，第284页。

③ 郭卫、林纪东：《中华民国宪法史料》，大东书局1947年版，第30—41页。

④ 审计部：《审计法令汇编》，商务印书馆1948年版，第13—14页。

3. 蒋明祺的审计人员保障思想

蒋明祺认为,法律中的审计职业保障思想存在不足之处,他提出:"但法定保障,只适用于审计协审及稽察;其他高级委任佐理员,每代办协审稽察之事务,或与被审计机关,甚多接触机会;且为培养审计干部人才,增进服务志趣计;是否将来亦应并入,应受保障如主要审计人员之列,而同受法律之保障,似颇值得当局之考虑也。"①这体现了蒋明祺认为审计人员应该同等保障的思想。

"对于转职之限制,为'修正审计部组织法'新增之条文,对审计人员之服务,亦有切要之保障。固可避免审计人员循例与主管长官同进退之积习;并防止主管机关长官之因时因地位置亲私;且在考核政绩之平允上,能有较合理之调度;抑使其行政效能不致因随意之调度而有所减退也。事实上,其转职调度,每依其考绩结果,及政治需要而定;对于审计人员之服务,因有此保障,既不能任意令其转调;则必能安定其心情,激励其奋进也。"②在蒋明祺看来,不能任意调转审计人员,这是对审计人员的职务保障。

"按'法院组织法'第四十条,有'实任推事非有法定原因并依法定程序,不得将其停职、免职、转调或减俸。前项规定,除转调外於实用检察官准用之。'则审计人员之依法获有保障,实与司法制度近似。盖审计机关,虽隶属检察系统,而其机关性质,同为超然;人员工作,亦属检评;遂有同样之法定保障也。"③即审计人员要与司法人员获得同样的法律保障。

"复按同法第四十三条:'推事检察官任职在十五年以上,因积劳不能服务而辞职者,应给退养金。'在审计法令,尚未见有同样之规定。夫主要审计人员,任职在十五年以上,其平时辛劳,必多可举,效忠制度,当有可称,至因病老不能服务时,按之酬庸之典与建制之策,诚亦应有所保障,增列条文,以坚定其长期服务审计机关之志愿。现在一般公务员之退养给金办法,方在规划施行;或者审计人员亦将援用其规定耳。"④即给审计人员养老金,这体现了经济保障思想。

4. 吴宗燕的审计人员保障思想

吴宗燕认为应该制定《保障法》和《年功加俸及养老年金法》对审计人员

---

①　蒋明祺:《政府审计原理》,立信会计图书用品社 1946 年版,第 214 页。

②　蒋明祺:《政府审计原理》,立信会计图书用品社 1946 年版,第 214 页。

③　蒋明祺:《政府审计原理》,立信会计图书用品社 1946 年版,第 214 页。

④　蒋明祺:《政府审计原理》,立信会计图书用品社 1946 年版,第 214 页。

进行保障。①

5.审计长终身职思想

当时,对于审计长的职位,有的主张实行终身职。1946 年立法院通过的送交国民大会审议的《宪法草案修正案》第七十五条规定:"立法院关于决算的审核,得选举审计长,由总统任命之,审计长及审计协审,应为终身职。"②"宪法草案中审计人员为终身职,与法官为终身职之规定相互辉映。但是,后来宪法把这一条款删除了。"③

6.高薪养廉思想

这一时期,也有学者主张提高审计人员的待遇,体现了高薪养廉思想。章渊若指出:"至于审计员之待遇,我主张,当厚其俸禄,以绝其纳贿之欲,杜其舞弊之心,当巩其职位,以去其五日京兆之心……非有过失,不得任意撤换。"④

第三节　民国政府审计人员职业化思想的民主法治分析

一、审计人员职业化思想有助于降低民主法治的成本

政府审计是民主法治的工具,为了产生这种工具而发生的成本,是一种民主法治成本。按照委托代理理论,政府审计人员受公众的委托对政府各部门的受托经济责任进行审计,政府审计人员也可能以自身利益最大化为目标而损害公众的利益,给公众造成的损失,这种损失可称之为第二类代理成本。因此,第二类成本又是一种民主法治成本。这种民主法治成本的产生源于社会公众和审计人员的信息不对称和目标不一致。为了降低这种民主法治成本,需要解决两者的信息不对称和目标不一致问题。

在公众与审计人员两者之间是一种契约关系。在契约签订之前,由于社会公众与审计人员的信息不对称,存在着两种成本。在签订契约之前,社会公众需要寻找合适的潜在审计人员,这产生了信息搜寻成本,之后,对他们进行选择,就产生了鉴别成本。选择完成后,和他们签订契约,委托他们

① 吴宗焘:《谈吾国之审计制度》,《银行周报》1928 年第 18 期。
② 蒋明祺:《宪政时期之审计制度》,《财政评论》1947 年 16 卷第 5 期。
③ 梁节民:《评现行审计部组织法》,《财政评论》1947 年 16 卷第 5 期。
④ 章渊若:《监察院的审计问题》,《社会科学杂志》1928 年第 3 期。

对政府各部门和人员进行审计。审计人员职业化思想有助于降低契约签订之前由于信息不对称产生的两种成本。

从上可知,1929 年 10 月公布的《审计部组织法》以及 1945 年 12 月 31 日的公布《审计部组织法》主要从专业学历、工作经验和工作业绩三方面规定审计人员的资格,以确保审计人员有一定的专业胜任能力。这种为审计人员设立一定的资格标准,与单独逐一从茫茫人海中寻找潜在的审计人员相比,无疑大大降低了搜寻审计人员的信息搜寻成本。随后,民国时期又推行考试制度,用统一的标准化的考试制度选拔审计人员,比差异化地单独选拔审计人员,更能够降低审计人员的鉴别成本。

社会公众和审计人员签订契约后,审计人员的目标和社会公众的目标不一致,审计人员追求自身效用最大化,而社会公众的目标是聘请审计人员对政府各部门和人员的受托经济责任进行监督,确保公众利益的最大化。这两种目标的不一致,也会产生代理成本,即是由于目标不一致而产生的民主法治成本。通过政府审计人员的宣誓行为,促使审计人员形成一种自我约束和自我激励,时时刻刻警醒自己要恪守誓言,忠实履行受托职责,促使审计人员的目标与社会公众目标相一致,从而降低审计人员与社会公众目标不一致而产生的民主法治成本。

在审计人员的调转思想中,蒋明祺认为审计人员任期满后,留任以一次为限,之后应作适当的调转。其原因是"缘各该主要审计人员,在某省市之期间过久,以接触机关较多,对各被审计机关之人员,必渐能熟识或稍有友谊;在其执行审计事务时,虽能严守法令,绝不瞻徇,而各被审计机关之请托干求,仍所难免,平时应付,或觉困苦。能不长期服务一地域或驻在一机关,即可避免此种困苦,抑于操守不坚、性行不善之审计人员,如其有之,亦可有所防范也"。换言之,如果审计人员在一个地方太久,就增加了他们与被审计单位合谋的可能性,从而丧失了其应有的独立和公正立场,从而损害公众的利益。因而,审计人员调转思想有助于减少审计人员与被审计单位合谋的机会,增加了披露违规单位的可能性,从而降低第一类代理成本。

二、审计人员职业化思想有助于提高民主法治的效益

社会公众之间由于彼此的搭便车问题,不能亲自管理财政资金。如果非要亲自管理,资金的使用效益肯定是低效的。为提高资金的使用效益,社会公众委托政府各机关和人员对财政资金进行管理。但是,政府各机关和人员与社会公众也存在着信息不对称和目标不一致,前者给后者造成的损失,也是一种代理成本,这是第一类代理成本。这类成本越小,资金的使用

效率越高,财政资金是推进民主法治建设的重要保障,因此,从这种意义上讲,资金使用效率越高,民主法治的效率也越高。

审计独立性是审计人员发现并披露财务报告舞弊的联合概率。审计独立性越高,越能发现政府各机关和人员舞弊的概率,从而发现或挽救给社会公众造成的损失,提高资金使用效率,从而提升民主法治的效益。

在审计人员的资格和职业考试思想中,通过从工作经验、学历和工作业绩三个方面选拔审计人员,通过设立考试科目进行考试,有利于提高政府审计人员的专业胜任能力,从而提高他们发现政府各机关和人员舞弊的概率。

在审计人员教育训练思想中,通过各种途径的教育和训练,有利于提高他们的专业胜任能力,从而提高他们发现舞弊的概率。

在审计人员的限制兼职和职业回避思想中,规定审计人员限制兼职的范围以及职业回避的情形,以及在审计人员流用思想中,蒋明祺提出,"各审计机关长官,以不在其桑梓省份服务为宜,重要主管人员同",这有利于隔断审计人员与被审计单位的各种关系,促使他们独立公正地作出审计决定,从而提高他们披露财务报告舞弊的概率。

在审计人员的职业保障思想中,审计长为终身职以及高薪养廉思想,给审计人员提供了职位保障和经济保障,有助于解除审计人员的后顾之忧,从而促使他们不畏强权,提高他们披露违法违纪行为的概率。

在审计人员的职业考核和惩戒思想中,职业惩戒是对审计人员的一种约束机制。职业考核中,根据考核结果分别给予免职、合格、加薪、提升等决定,其中免职是一种约束机制,加薪和提升是一种激励机制。约束和激励相结合,有助于审计人员增强自身的专业胜任能力,有助于他们坚持独立的审计立场,从而增加发现和披露舞弊的概率。

在审计人员运用与流转思想中,蒋明祺提出的以"为事择人,为人置事"来运用审计人员,对审计人员进行岗位职责分工等,都可以使审计人员"人尽其才",降低人力资源成本,提高人力资源的效益,这无疑会提高整个审计机关的效益。蒋明祺认为审计人员的流用,有利于审计人员熟悉各方面的工作,造就全面的审计人才,这会提高审计人员的专业胜任能力,从而提高他们发现财务报告舞弊的概率。

三、审计人员职业化思想体现的民主法治理念

1. 考试制中体现出"公平、公正"的民主法治理念

在选举制中,审计人员可能被党派所左右,发生贿选等情况;在任命制中,可能只有任命权的人知道潜在审计人员的能力,这两者都不利于把真正

具有职业胜任能力的人选拔出来。在考试制中,所有参加考试的潜在审计人员,无论其有无党派支持,也无论其有无多少金钱,只能依靠自己的专业能力,考出好成绩,才能被录用为审计人员。因此,考试制比选举制和任命制更能体现公平、公正和民主选拔审计人员的理念。同时,《普通考试审计人员考试条例》等考试法规的制定,使审计人员的考试选拔得到法律的保障,体现了依法选拔审计人员的理念。

2.审计人员惩戒思想中"依法民主公正"的惩戒理念

北京政府时期颁布的《审计官惩戒法》,规定了惩戒适用的范围、惩戒处分的类别、惩戒委员会的职责、惩戒程序等,使对审计人员的惩戒有法可循,体现了依法惩戒的理念。同时规定,成立惩戒委员会,该法第十七条规定:"审计官惩戒会议非合委员长委员七人以上列席不得开议,非有列席委员三分之二以上之同意,不得议决。"这体现了惩戒按照少数服从多数的民主理念。第十八条规定:"被任为惩戒委员长或委员与惩戒事件有关系时,应声明回避。"这有助于防止惩戒委员徇私舞弊,体现了公正惩戒的理念。

3.审计人员考核与流转思想中"民主公允的考评"的理念

在审计人员考核思想中,北洋政府时期成立的《审计院文官普通甄别委员会执行规则》规定了审计院文官普通甄别委员会评议会议按照少数服从多数的原则对审计人员业绩进行考核,可以降低领导个人对审计人员考核的影响,体现了民主考评审计人员的理念。

在审计人员流转思想中,蒋明祺认为,"考绩之制,如无具体之办法,每由各主官依据其主观而自为衡断。有流用更调之制,则经过若干主官之各期铨考,自能有一致之评议,而确定公允之标准。此于各被流用人员,亦为有利而无害也"。即通过审计人员流转,可以避免个别领导主观武断地评价审计人员,审计人员经过多个领导评价,取得意见,这样可以做到公允地评价审计人员的业绩。

4.审计人员保障思想中"平等、公平"保障的理念

蒋明祺认为,法律中的审计职业保障思想存在不足之处:即法定保障局限于审计、协审及稽察,而其他高级委任佐理员等并没有法定的保障。他认为,将来法律对于佐理员也应该有保障。佐理员也是政府审计人员中必不可少的、处于一线工作的政府审计人员,对于确保审计工作质量起着重要的作用,因此,对政府审计人员的保障自然也不能漏掉佐理员。这体现了对审计人员平等和公平保障的理念。

第四节　民国政府审计人员职业化思想对当代的借鉴

一项职业的产生是社会分工的产物,政府审计职业也是社会分工的产物。在古代国家中,在众多政府工作人员中,一部分人从事对政府官员的监察和经济监督,逐渐形成政府审计职业的雏形。按照斯密的分工理论,"劳动生产力上最大的改进,以及人们在劳动生产力指向或应用的任何地方所体现的技能、熟练性和判断力的大部分,似乎都是分工的结果"①。推进政府审计职业化可以推动分工的发展,从而提高政府效率。

刘家义审计长曾指出:审计是国家政治制度不可缺少的组成部分,从本质上看,是保障国家经济社会健康运行的"免疫系统"。当代政府审计在保障经济社会健康运行,推进民主法治过程中发挥着重要的作用。政府审计是民主法治的工具,"工欲善其事,必先利其器",这里的"器",就是工具的意思。政府审计人员是政府审计的主体,要发挥政府审计这个免疫系统的功能和民主法治这个利器,就要充分发挥政府审计人员的作用,提高政府审计人员的生产率,这离不开推进政府审计人员的职业化建设。政府审计人员职业化就是把政府审计作为一种职业看待,在审计人员的准入、宣誓与教育训练、运用、考核、奖惩、保障等方面建立和完善职业标准。

自 1983 年审计署正式成立以来,我国现代政府审计职业虽有所发展,出台了一些审计职业的法规,主要包括 2006 年修订的《中华人民共和国审计法》(以下简称《审计法》)、2010 年修订的《中华人民共和国审计法实施条例》(以下简称《审计法实施条例》)、2010 年颁布的《中华人民共和国国家审计准则》(以下简称《国家审计准则》)以及审人发〔2011〕170 号审计署、人力资源社会保障部、国家公务员局联合下发的《关于贯彻加强审计机关公务员队伍专业化建设意见实施办法》(以下简称《审计队伍专业化建设实施办法》)等,但是,政府审计职业化不够明显,职业化体系还没有完全建立。我们可以借鉴民国时期的政府审计人员职业化思想,推进当代政府审计职业化建设,着重建立与完善以下五个制度。

一、建立统一的政府审计职业准入制度

我国现行《审计法》第十二条规定:"审计人员应当具备与其从事的审计

---

① ［美］亚当·斯密:《国富论》,唐日松等译,华夏出版社 2005 年版,第 8 页。

工作相适应的专业知识和业务能力。"这里的审计人员范围比较广,既包括政府审计人员又包括内部审计人员,这一条并没有具体规定政府审计人员应该需要哪些专业知识和业务能力。

我国现行《审计法实施条例》第十一条规定:"审计人员实行审计专业技术资格制度,具体按照国家有关规定执行。"目前的审计专业技术资格制度是全国统考的审计专业技术资格考试制度,分为初级资格、中级资格考试,高级审计师实行考评结合。考试科目包括《审计专业相关知识》和《审计理论与实务》。因此,这种考试面向全国所有从事审计工作的人员,包括社会审计、内部审计人员和国家审计人员,并没有单独的政府审计专业技术考试制度。在考试科目上,也没有体现出政府审计的特点。

我国现行《国家审计准则》第十四条规定:"审计人员执行审计业务,应当具备下列职业要求:(一)遵守法律法规和本准则;(二)恪守审计职业道德;(三)保持应有的审计独立性;(四)具备必需的职业胜任能力;(五)其他职业要求。"第二十二条规定:"审计人员应当具备与其从事审计业务相适应的专业知识、职业能力和工作经验。审计机关应当建立和实施审计人员录用、继续教育、培训、业绩评价考核和奖惩激励制度,确保审计人员具有与其从事业务相适应的职业胜任能力。"第十四条的规定比较笼统,尤其第四点"具备必需的职业胜任能力"难以操作。第二十二条的规定,似乎各级审计机关都有权力建立和实施符合自己要求的审计人员的录用制度,这缺乏统一性和公平性。

《审计队伍专业化建设实施办法》提出:"通过考试录用的公务员,应当具有大学本科以上文化程度。具有与审计工作相关专业技术资格或相关执(职)业资格的人员,同等条件下可优先录用。"其中,"同等条件下优先录用"很难操作。可见,现在考试录用的审计机关人员,基本上按照公务员的录用标准,缺乏必要的政府审计专业技术标准。

从上可知,我国目前还没有真正建立起全国统一的政府审计职业准入制度。我们可以借鉴民国政府审计人员的职业资格和考试制度,建立全国统一的政府审计职业准入制度。

第一,由全国人民代表大会制定《政府审计人员考试条例》。政府审计人员受人民的委托对政府各机关的受托经济责任进行审计,人民和政府审计人员是一种委托代理的契约关系。潜在的政府审计人员具有信息优势,人民面临逆向选择。民国时期曾制定了《普通考试审计人员考试条例》,通过考试选拔政府审计人才。因此,我们可以借鉴这一做法,制定《政府审计人员考试条例》,规定只有考试合格的人员才能进入政府审计机关工作,这降低了人民的信息搜寻成本和鉴别成本。为什么由人大制定呢？人大是人民的代表，由人大制定代表了人民对审计人员的外部监督。在《政府审计人员考试条例》中规定全国新录用的政府审计人员适用该法，考试内容要突出体现政府审计理论与实务以及相关法律法规的知识。《政府审计人员考试条例》与《公务员法》相结合，政府审计机关招考公务员，在考试时间上可以与全国其他机关招考公务员一致，但在考试内容上要突出政府审计的专业性，而不是按照一般公务员的选拔标准。

第二，制定《政府审计专业技术资格考试制度》。当前的《审计专业技术资格考试制度》面向全体审计人员，没有体现政府审计的特点。《政府审计专业技术资格考试制度》可以分为初级考试、中级考试、考评结合的高级技术资格，在考试科目和内容上要突出政府审计的专业性和技术性。这个制度适合于在政府审计机关工作有三个月或半年及以上的人员。规定政府审计相关技术岗位必须具有相应专业技术资格才能担任。

第三，制定《政府审计管理服务岗位的资格考试制度》。政府审计人员中除了技术岗位外，还有管理服务岗位，这些岗位的专业性要求低些，对于这些人员职业升迁也可以制定相应的考试制度加以规范，以提高管理服务的质量。

二、推广政府审计职业宣誓、后续教育与训练制度

政府审计是一项专业性和技术性很强的工作，政府审计人员要保持必要的职业胜任能力和职业道德，还要进行教育训练。《国家审计准则》第二十二条规定："审计机关应当建立和实施审计人员录用、继续教育、培训、业绩评价考核和奖惩激励制度，确保审计人员具有与其从事业务相适应的职业胜任能力。"这里虽然提到继续教育，但是目前没有比较统一的系统的继续教育制度。我们可以借鉴民国政府审计人员教育训练思想，建立当代政府审计职业宣誓、教育和训练制度。

1.政府审计职业宣誓制度

职业宣誓行为有利于增强审计职业使命感、职业责任感和职业荣誉感，提升审计人员独立、诚信、依法审计的职业道德，因此可以推广审计人员宣誓制度。政府审计人员可以进行任前宣誓，即政府审计人员在就职时和升职时，进行宣誓。宣誓仪式可采取电视直播的方式。按照委托代理理论，政府审计人员接受人民的委托对政府受托经济责任进行审计，宣誓对象为广大人民。宣誓仪式上须有人民群众的代表参加。审计署审计长宣誓就职时应有全国人大代表参加。各省、市、县审计负责人宣誓仪式时应有各级人大

代表参加。誓言应该包括忠于职责,遵守审计法律法规、不收受贿赂和营私舞弊、不渎职等内容;还应包括如果违约誓言,愿遭受最严厉法律制裁,以及宣誓人和宣誓时间等。

2.政府审计职业后续教育与训练制度

后续教育与训练是维持政府审计人员职业能力的必然举措。后续教育的内容主要包括:一是审计文化教育。政府审计文化可以熏陶审计人员,增强其责任感与荣誉感以及提高专业技能的紧迫感。因此,可以举办审计文化学习班,学习社会主义先进文化和审计廉政文化。二是审计专业知识教育。三是相关法律和法规教育。

我们可以借鉴蒋明祺的政府审计人员训练思想,建立审计职业训练制度。在审计署下建立训练委员会,审计署审计长任训练委员会主席。训练委员会负责训练教师的选择、训练时间的安排、训练科目的制定、训练结果的考核等。

三、制定政府审计职业人员使用与流转制度

科学使用审计人员,可以调动审计人员的积极性,做到人尽其才。适当流转审计人员,可以增长审计人员的学识与经验,防止串通舞弊,改进工作方法,提高审计工作效率,促进审计人员的公平评价。当前我国尚没有统一的审计人员使用与流转制度。我们可以借鉴蒋明祺的政府审计人员运用与流转思想,建立与完善当代政府审计人员使用与流转制度。

①因岗设人和选人。根据各种审计岗位不同,配备和选择不同知识、经验和技术能力的审计人员,努力做到人尽其才。

②制定各种岗位的工作标准制和目标责任制。因岗设人和选人是事前行为,还要有事中和事后对运用不对的审计人员加以修正和调整的制度。因此,还需要制定各种职业岗位的工作标准制和目标责任制,对审计人员加以考核。

③开展工作竞赛。通过工作竞赛,鼓励小改小革,提高审计工作效率。

④在审计机关内部不同部门以及同一部门的不同岗位相互合理调度审计人员。这既可以培养复合型和领导型的审计人才,又能降低串通舞弊的概率。

⑤审计人员定期交流和轮换制度。一是纵向交流,审计署工作人员与地方审计机关人员可以相互交流。二是横向轮换。审计署下属各司之间、特派办之间的领导横向定期轮换。

⑥各级审计机关负责人实行籍贯回避制度。

⑦审计职业期限制度。即各级审计机关负责人和重要审计人员在某一地方担任职务不得连续超过两届。

四、健全政府审计职业考核与奖惩制度

下面我们举两个案例：一是福建省闽侯县审计局考核，二是平凉市审计局考核。

《闽侯县审计局 2011 年审计工作人员年度考核工作方案》①

各科室：

根据县委组织部、县人事局《关于做好 2011 年全县机关事业单位工作人员年度考核工作的通知》文件精神，结合审计实际，制订 2011 年审计工作人员年度考核工作方案如下：

一、考核工作的总体要求

年度考核工作要坚持以邓小平理论和"三个代表"重要思想为指导，从贯彻落实党的十七大、十七届四中、五中、六中全会精神，贯彻落实科学发展观，按照建设"廉洁、勤政、务实、高效"审计机关的要求，深刻认识做好年度考核工作的重要意义。要结合审计工作实际，把年度考核工作与机关效能建设、党员民主评议以及年终工作总结等有机地结合起来，充分发挥考核工作的整体效应。

二、考核对象

我局参加年度考核的审计工作人员有 17 人，其中副科级以上领导干部 6 名。

三、考核的原则与方法

（一）年度考核按照《中华人民共和国公务员法》和《中共福州市委组织部、市人事局关于印发〈福州市公务员考核实施办法（试行）的通知〉》的规定执行，在严格执行上级有关考核政策前提下，结合审计工作，把平时业务考核的实绩和年终测评的结果结合起来，进行综合评价。考核要做到客观公正，切实提高考核工作质量。

（二）各类人员优秀比例的控制、考核的具体依据、量化测评标准和做法、考核结果的公示、考核等次的划分，以及考核定为"基本称职""不称职"人员的培训等仍按侯组〔2007〕97 号文件的规定执行。

四、考核的内容

对审计工作人员的考核内容包括德、能、勤、绩、廉五个方面，重点考核工作实绩。具体是：

（一）完成年度审计工作岗位责任情况。

（二）效能建设情况：出勤、学习、信息、卫生、保密、中心工作。

---

① 福建省闽侯县政府官网政府信息公开专栏：http://www.minhou.gov.cn/ar/20111213349201.htm.

（三）审计质量情况:执行《准则》、执法力度、审计成果。

（四）执行审计廉政纪律情况。

（五）服从命令,听从调配,完成党政交办审计任务情况。

（六）审计协调、配合情况。

五、考核的程序及时间安排

（一）召开年度考核动员会(12月1日)。

（二）个人写出年度考核总结材料并填好考核表(12月10日前)。

（三）召开考核与评议会议(12月15日)

（四）办理考核评议手续及优秀等次"公示"(12月16日)。

（五）召开年度考核工作总结会并上报考核结果(12月23日)。

六、成立考核组

组长:李仁群局长。

副组长:林善、陈昭锋、李必祥。

成员:各科室负责人。

成立考核办公室,由卓瑞注、江艳清两位同志负责具体考核工作。

七、几点要求

（一）全体审计人员要高度重视并积极参与年度考核工作。

（二）必须依照本工作方案规定的程序、内容、标准、政策界限以及时间安排进行,切实做好考核中的每一环节工作。

（三）要以年度考核工作为契机,总结经验,寻找弱点,抓整改,完善提高。

（四）做到考核促审计,考核与审计两不误。

以上方案,请各科室及考核组认真贯彻执行。

二〇一一年十二月一日

2011 年《平凉市审计局工作人员考核试行办法》①

为了充分调动科室工作人员的积极性和主动性,建立健全激励约束机制,根据《平凉市审计局科室工作考核办法(试行)》,制定本办法。

一、考核对象

全体干部职工。

二、考核内容及评分标准

考核实行百分制,按岗位职责设置考核标准。考核内容分为工作任务、学习培训、出勤纪律、党风廉政建设四个方面。具体评分标准如下:

（一）工作任务(70分)

1.办公室

办公室主任:制订办公室年度工作计划;对局机关公务员教育、考核、调配、任

---

① 平凉市审计局官网,http://sjj. plmh. cnNBZD2011/12/16_17. html。

免、考试录用和专业技术资格考试等管理工作及时汇报,提出建议;组织编制经费预算、决算,审批财务支出;搞好工作协调,审改重要文字材料;负责机关工资、福利、车辆管理和保密工作;做好日常行政管理工作,组织政治业务学习,督促落实各项规章制度、各类会议决定。

办公室副主任:草拟和审核有关材料、文稿,编发简报;制定有关制度、办法;编制审计大事记;管理文书、档案、机要、保密、文件制发、会议记录、纪要、印信和信访转办以及纪检工作;编制干部人事年报;协助做好日常行政工作和政治业务学习;管理职工休假、请假和考勤工作。

会计、政务秘书:承办会计工作;草拟有关材料、文稿,编发简报并承担核稿;来文来电登记、呈批、督办;按照规定提供印信服务;负责局机关各类文件的编挂文号,保密文件按规定及时加密;规范公文格式、内容、文字;督查批办事项的执行情况,并及时反馈。

档案管理员:完成审计和文书、财务等档案的收集、整理、鉴定、保管、统计和借阅等工作;指导和协调县(区)和市局业务科室对审计档案的收集、立卷归档工作;草拟有关规定、办法,收集有关情况,受理档案业务咨询。

出纳、政务秘书:承办出纳、保管、采购及来人接待等工作;草拟有关材料、文稿,编发简报并承担核稿;负责机关水、电、暖、卫生的日常检查维护和报纸杂志征订等工作。

网络管理员:完成机关文件的打印、复印,信息化设备的检查维护,纸质及电子文件、报纸收发,门户网站的更新,起草有关制度、文件及简报,参与审计大事记、人事年报编制等工作任务。

驾驶员:经批准同意,按时出车,特殊情况须先行出车时,应及时补批;经常对车辆进行维护、保养,车辆维修经研究同意后进行;差旅费随出随借、及时核报;及时验车、验证,交纳保险;及时检查维护机关水、电、暖设施。

2.法制科

法制科科长:组织编制全市审计项目计划,拟订中、长期审计发展规划,草拟有关制度、文件,编发简报;组织办理授权、查证审计项目;组织全市的审计统计工作,通报有关情况;组织开展全市审计业务考核、执法检查、优秀项目评选、审计项目复核、行政应诉、审计复议和审计法制宣传工作;负责指导、监督内部审计工作;协调各职位工作,落实职位职责。

法制科副科长:参与制订全市审计项目计划,中、长期审计发展规划;收集、整理全市审计资料,综合研究审计信息,起草有关文稿、编写简报;参与全市年终业务考核,草拟考核方案和业务考核报告;参与协调各业务科审计事项,指导、监督内部审计;参与承办全市审计执法情况检查、审计项目复核和行政应诉工作;协助处理日常行政工作。

法制复核员:参与编制全市审计普法工作规划、年度计划,起草有关材料、文稿,编发简报;参与审计业务质量考核、执法检查以及优秀审计项目评选工作;草拟检查方案和执法检查报告,上报下达审计执法方面的问题;复核审计项目,办理全市审计业务质量日常工作;参与办理本局审计案件的行政应诉和各县(区)的审计复议案件。

计划统计员:承办全市审计统计工作,撰写、报送统计报表及统计分析,通报有关情况;草拟有关材料,编发简报;参与编制审计项目计划;参与年终业务和计划执行、统计工作情况考核,草拟考核方案和年终业务考核报告。

3.业务科室

科长:完成科室年度审计计划和工作安排的制订,组织并参与审计项目及审计调研的实施,组织召开科务会议,安排科室日常政治理论和业务学习,处理科室日常事务,做好科室人员思想政治工作;指导县(区)及科室人员相关业务;撰写并审核审计报告、决定、简报、相关文件等工作;完成领导交办的其他工作任务。

副科长:协助科长完成年度审计计划、工作安排的制订;组织并参与审计项目及审计调研的实施;拟订审计方案,负责科室人员出勤考核;撰写审计报告、决定、简报、相关文件等工作;整理审计档案;完成领导交办的其他工作任务。

科员:完成日常审计和审计调研,草拟审计方案、计划、报告、决定,撰写有关文件、简报,整理审计档案、审计统计等工作;完成领导交办的其他工作任务。

(二)学习培训(10分)

按时参加上级、市局和科室组织的政治理论和业务学习,认真撰写学习笔记、心得体会并达到机关规定的篇目,积极报名参加各种学历教育和职称考试。

(三)出勤纪律(10分)

自觉遵守机关各项规章制度,按时上下班,无迟到、早退、脱岗、串岗现象,遵守请销假制度。全年满勤按250天计算。

(四)党风廉政建设及审计纪律(10分)

严格遵守审计人员廉洁从审和廉洁自律各项规定,无违纪违规问题发生,科级干部年度廉政测评达到称职以上等次。

三、考核加减分事项

(一)加分事项

1.工作得到表彰奖励的,按照省(部)级、厅(局)级、市局级三个等次,每次分别加5分、3分、1分(同一事项按最高一级加分,不重复记分,下同)。

2.超额完成审计论文或调研文章的,按国家级、省(部)级、厅(局)级分别加5、3、2分;超额完成简报信息任务的,按国家级、省(部)级、厅(局)级、市局级分别加3、2、1、0.5分。

3.撰写的审计综合报告、审计要情等,被省审计厅或市以上领导批示的,每篇加2分。

4.开展审计方式方法创新,促进提高审计质量和工作效率,并在市局以上审计机关推广应用的,分别按审计署、省审计厅、市局加5、3、2分。

5.当年通过审计或相关专业技术职称者按高级、中级、初级分别加3、2、1分。

(二)减分事项

1.工作缺乏主动性,未能按时完成工作任务的,每项扣2分。

2.工作责任性不强,造成工作出现差错或延误的,每项扣2分。

3.文稿编、校、印、发,出现差错的,每次分别扣科长(主任)和主办人各2分。

4.无故不参加机关或科室组织的学习培训,每次扣0.5分,未按时完成规定学习任务的,每次扣0.5分。

5.未完成科室安排的简报、信息、论文任务的,简报、信息每篇扣0.5分,论文每篇扣2分。

6.市局年度工作在上级考核中、科室年度工作在市局考核中扣分的,按所扣项目分值的8倍和4倍分别追扣科长(主任)和责任人分值。

7.违反廉洁自律规定经查实的,扣责任人10分,并取消个人年度评优资格。

8.年内给予纪律处分的,扣3分。

9.发生泄密事件,除按有关规定追究责任外,每次扣2分。

10.迟到、早退一次扣0.5分,串岗、脱岗一次扣0.5分,旷工半天扣1分,全年旷工累计满3天,当年出勤不计分。

11.科室对个人年度考核工作把关不严,造成考核结果不实的,扣科长2分。

12.未经批准私自出车每次扣2分,发生事故每次扣5分,造成重大事故扣10分。

13.个人管理使用公共财产不当,造成丢失、损坏的,除按有关规定作出赔偿外,每次扣0.5分。

四、相关要求

1.科室要根据个人岗位职责,细化工作任务,建立备查台账,加强日常登记考核。

2.科室上报个人年度工作考核结果时,一并上报考核评分记录和台账。

3.本办法自印发之日起执行,由局考核领导小组负责解释。

从上述两个考核方案可知:一是当前政府审计职业的考核没有统一的标准,不利于横向和纵向的比较;二是考核内容中许多难以正确的量化,不能真实反映审计人员的业绩;三是考核结果与具体的奖惩没有明确挂钩。我们可以借鉴民国政府审计人员的考核与奖惩思想中的合理因素,着重从以下方面完善审计人员的考核与奖惩制度:

①建立各级审计机关的考核标准,总体上可以按照审计署、审计厅与审计局三级考核标准,即实行分级考核。

②审计业务人员与审计管理服务人员的考核标准应该不一样,即实行分类考核。

③考核以业绩为主,兼顾学历和经验。

④考核以量化为主,凡是能量化的,尽量量化。

⑤进行360度评价,即上级评价、同级评价和下级评价相结合。

⑥考核要遵循民主、公平、公正和公开的原则。

⑦考核结果与职务升迁和薪酬挂钩。

五、完善政府审计职业保障制度

我国现行的政府审计职业保障主要体现在《审计法》第十五条："审计人员依法执行职务,受法律保护。任何组织和个人不得拒绝、阻碍审计人员依法执行职务,不得打击报复审计人员。审计机关负责人依照法定程序任免。审计机关负责人没有违法失职或者其他不符合任职资格的情况的,不得随意撤换。地方各级审计机关负责人的任免,应当事先征求上一级审计机关的意见。"以及《审计法实施条例》第十三条："地方各级审计机关正职和副职负责人的任免,应当事先征求上一级审计机关的意见。"第十四条:"审计机关负责人在任职期间没有下列情形之一的,不得随意撤换:(一)因犯罪被追究刑事责任的;(二)因严重违法、失职受到处分,不适宜继续担任审计机关负责人的;(三)因健康原因不能履行职责 1 年以上的;(四)不符合国家规定的其他任职条件的。"

这两个法规存在以下三点不足:一是不得随意撤换。随意撤换的标准很难界定;二是主要对审计机关的正职和副职有保障,而对其他审计人员的保障没有体现;三是注重职务保障,没有体现经济保障。我们可以借鉴民国时期的审计人员职业保障思想,着重从以下三点完善政府审计职业保障制度。

(1)对审计署审计长的职务保障要加强。现在《宪法》和《审计法》都没有对审计长的任期作出明确的规定,在实际中,审计长 5 年一期,5 年以后重新由国务院总理提名,人大通过。审计长是政府审计机关的最高领导,审计长的任期对于保障审计独立性以及审计工作的稳定性、延续性至关重要。因此,我们可借鉴民国时期的审计长终身职思想,在审计法中规定审计长任期为 10 年或 20 年。

(2)遵循平等保障的原则,即对审计机关负责人以及其他审计人员同等对待,都要纳入职业保障范围。

(3)职务保障与经济保障相结合。在注重职务保障的同时,还要有经济保障相配合,例如,可以建立职业年金制度。对于没有出现违法行为的审计人员,在其退休时可以享受职业年金,以解除政府审计人员的后顾之忧。

第八章　民国政府军费审计思想

第一节　民国政府军费审计的历史演进

一、北洋政府时期的军费审计

北洋政府审计处注重对军费的预算审计,1913 年陆军部军费预算 2.5 亿多元①,经审计处审查,预算削减为 1.6 亿元。② 审计处对 1913 年陆军部直辖各处 77 件领款凭单进行审计,认为"六月以前尚未实领之款非经国务会议议决七月份自难开支,又六月以前业经开支之款陆军贵部核发数超过六月份概算数者,其超过之数自应扣发,又名称及核发数目俱与六月份概算不符并须应具详细说明书价格表而未照本处规则备具者,应作为有疑义之款暂时缓发……本处详细核算,内除原函误行多列银一千九十九元九角九分四厘不计外,实共银二百四十五万六千九百三十三元九角五分四厘应暂扣"③。

北洋政府审计院时期继续进行军费审计,审计院对海军部前总长刘冠雄护送军队南下旅费用途进行审查。海军部认为,行军沿途厘费与平时不同,不能按照旅费规则办理,各项支出只能实报实销。审计院认为,差旅费报销没有提供单据,要求海军部经手人员将报支各款逐条详细列出。

北洋政府在军队内部设立审计机构,对军费进行内部审计。北洋政府于 1912 年 9 月设立陆军会计审查处负责陆军内部军费审计。1913 年 3 月 1 日公布的《陆军会计审查处暂行章程》规定,陆军会计审查处设处长 1 人,下

---

① 《拟减民国二年度全国军事预算数目册》、《审计院政要一》,审计部,中国第二历史档案馆藏。

② 李金华:《中国审计史》(第二卷),中国时代经济出版社 2004 年版,第 29 页。

③ 《政府公报》445 号,1913 年 7 月 30 日。

设 3 个科。随后颁布《陆军审计现行规则》。这一时期,还在吉林、山东、山西、黑龙江、新疆、四川、广东、江西、安徽、甘肃等地方设立陆军会计审查分处。为指导各省陆军会计审查分处工作,1913 年 9 月颁布《陆军会计审查分处现行审计细则》。10 月 4 日,改陆军会计审查处为陆海军会计审查处。12 月 3 日颁布《陆海军会计审查处暂行章程》。

二、南方革命政府时期的军费审计

大元帅大本营时期,战事频繁,军费支出成为财政支出的重要方面。大本营加强了军费审计。在军费审计的机构上,在大本营下设立审计局负责对军费外部审计,同时,1924 年 4 月 20 日颁布《陆海军审计条例》,规定军政部负责对军费的内部审计。

大本营审计局采用事前审计和事后审计相结合。在事前审计上,大本营审计局开展了预算审计。例如,大本营审计局对长洲要塞司令部 1923 年 10 月份预算进行了审计,发现"预算书第一款第二项第二目饷项第一节至第七节照原列数目统计为一千三百八十三元六角,则第二项长洲台经费本月份预算数目自当改为一千六百二十一元六角,全年预算数改为一万九千四百五十九元二角……除在原预算书逐条签明外,兹奉前因,理合将长洲要塞司令裁减炮兵编练守备兵变更预算超过原额"①,审计局呈请大元帅后,大元帅指令长洲要塞司令部更正预算书。

在事后审计上,大本营审计局还开展了预算执行审计。大本营审计局对大本营兵站总监部 1923 年的军费支出进行了重点审计,发现了薪水支出过多以及收据不实等问题。大本营审计局对广东兵工厂士兵购置物品支出进行了审计,发现"尚无浮滥"。②

广东国民政府成立后,监察院负责军费审计。1926 年 4 月,监察院派员赴军需部商订购办军服合同、监视投标军服价格,发函要求军事委员会严查驻三水防军抽取保护费一事。③

三、南京国民政府时期的军费审计

南京国民政府比较重视对军费的审计。审计院时期第一厅负责事前审计,1929 年第一厅对 9 月份军费支付命令进行核签,其中总司令部经理处军

---

① 《陆海军大元帅大本营公报》第 4 本第 38 号,1923 年 11 月 19 日。
② 《陆海军大元帅大本营公报》第 4 本第 37 号,1923 年 10 月 2 日。
③ 《国民政府监察院公报》,1926 年第 18 期,第 59—60 页。

务费 2984100 元,第五路朱总指挥善后军费 200000 元。① 1929 年 10 月 2 日财政部发函给审计院:"本年九月二十六日本部填发直字三十一号支付命令通知一件,系拨付给第五路军善后军费计金额二十万元业经送请审核在案,兹据该领款人声称需款急迫,上项支付命令为荷付核,恐碍军事……此款系蒋总司令嘱拨江西军事善后……贵院查照迅赐审核。"但审计院认为:"此案既无军事委员会及总司令部知照,贵部之正式通知敝院无案可稽,无便审核。"②同时,审计院对军费进行事后审计。1930 年,审计院对军政部驻浙军械局 1929 年 1 月至 6 月的支出计算书进行审计,发现 1 月份有差错,1 月份预算经常门 7825.5 元,预算临时门 3000 元,而计算经常门与临时门分别为7393.059 元和 1800.695 元。③

此外,审计院还接受对军费工程项目的投诉。国民政府审计院时期,商民杨长记等人向审计院呈诉"同业缪顺兴并联合同业者五六人共同赴徐为修理徐州营房工程,表面虽照投标私实营缘许以重贿,遂以中标计总数有十七万数千元之巨,查此项营房工程,当军阀时代曾修理数次,每间定价洋不过五十元之谱,兹缪所开之价比之数多两倍,若非朋弊分肥,何其任其滥开"④,要求取消此次投标,在南京重新投标。审计院接到投诉后,立即要求军事委员会复查。

南京国民政府审计部成立后继续推进军费审计。军费事前审计由审计部第一厅负责,军费事后审计由审计部第二厅负责,军费的稽察由审计部第三厅负责。在事前审计方面,审计机关对 1931 年的军务费进行审计,预算为2.96 亿元,审计后全额签发,1934 年度军务费年度支出数 3.68 亿元,实际签发 3.61 亿元。⑤

抗战时期,审计部加大了对军费支出的稽察,稽察的重点是各项军用物资采购以及军用工程项目的经费等。审计部对军政部主管机关 1945—1946 年度支出进行事后审计,剔除数额为 3.56 亿元。⑥

在军费内部审计方面,1928 年 2 月国民政府公布《国民政府军事委员会组织大纲》,规定委员会下设审计处负责军费内部审计。审计部成立后,军费内部审计由国民政府军事委员会第三厅负责。

---

① 《审计院公报》,1928 年第 2—3 期,统计 4—5 页。
② 《审计院公报》,1929 年第 1 卷第 4 期,公牍 25—27 页。
③ 《审计院公报》,1931 年第 3 卷第 8 期。
④ 《审计院公报》,1928 年第 1 期,咨文 1—3 页。
⑤ 《1934 年事前监督审计报告》,南京国民政府审计部档案,中国第二历史档案馆藏。
⑥ 李金华:《中国审计史》(第二卷),中国时代经济出版社 2004 年版,第 194 页。

第二节　民国政府军费审计思想的主要内容

民国时期,我国处在半殖民地半封建社会,战争频繁。从 1912 年 1 月 1
日孙中山在南京宣告中华民国临时政府正式成立起,先后主要经历了的战
争有二次革命、护国战争、护法运动、北伐战争、第一次国共内战、抗日战争
和解放战争等。另外,民国时期我国经济比较落后,自然经济仍占统治地
位,商品经济不发达。经济上的不发达制约了财政的收入,但战争的频繁需
要巨大的军费开支。"吾国政费仅占岁出百分之二十七,用以改良政治,发
展文化,尚觉不足,只应于政费之内部,斟酌轻重,移缓济急,其总数亦不能
再为核减也。惟军费占百分之四十七(实际上不止此数)。比诸世界各国为
最巨。"①北京政府时期,军费支出占总支出的比重很高,1913 年陆海军经费
占预算支出的 26.89%,1914 年陆海军经费占预算支出的 38.08%,1916 年
陆海军经费占预算支出的 33.81%,1919 年陆海军经费占预算支出的
41.68%,1923 年陆海军经费占总预算支出的 64.24%。② 1925 年财政支出
数为 634361957 元。③ 1925 年军费支出高达 29779 万余元(此数尚不包括地
方军费和战争费用)。④ 南京政府时期,军费支出更高,如 1927 年 6 月 1 日
至 1928 年 5 月 31 日的总支出中,军费开支竟占 92%。⑤

面对庞大的军费支出,政府一方面横征暴敛。"在这庞大的军费压迫之
下,我国各级政府不惜征收变相的厘金,榨取巨额的农税,甚至征收特税!"⑥
另一方面为使有限的经费来保证战争的需要,以维护和壮大自己的力量,在
一段时期也注重对军费的审计。其体现的军费审计思想主要有:一是军费
审计的独立性较高;二是事前审计、事后审计和稽察相结合;三是开展军费
经济责任审计。下面分别阐述之。

---

① 杨汝梅:《民国财政论》,商务印书馆 1927 年版,第 160 页。
② 徐沧水:《岁出预算上之军费限制论》,《东方杂志》1924 年第 21 卷第 1 期。
③ 贾士毅:《民国财政史》(下册),商务印书馆 1917 年版附录和《民国续财政史》,
商务印书馆 1934 年版,第 39—45 页。
④ 杨荫溥:《民国财政史》,中国财政经济出版社 1985 年版,第 13 页。
⑤ 董长芝,马东玉:《民国财政经济史》,辽宁师范大学出版社 1997 年版,第 127 页。
⑥ 何会源:《论军费》,《独立评论》1934 年第 109 号,第 15—18 页。

一、军费审计的独立性较高

独立性是审计的灵魂，没有独立性，审计就失去了存在的价值。汤姆·李认为："独立性是审计师个人正直的一种表达。"①同样军费审计的独立性也至关重要。军费审计的独立性包括形式独立和实质独立。形式独立是指在第三者看来军费审计是独立的。实质独立是指军费审计人员在实际审计过程中表现的精神状态。

1. 军费审计的形式独立

民国时期军费审计的形式独立主要体现在组织独立上。1977 年举行的最高审计机关国际组织（INTOSAI）第九届会议，在其《利马宣言审计规则指南》中，对维护国家审计机关的独立性提出了建议："最高审计机关必须独立于被审计单位之外，并不受外来影响。"②因而，衡量军费审计组织的独立性可包括两方面：一是军费审计组织是否独立于军队；二是军费审计组织的地位有多高，地位越高，越不受外来的影响，独立性就越高。北京政府时期，1912 年颁布的《审计处暂行章程》规定："审计处隶属于国务总理，审计处设 5 个股，其中第二股负责审计陆军部、海军部。"③1914 年 6 月 16 日公布的《审计院编制法》第一条规定："审计院隶属于大总统，依审计法审定国家岁入岁出之决算。"④审计院设三厅二室一会，其中第二厅负责审计陆军部、参谋部、海军部和交通部本部以及所辖各单位。审计院隶属于大总统比隶属于国务总理的审计处，独立性更高，因为陆军部和海军部隶属于国务总理，审计处和海军部和陆军部只是同级，而审计院比审计处高了一级。南方革命政府时期，1923 年颁布的《大本营条例》规定："大本营设军政部、外交部、内政部、财政部、建设部、法制局、审计局、秘书处、参谋处、参军处、会计司等部门，大本营审计局的审计对象为各官署职官出纳事宜。"⑤大本营审计局独立于军政部、参谋处、参军处等军事部门，直接隶属于最高机关——大元帅大本营。南京国民政府时期，1928 年颁布的《国民政府审计院组织法》第一条规定：

① ［英］汤姆·李：《企业审计》，徐宝权、张立民译，天津大学出版社 1991 年版，第133 页。

② INTOSAI："The Lima Declaration of Guidelines on Auditing Percepts."http://www.intosai.org/blueline/upload/limadeklaren.pdf。

③ 李金华：《中国审计史》（第二卷），中国时代经济出版社 2004 版，第 16 页。

④ 中国第二历史档案馆整理编辑：《政府公报（影印本）》，上海书店 1988 年版，第31 册，第 284 页。

⑤ 李金华：《中国审计史》（第二卷），中国时代经济出版社 2004 版，第 52 页。

"审计院的职权为监督预算之执行,审核国家岁入岁出之决算。"①《审计院分掌事务规则》第十一条规定:"第一厅第三科审查军事委员会的预算执行事项。"第十七条规定:"第二厅第五科审核军事委员会决算事项。"②南京国民政府审计部成立后,也建立了专门负责军费审计的机构。1937 年 4 月 16 日部令公布的《审计部处务规程》第十三条规定审计部第一厅第三科负责军务费的事前审计事项,第十四条规定第二厅第一科负责军务费的事后审计事项,第十六条规定审计室第二组复核军务费的审计稽察事项。

1928 年 10 月 8 日颁布的《国民政府组织法》规定:"国民政府下设行政院、立法院、司法院、考试院、监察院,监察院为最高监察机关,依法行使弹劾、审计职权。"③国家审计组织机构的设置通常有 4 种模式:立法型模式、司法型模式、行政型模式和独立型模式。立法型模式是审计机构隶属于议会,议会通常掌握立法权和弹劾权;司法型模式是审计机构隶属于司法部门;行政型模式是审计机构隶属于行政部门;独立型模式是审计机构不隶属于任何部门,只对法律负责。行政型模式的独立性最低,立法型模式的独立性最高。南京国民政府时期在大部分时间里监察院掌握审计权,实行监审合一,审查军费的权力由审计部掌握,而军政部只是行政院下属的一个部。军费审计组织独立于它的审计对象——军政部,同时监察院是五院之一,军费审计组织的地位较高,因此,军费审计组织独立性较高。

2. 军费审计实质独立

民国时期政府审计人员根据审计法规,展开军费审计活动,不畏强权,表现出可贵的独立精神。例如,1932 年蒋介石提出增加军费预算,国民政府也要求审计部先核签支付命令,但遭到审计部长茹欲立的拒绝。他在《申报》上刊登《茹欲立鬻书为活》,表现出不畏强权的独立精神。④ 又如,审计部成立初期,主管军费内部审计的国民政府军事委员会第三厅,提出军费应一律由三厅审核后,呈审计部照准核签支付命令,企图以军队的内部审计代替外部审计。审计部长李元鼎回复军事委员会,国民政府组织法赋予审计部审核军费的职权,审计部必须履行职责,凡不符合开支规定的支出,审计部

---

① 　国民政府审计院编:《审计院公报》,1928 年第 1 期,法规第 1 页。

② 　国民政府审计院编:《审计院公报》,1928 年第 1 期,法规第 15—18 页。

③ 　国民政府文官处印铸局:《中华民国国民政府公报》,第 20 册第 99 期,训令第 13—18 页。

④ 　陕西省地方志编撰委员会编:《陕西省志·审计志》,陕西人民出版社 1997 年版,第 396 页。

有权拒绝核签支付命令。第三厅接函后,自知理亏,第三厅厅长亲自到审计部道歉,并撤回原函。①

二、事前审计、事后审计和稽察相结合

民国时期,军费审计在分掌事务上有事前审计、事后审计和稽察。

1. 军费的事前审计

民国时期对军费的事前审计主要是审查预算和支付命令的核签。北京政府时期,军费支出是审计机关的一个重点。1913 年陆军部上报军费预算 2.5 亿多元,被国务院削减为 1.6 亿多元。② 此后编制的 1913—1914 年财政预算中,陆军军费又减至 1.1 亿多元,海军军费从 1011 万元减至 897 万元。同时,各地审计分处也加强了对军费支出的审计。如奉天审计分处对奉天陆军各机关 1913 年 12 月前后预算执行情况的审查③,表明军费减支已经落实,都督府(省级最高军事机关)的经费,执行新预算后平均每月减少 0.49 万元。审计处严格审计军费支出,受到以袁世凯为代表的军方实力派的抵制和阻挠,到审计院时期更难以全面开展了。

南方革命政府时期由于统治区域狭小、财政收入有限,因此十分注重军费的审计。大本营审计局 1923 年对大本营兵站总监部薪饷数目以及广东宪兵司令部预算书进行了审计,审计发现:"宪兵司令部预算书全部经费尚且属实,准予备案,但兵站总监部所列各薪饷数目中,有错误。原因是依据军政部订定各军暂行编制饷章的规定,总监部委员等级列明同准尉的,一律按九折计算,因此,应减少总监部薪饷 120 元,减少兵站支部薪饷 18 元,减少分站薪饷 9 元,减少派出所薪饷 6 元,减少运输站薪饷 6 元。"④

又如,大本营审计局对航空局(航空局隶属于军政部)1923 年 7 月经费的预算审计发现:"所列用人员虽似太多,惟有无浮滥,因是实难考核,再该局系属军政机关,恳请钧帅令军政部先将该局编制编定,转呈钧帅发下职局

---

① 陕西省地方志编撰委员会编:《陕西省志·审计志》,陕西人民出版社 1997 年版,第 396—397 页。
② 审计部:《拟减民国二年度全国军事预算数目册》,《审计院政要一》,中国第二历史档案馆藏。
③ 审计部:《奉天审计分处 1913 年冬季审计成绩报告书》,中国第二历史档案馆藏。
④ 大本营秘书处:《陆海军大元帅大本营公报》,第 2 册第 16 号,大元帅指令第 250 号,1923 年 6 月 22 日。

备案，以便审查。"①

需要指出的是，军费的预算审计主要集中在北京政府时期和南方革命政府时期。到了南京国民政府时期，军费的预算通常由行政院主计处编制，交行政院会议通过，再返还给主计处整编，然后交立法院审议通过，而审计机关主要监督预算的执行情况。预算执行情况的审计可以包括审查支付命令和事后的决算书、计算书的审计等。

在审查军费预算的编制后，再审查支付命令是否符合预算规定。如果支付命令符合预算，审计机关则核签；反之，则驳回。支付命令核签以后，国库才能发款给军事单位。因此，审查支付命令实际上属于预算执行审计。1928年负责事前审计的审计院第一厅签发支付军费命令，其中总司令部军务费7952元，总司令部北平行营经费1784元，军政部开办费540元，军政部经常费673元，军政部军需署军务费12740元，第二集团军辅助费2884元。同时，国库通知交通银行、中国银行、中央银行等代理银行付款。② 通过严格的军费事前审计，达到事前控制军费支出的目的。

但在实际工作中，军费的事前审计也碰到许多困难。"以军事关系，致使预算，无法确定。虽政府主张竭力减少，如十八年二月第一次编遣会议议决，军费预算除编造费外，每年限定一万九千二百万元，无如事实不许，战乱迭乘，饷糈日增，故审计院审核军费，常感困难。核签支付命令，除临时支出，暂以总司令之手谕为依据外，皆以军政部军需署编送之月份支付预算书为标准。惟该项军费预算书，虽由军需署总其成，按月编送审核，但于军费支付时，并不全以军需署名义带领转发，各部队多有直接径领者，亦有初系转发，中道忽改径领者，领款手续，纷歧不一，致使领款机关，未能统一，预算科目，虽以划分，此困难之问题三也。"③

2. 军费的事后审计

事前审计能达到防患于未然的效果，但是事前审计也有明显的不足。民国时期长期处于战争状态，军费开支巨大，有时候某次战役刚结束，马上要进行另一次战役，这时军费往往要超出预算，而事前审计的依据是预算；另外，战事吃紧，需要马上拨付军费，等不及审计机关的核签。因此，需要以事后审计来弥补事前审计的不足。事后审计主要是审查某一时期军费使用

---

① 大本营秘书处：《陆海军大元帅大本营公报》，第3册第25号，大元帅训令第260号，1923年8月24日。
② 国民政府审计院编：《审计院公报》，1928年第5期，统计第2—8页。
③ 王培骦：《中国事前审计制度》，南京正中书局1936年版，第21页。

后的计算书和决算书的支出是否符合法规和追加的预算的规定,通过审计,
一般作出以下几条处理:"(1)对不符合法规的支出予以剔除;(2)对有疑问
的支出要求被审计机关作出答复;(3)对于缺少单据的支出则要求补送相关
证明;(4)最后指出支出中存在的问题,引起被审计机关的注意,以后
改正。"①

例如,审计部对淞沪警备司令部1930年1月份计算书审计中的剔除事
项有:一是俸给费预算书为17876元,支出数为18358.2元,超过预算数
482.2元,对超过预算数予以剔除。二是旅费多支出22.5元,予以剔除。要
求被审计机关答复的查询事项有:一是侦查队补助费洋40元,领条由队长个
人,没有具体领用人的花名册,不知队长是否把补助费发给下属。二是秘书
王志文领用车费洋60元,没有正式收据。三是已经支付许金源等人薪支,又
支付交际费数额巨大。补送事项主要有:支邮票费洋125元系王佐才私人领
条,没有邮戳,要求补送确实证据。注意事项有:一是本月份购置单据多未
注明机关名称,类似于私人用物,嗣后注意,以免剔除。二是士兵薪饷清册
中许多名章不符,殊不合法,嗣后注意。

又如,1925年军务费预算为1668409.7元,计算数为1796533.736元,
这时审查的重点是调查各种支出有无合法的手续,原始单据是否真实、合
法。经审查,核销1770449.532元,剔除26084.204元。②

3.军费的稽察

"稽察者乃稽察政府所属全国各机关财政上之不法或不忠于职务之行
为也。"③军费稽察主要是派人直接监督军用物资的购买、验收,对军队的营
缮工程及购置变卖财产进行稽察。如1936年审计部第三厅派员监标中央军
校入伍生开办所需木铁器具,监验防空学校操场工程,验收陆军工兵学校第
七、八期校舍工程,监视宪兵司令部建筑小教山射击场工程二次开标等。④
通过稽察,可以实地掌握审计证据,如1936年审计部派稽察汪康培前往监视
炮兵学校校舍第二期工程中发现,石片马路工程应隔石屑部分已经改用含
沙土,沙土价值与石屑价值相差很大,应削减工程款,请军政部办理。⑤ 当时
审计学者陶元琳就指出了军费稽察的重要性:"军事机关,或海陆空部队经

① 审计部秘书处:《审计部公报》,1932年第9—10合期,公牍第82页。
② 审计部总务处:《审计部公报》,1936年第64期,第92页。
③ 吴以扬:《略述我国政府审审计》《会计期刊》1942年第1期,第7页。
④ 审计部总务处:《审计部公报》,1936年第66期,第71—77页。
⑤ 审计部总务处:《审计部公报》,1936年第63期,第98页。

理军事工程,总价在一万元以上,经理被服粮秣及购置变卖各项财物总价在六千元以上者……开标决标订约验收之际,均应依照审计部稽察中央各机关营缮工程,及购置变卖各种财物实施办法之规定,咨知审计机关,派员莅场监视。其未经审计机关施行稽察过程者,应不予核准或通知注意,其有避免投标,不为统筹而分割数次办理者,应即通知其上级机关,酌予处分。"①

稽察能够弥补事前和事后审计的不足,主要理由有:一是稽察搜集的证据更有证明力。"稽察原则以就地稽察为主体"②,而事前审计和事后审计通常以书面审计的方式进行,书面上所看不到的隐藏的事实,稽察能揭发其真相。二是稽察属于不定期审计。事前审计和事后审计一般属于定期审计,采取不定期的稽察可以使被审计机关防不胜防。稽察还可以配合事前审计和事后审计。在核签军费支付命令时,不但要看是否符合预算,更应该审核支付的事实,才能决定是否核签,而稽察可以就某项支付事实展开实地调查,从而为事前审计提供依据。例如债务费支付书,往往因军费急用,暂时由银行垫借,将来再由财政部命令国库偿还,在核签支付命令之前,要由稽察人员去银行及国库调查真相。事后审计在审核军费决算时,遇到不明事项时,可委托稽察人员去实地调查。在送请审计制度下,审计人员审核收支计算、决算时,如有疑问,首先去函被审计单位,限期答复。但是被审计单位往往借口经办人员已经离职,或借各种理由来搪塞。此时必须派稽察人员实地调查,根据调查的结果,作为事后审计的依据。对于稽察的优点,当时学者陶元琳曾指出:"审计之方式,除书面之送请审计外,遇必要时得派遣审计人员,分赴各被审机关,执行抽查,或为定期之巡回审计,亦得派遣人员常驻各机关作就地执行,并已于审计部内,专设第三厅,专设置稽察人员,以稽察全国各机关财政上不法或不忠于职务之行为。故吾国之审计职权,已远较欧美各国完备。"③可见,陶元琳认为稽察体现了我国审计职权的优点。如1947年4月,审计部在审查有关部门军务费支出计算书时,发现疑点较多,于是直接派稽察人员前往调查,发现军费名目繁多,与有关规定不符,最后将那些不符合规定的费用予以剔除。④

---

① 陶元琳:《中国政府审计》,大时代书局1942年版,第143—146页。

② 陈以刚:《论稽察在官厅审计中的地位》,《会计季刊》1937年第2卷第4期,第113页。

③ 陶元琳:《中国政府审计》,大时代书局1942年版,第24页。

④ 李金华:《中国审计史》(第二卷),中国时代经济出版社2004年版,第195页。

三、实行军费经济责任审计

民国时期,在军费审计类型上已经开始了军费的经济责任审计。南方革命政府时期,大本营审计局(处)把对兵站总监部的经费审计作为军费支出审计的重点。大元帅大本营曾经组成了以许崇智为首的查办委员会调查兵站总监部。调查发现,大本营兵站有米煤舞弊、收据不实、伪造铺号等问题。这些问题上报大元帅大本营后,大元帅下令:"该前总监罗翼群迅将前经查办委员加盖图记,久延未缴之各种流水簿据全数呈缴,转发审计局彻底审核,以儆官邪而振颓风。"①

随后,大元帅下令大本营审计处处长林翔"查前兵站卫生局购货价目既多浮冒,各项开支复生弊窦,朋比为奸,尤应迅饬审计局严行查究,以儆官邪"②。

但是,兵站总监罗翼群进行反驳。关于收据不实问题,他声称经理局收发军品收入,有各商号单据,发出有各部队机关人员收据,有些领取军需品人员,没有携带正式印据,军情紧急,只能书写临时收据,也有经手人员签名负责。因此,不能随便断定收据不实。关于伪造铺号问题,他声称经理局原来向省城米煤商购买以及与米行预定,但是因赊欠过多,各商店不肯再赊货,而与兵站没有交易的商号则闻风而逃避,不肯与兵站交易,事情紧急,兵站只好向省港友人的店铺购买,而这些商店在省城没有设立商号,只是临时设置采办点。最后,罗翼群说:"总之,兵站报销概以收发单据为准,其有意外损失,如被风灾盗劫及前方军队间有不给收据者,亦事出有因,经加注说明,不能任意伪造,其有任意伪造者,自应严办翼群,绝不为所属曲庇,单只意气用事,不调查事实真相而遂加以武断诬捏,则翼群为本身名誉计,为所属名誉计,则不可以不办至各种流水簿……候将所缴流水账簿发交审计处彻底查算,则前此兵站有无舞弊情事,自不难剖白矣。"③

军费经济责任审计与军队财务收支审计的主要区别在于它们的审计范围不同,军费经济责任审计的范围是军队部门领导在使用军费过程中应履行的职责和义务,它的目标直接指向人。而军队财务收支审计的范围主要

① 大本营秘书处:《陆海军大元帅大本营公报》,第 8 册第 15 号,大元帅训令第 236 号,1924 年 5 月 30 日。

② 大本营秘书处:《陆海军大元帅大本营公报》,第 8 册第 15 号,大元帅训令第 239 号,1924 年 5 月 30 日。

③ 大本营秘书处:《陆海军大元帅大本营公报》,第 8 册第 17 号,大元帅训令第 294 号,1924 年 6 月 20 日。

是军队财务收支的活动,它的目标指向物。当然,这两种类型的审计性质是相互联系的,常常在军队财务收支审计中,涉及部门领导的经济责任问题,尔后对部门领导的经济责任进行进一步审查。

从此案看出,大本营审计局对兵站总监部的军费审计已经初步具备了经济责任审计的性质。先是查办兵站委员会发现兵站有米煤舞弊、收据不实、伪造铺号等问题,这其实是部门财务收支审计,随后,大元帅令前兵站总监罗翼群上缴各种流水簿据,转发审计局彻底审核,以儆官邪而振颓风。在这里,令罗翼群上缴簿据,表明了罗翼群必须配合对他的经济责任审计;转发审计局彻底审核,体现了从财务收支审计进一步向经济责任审计拓展;"以儆官邪而振颓风"实际上指向了军队部门领导在军费使用中的工作作风,履行的职责和义务问题。下面的"朋比为奸,尤应迅饬审计局严行查究",这里的"朋比为奸"也指向个人的经济责任问题。

随后,罗翼群对被指责的问题进行反驳,并声称"其有任意伪造者,自应严办翼群,绝不为所属曲庇",这表明,如果确有经济责任问题,就要对罗翼群及相关责任人进行严办。罗翼群的反驳其实质是对自己经济责任审计结果的辩解。总之,从此案的审计范围、过程和结果来看,在审计类型上已经初步具备了军费经济责任审计的性质。

第三节　民国政府军费审计思想的民主法治分析

一、军费审计独立性体现了民主对专制的制约

民国时期,由独立于军队之外的政府审计机关对军费进行审计,它体现了民主对专制的制约。在封建社会里,军队是国家的暴力机关,皇帝直接控制军队来镇压人民群众的反抗,以维护封建专制统治,因此,封建社会的军队是专制的工具。封建社会的国家审计也注重对军费的审计,但是这种审计实际上是军队的内部审计。因为封建皇帝是军队的最高统领,皇帝为了提高军队的战斗力,节约军费的开支,派其代理人(官吏)对军费实行审计,军费审计直接接受皇帝的委托,军费审计结果向皇帝报告。在这里,审计主体和审计对象实质上是同一的。封建社会军费审计的目的是为皇帝加强对军队的控制服务的,以巩固皇帝的专制统治。因此,从这种意义上来说,封建社会的军费审计也是一种专制的工具。中华民国不同时期的宪法大都明

确了主权属于全体国民,孙中山提出:"今以人民管理政事,便叫作民权。"①
因此,从理论上来说民国时期的政府审计机关的委托人为全体国民,政府审
计机关接受全体国民的委托对国民政府各部门的经费进行审计监督,包括
对军费的审计监督。由于军费审计的组织独立性较高,主要体现在作为军
费审计的主体——政府审计机关独立于军队之外,即审计主体独立于被审
计对象,因此,它是一种外部审计。另一方面,全体国民和国民政府形成委
托代理关系,国民政府的权利来自于国民的授予,但是,国民政府一旦获得
这种权利后,便会产生道德风险——如违背国民的利益,尤其是国民政府的
实际控制权为某一代理人掌握后。而国民政府的实际代理人为维护和扩大
自己的既得利益,必须壮大自己的力量。民国时期,战争频繁,国民政府实
际代理人壮大自己力量的有效方式之一是扩大军费开支,加强对军队的控
制;另一方面代理人也通过镇压叛乱和国民的反抗来维护自身的统治地位。
因此,民国时期的军队为政府实际代理人掌握后,就变成了专制的工具。而
由独立于军队之外的审计部门对军费实行审计,体现了民主对专制的制约。

二、事前审计、事后审计和稽察相结合有助于实现军费预算民主

根据国家的契约理论,社会公众和国家的关系是一个契约关系。按照
这个契约关系,社会公众出让一部分权力给国家,如征税的权力,国家为公
众提供包括安全保障、产权保护等公共产品。从理论上说,征税的额度应等
于国家提供公共产品的支出。作为社会公众有权知道公共产品的支出数
额,只有这样,它才衡量给国家多少的征税权。由于社会公众和国家之间存
在着信息的不对称。社会公众不知道国家的公共产品支出数额,因此,委托
审计部门对国家的公共产品支出进行审计。这是社会公众维护自己民主权
利的必然要求。民国时期,军费支出在整个国家的支出中占有很大的比重,
因此,对军费的审计是社会公众维护自己民主权利的重要途径。在军费审
计中,事前审计、事后审计和稽察三者相结合,有助于实现军费预算民主。

由历史观察,民主与预算可谓相伴而生。预算是在与王权的斗争中产
生和发展,并且成为支撑现代民主的重要制度之一。预算制度有助于实现
民主——预算民主,即政府的收入和支出预算应该遵循民主原则,政府所有
的收支行为置于公众的监督之下,按照公众的意志和要求,公平合理科学地
发挥效用。按照预算民主的要求,政府的支出必须先编制预算,经过社会公
众的批准。预算批准后,公众有进一步了解预算如何使用的权利。但是,由

---

① 孙中山:《孙中山选集》(下卷),人民出版社 1956 年版,第 662 页。

于社会公众个人的有限理性以及搭便车等问题,他们不能有效地监督预算,于是委托审计机关对预算进行审计。民国时期,在军费的事前审计中,主要是军费预算的审计和支付命令的核签,它可以事前达到控制军费支出的目的,有助于实现军费预算民主。

当时财政专家杨汝梅指出了事前审计的重要性:"惟现值财源枯竭,支出漫无限制之时,苟非有事前稽核,以防止财政上之浮滥,则全国预算,将更无法确定,纵使事实上多所窒碍。仍应于可能之范围内,设法推行,以救财政上之危机。"①

在军费预算通过后,社会公众有权了解军费的实际使用情况,因此,委托审计机关进一步对军费的实际使用情况进行审计,这就是军费的预算执行审计。民国时期军费的事后审计主要是审查某一时期军费使用后的计算书和决算书的支出是否符合法规和追加的预算的规定。因此,军费的事后审计实际上是军费的预算执行审计。在军费的事前审计、事后审计外,军费审计中还出现了稽察。

"政府审计,其狭义部分包括实际考查与审核账簿表原书册两种。而稽察又类如后者之手段,后者则为稽察工作之目标,故实互相为用,以形成广义之审计。"②

稽察是事前审计(预算审计)的手段,在军费的支付命令核签前,通过稽察,可以为军费部门预算和支付命令的核签提供依据,剔除不合理的军费预算数,从而加强对军费预算的监督。

稽察又是事后审计(预算执行审计)的手段,通过稽察,审计人员可以准确掌握本年度的军费决算,从而为下一年军费预算的正确制订提供依据。

稽察可以配合军费的事前审计和事后审计,它使军费的静态审计变为动态审计,为事前和事后审计提供依据。因此,稽察有助于审计机关提高军费预算审计和预算执行审计的效果、效率和效力。

总之,军费中的事前审计、事后审计和稽察相结合,有助于实现对军费全过程的动态的监督,最终实现军费预算民主。

但是在实际工作中,由于对于军费的预算并没有事前控制,预算下达后再进行预算执行审计的效果是有限的。针对当时军费过高的情形,民国时期就有人指出国民有权削减军费预算,人民必须注意预算,对政府进行监

---

① 杨汝梅:《论审计制度——中国财政问题之一》,军需学校丛书 1930 年发行,第 37 页。

② 方善桂:《中国政府审计论》,《交大经济》1936 年第 5 期。

督。"夫一国之预算,国民之预算也……而军队之能减与否,其权仍在国民。吾人对于国家既有纳税之义务,则必有应享之权利。故国民选举代表以送于国会,由国民之代表者,组织议院以审议政府之预算。再对于决赛加以审查,事前既审议以为赞否,事后又审查以为监督,如此则对于国家之财政,始收整理之效,今国民既不注意于预算,而任由政府任意开支,则终成为无预算之国耳。"[①]

三、军费经济责任审计可以加强对军队权力的监督

按照委托代理理论,社会公众和政府各部门形成委托代理关系,政府各部门获得权力后,就有滥用权力,侵犯公众利益的可能性。法匡资产阶级启蒙思想家孟德斯鸠在《论法的精神》一书中指出:"要防止滥用权力,就必须以权力约束权力。"[②]因此,加强对政府权力的监督是确保社会公众民主权利的根本保证。军队是政府赖以存在的基础,它既可以防卫外部侵略,又可以镇压内部反抗。因此,在政府各部门的权力结构中,军队权力是政府权力的核心。要加强对政府的权力的监督,必须加强对军队权力的监督。

在军队的权力体系中,军队部门和军队部门领导(行使军队权力的主体)形成委托代理关系,军队部门领导接受军队部门的委托行使权力。因此,对军队部门监督的关键是对行使军队权力主体——军队部门领导的监督。

在军费的审计类型中,有军队财务收支审计和军费经济责任审计。财务收支审计的对象侧重于对事的审计,即军队部门财务收支的合法、合理和合规性审计。军费经济责任的监督对象是军队权力主体对军队部门的财务收支的合法、合理和合规性所负的经济责任,即军费经济责任审计的对象侧重于人。一切的权力都由人来行使,对事的审计必须落实到人,才能真正发挥审计的监督作用。因此,民国时期的军费经济责任审计有助于更好地配合军费的财务收支审计,也能更好地对行使军队权力的主体——军队领导人的权力监督,最终实现对军队权力的监督,维护国民的民主权利。

但是,民国时期军费经济责任审计在实际中并没有全面开展,在战争频繁的年代,掌握了军权,在某种程度上就掌握了一切,地方军队实力派拥兵自重,抵制审计,军费经济责任审计在实际中并不能根本起到对军队领导的权力监督作用。

---

① 徐沧水:《岁出预算上之军费限制论》,《东方杂志》1924 年第 21 卷第 1 期。
② [法]孟德斯鸠:《论法的精神》(上册),张雁琛译,商务印书馆 1961 年版,第 154 页。

第四节　民国政府军费审计思想对当代的借鉴

2010 年中国国防预算为 5190.82 亿元,比上年预算执行数增长 7.5%。2011 年中国国防费预算为 5835.91 亿元,比上年执行数增长 9.42%。2012 年中国国防费预算为 6702.74 亿元,比上年预算执行数增长 11.2%。2013 年中国国防费预算为 7201.68 亿元,比上年执行数增长 10.70%。2014 年中国国防预算支出 8082.3 亿元,比上年执行数增长 12.2%。[①]

从上述数据可知,近几年来我国每年的国防费(即军费)绝对值逐年增长,相对值总体也呈增长趋势。国防费支出已经成为国家财政支出的重要组成部分,因而加强对军费的审计,成为审计工作的重要内容。我们可借鉴民国时期的军费审计思想,改革军费审计,具体做法有以下两点:一是提高军费审计的组织独立;二是加强对军费的事前审计和稽察。

一、提高军费审计的组织独立

我国现在的军费审计机构是解放军审计署,它在中央军委的领导下,主管全军审计工作,对中央军委负责并报告工作,日常工作由总后勤部领导。而作为政府审计机构的审计署不能对军费进行审计,因而军费审计只有内部审计,而没有外部审计,军费审计组织缺乏独立性。为提高审计独立性,必须由军队外部的审计组织对军费实行审计。考虑到我国军队必须遵循"党指挥枪"的原则,中共中央军事委员会是军队的最高领导机构,不宜由审计署对军费进行审计,因为审计署隶属于国务院,国务院是最高行政部门。国务院和中央军委都对全国人大及人大常委会负责,在国家机构体系中同属一个级别。我国宪法规定全国人大是国家最高权力机构,人大常委会是人大的常设机构,可行的做法是在人大常委会下,设立人大审计委员会,负责对军费的外部审计。有人认为,这违背党对军队的领导原则,其实不然,党对军队的领导与人大对军费的审计是相互统一的。中国共产党是我们事业的领导核心,党通过人大,把党和人民的意志上升为国家的意志,人大本身要坚持党的领导;同时,党也要接受人大的监督,才能更好地提高执政能力和执政水平。因此,坚持党对军队的领导和人大对军费的审计监督是统一的,不矛盾的。当然,人大审计委员会成立后,并不是要取代解放军审计

---

① 作者根据财政部官方网站公布的历年中央公共财政预算数据整理。

署,而是两者并存,实现军费外部审计和军费内部审计的相互补充、相互配合。

二、加强对军费的事前审计和稽察

我国现行军费审计的主要法律依据是《中国人民解放军审计条例(2007)》,该《条例》第十七条规定了审计部门对本单位及其直属单位和下级单位的预算、预算执行情况和决算,进行审计监督。其中,预算审计属于事前审计,预算执行情况和决算审计属于事后审计,但是,这种预算审计是军队内部的预算审计,缺乏独立性。我国现行的军费预算(即国防预算)是通过国务院向人大报告预算计划,经人大会议批准后,就成为军费预算的正式依据。这种做法不够科学。因为,每年人大会议时间很短,许多人大委员对军费的预算并不是很熟悉,在这么短的时间内,审议军费预算事实上成了一种走过场。从上所知,笔者建议设立全国人大审计委员会对军队进行审计监督,为此,可行的做法是先由全国人大审计委员会对每年的军费预算进行审计,再把预算审计报告和预算发给人大委员,最后人大会议对军费预算进行表决。

在军费预算由人大审计委员会审计后,预算通过后,人大审计委员会应以定期或不定期的方式对军费进行稽察。事前审计和事后审计侧重于书面审计和静态审计,还必须要动态审计——稽察配合。在军费开支中,许多军费工程项目需要审计人员到实地稽察,掌握第一手审计证据,才能提高事前审计和事后审计的效果。稽察的具体做法可以有:在一定金额以上的军队物资采购和军事工程中的招标、投标和订约须由审计人员在场监视;军事工程完工后需由审计人员验收等。

第九章　民国政府审计会议思想

第一节　民国政府审计会议的历史演进

一、北洋政府时期审计会议的产生

1913 年以袁世凯为首的北京政府向英、法、德、俄、日五国银行团签订借款合同,款项高达 2500 万英镑,该借款以盐税和关税为抵押,分 47 年还清。为加强对外债的监督,北京政府成立审计处外债室,制定了《审计处外债室办事细则》。其中,第二条规定:"本室置华、洋室长,稽核员各一人,经理室内一切执务。"第七条规定:"如华、洋室长审查前项文件有反对情事,应具报告书叙明理由,连同该文件交由书记登入发还簿,送由第一股翻译室转送该股复核办理。"第八条规定:"如该股主任查外债室长之反对理由不符,请开本处总会议时,华洋室长应到会声明其反对之理由,如会议多数议决该室长不当反对,应由室长再行审查,惟室长最后之解决无论如何不能以总会议或国务会议驳之。"①可见,虽然外债室会议可以表决华洋室长的决定,如多数反对,华洋室长应该再审查,但室长有最终决定权。《审计处外债室办事细则》已经初步体现了审计会议的民主精神。

1914 年 3 月 12 日,北京政府在《审计处暂行审计规则》的基础上,公布了《审计条例》。条例规定了决算和审计成绩的报告等事项须经审计官吏会议决定,但是并没有规定审计官吏会议的议事规则。

1914 年 4 月 22 日,北京政府颁布了《审计处审查决算委员会规程》,规定各股审查的每月计算书、全年度决算书等由会议决定,该规程第十三条规定:"本会会议过半数之同意议决可否,相同则取决于会长。"②这体现了"少

---

① 吉林省审计志办公室:《审计资料选编》,1987 年发行,第 62—63 页。
② 吉林省审计志办公室:《审计资料选编》,1987 年发行,第 91 页。

数服从多数"的民主精神。

1914 年 4 月 29 日通过的《中华民国约法》规定国家政体由责任内阁制改为总统负责制,废除了审计处而改为审计院。1914 年 8 月 13 日公布《审计院办事细则》。其中,第二条规定:"各项案件均须经院长副院长核定,但院长委托副院长办理时得由副院长核定之。"第三条规定:"关于法律事件由院长或副院长指定专员拟稿呈核交总会议议决施行。"可见,《审计院办事细则》只规定法律事件由会议决定,审计案件由院长、副院长核定,增加了院长、副院长的权力,没有体现民主的审计会议精神,这表明北洋政府审计院时期的审计机关民主管理比审计处时期倒退了。

二、广州国民政府时期审计会议的曲折

1925 年 7 月 1 日,广州国民政府成立。广州国民政府实行监审合一,即由监察院掌握审计事务。广州国民政府刚开始承袭了北洋政府审计处时期的审计会议精神。1925 年 7 月 17 日,政府公布了《国民政府监察院组织法》,监察院下设 5 局 1 科,其中,第二局掌理训练及审计事宜。该法第三条规定:"本院监察委员五人互选一人为主席,所有全院事务均由院务会议解决之。院务会议须有监察委员过半数出席议决后由主席署名以监察院名义行之。"1925 日 9 月 30 日公布的《修正监察院组织法》第十二条规定:"监察院院务会议之处理经监察委员过半数之议决,但日常事务得由常务委员一人处理之。"此法没有规定日常事务也由会议决定。1926 年 10 月 4 日公布的《修正监察院组织法》第六条规定:"监察院置监察委员五人审判委员三人分掌监察及审判事务,其他院内行政事务由委员会议处理之。"此法只规定行政事务由会议决定,而没有规定监察事务也由会议决定。可见,上述三法,民主审计的审计会议精神逐渐退化。

三、南京国民政府时期审计会议的发展

南京国民政府时期,民主审计的审计会议得到了发展,具体表现为:

一是在《审计法》中明确了审计会议的立法思想,提高了审计会议在审计立法中的地位。1938 年 5 月 3 日,国民政府修正公布《审计法》,该法第十条规定:"审计机关处理重要审计案件及调度主要审计人员在部以审计会议、在处以审核会议决议行之。前项审计会议及审核会议之会议规则,由审计部定之。"

二是制定了审计会议规则,使审计会议进一步具体化和具有可操作性。南京国民政府审计院时期制定了《审计院院务会议规则》,审计部时期制定

了《审计会议规则》。这些规则规定了审计会议的事项、出席人员、表决办法、会议时间、会议记录等内容，增加了会议的可操作性。

三是审计会议在审计机关内部管理中的地位得到加强。例如，南京国民政府审计院下属的设计委员会负责提出或讨论各种审计法规以及内部管理制度，制定的《审计院设计委员会会议规则》规定了会议的出席人数、会议时间以及表决办法等。1942 年制定了《审计部工作考核委员会工作考核办法》，规定各项工作报告送交考核委员会会议决定。

四是出现了中央和地方两级审计会议，审计会议向纵向延伸。在 1931 年制定中央一级的《审计会议规则》后，南京国民政府于 1935 年制定了《审计部各省各市审计处复审会议规则》，规定了会议分为报告事项和讨论事项，其中报告事项是"关系重要事项认为应报告周知者属之"，讨论事项包括：审计复核事项、审计疑难事项、审计设计事项、审计其他事项，此外，还规定了会议出席人员、表决办法、开会时间等。而在实际工作中，地方机关的审计会议早于法规的规定。例如，1932 年 3 月 5 日，国民政府西南政务委员会审计处第一次临时审计会议讨论"派员详查各主要机关收支实况，详拟简便易行方法"[1]。湖南审计委员会第 685 次常会对永绥、贵阳等县政府造报 1935 年经常费支出计算数；安化县 1935 年度兼办省税经常费支出计算数；湖南省建设厅造报 1934 年、1935 年 6 月份度量衡课临时费支出计算数等 13 项审计案件进行会议公决。[2]

五是出现了审计联席会议，审计会议向横向扩展。南京国民政府审计院时期，第一厅负责事前审计，第二厅负责事后审计，为了加强事前审计和事后审计的联络与协调，建立了两厅联席会议。例如，1929 年 1 月 29 日两厅联席会议讨论了"制定各种书表案"，1929 年 6 月 26 日第三次联席会议讨论了"呈请国府为条陈改良会计统一金库案"。[3]

六是对审计会议的内容进行了公开。南京国民政府时期，在《审计院公报》和《审计部公报》公开了大量的审计会议记录。公开的内容包括会议地点、会议时间、出席人员、会议议题和会议议决结果等。

---

[1]　《国民政府西南政务委员会审计处公报》1932 年第 3 期，第 76—77 页。

[2]　《湖南省政府公报》第 424 号。

[3]　国民政府审计院编：《审计院公报》1930 年第 2 卷第 7 期，院务第 2—3 页。

第二节　民国政府审计会议思想的主要内容

民国时期在西方民主法治思想的影响下,政府审计事务体现了审计民主合议的精神,即通过召开审计会议来决定政府审计的重大事务,其体现的审计会议思想可以分为以下三类:一是审计会议议题思想,即哪些问题必须经过审计会议的决定;二是审计会议的程序思想,包括开会时间、出席人员、决定办法等;三是审计会议结果思想,即会议结束后,会议结果的处理办法。

一、审计会议议题思想

民国时期审计会议的议题主要有:一是审计法规和审计机关内部管理制度的变更,二是审计人员的奖惩和审计工作的考核,三是主要审计人员的调度和重要工作的分派,四是重要审计业务的决定。

1. 审计法规和审计机关内部管理制度的变更

南京国民政府时期通过审计会议讨论的审计法规和审计机关管理制度主要有:1928 年审计院第二次院务会议讨论《本院党义研究班规则修正案》《本院各厅办事通则草案》和《审查支付命令通知书及报告书案》;第三次院务会议讨论《本院院务会议规则(修正草案)》和《本院党义研究班规则》;第四次院务会议讨论《本院训政时期施政程序案》;第五次院务会议复审《本院办事通则案》和《各厅办事通则案》;第六次院务会议复审《本院职员请假规则》和《本院职员遗失证章惩戒条例》;第七次院务会议讨论《设立审计编撰委员会理由及委员会规则草案》《设置图书室案》《订购英法德日四国文字日报及杂志案》《应否规定两厅联席会议日期案》和《训政时期国民政府施政纲领关于审计者案》等。① 同时,审计院下属的第一厅和第二厅也建立厅务会议制度,厅内重要的法规交厅务会议讨论。如第二厅第一次厅务会议讨论《暂行办事细则》和《审计院发给核准状规则》。② 另外,审计院还通过召开第一厅和第二厅联席会议,审议重要法规。例如,1930 年审计院两厅审计协审第一次联席会议对《修正会计法草案》进行讨论③;两厅审计协审第七次联席

---

① 国民政府审计院编:《审计院公报》,1928 年 2—3 合期,院务第 1—10 页。
② 国民政府审计院编:《审计院公报》,1928 年 2—3 合期,院务第 14 页。
③ 国民政府审计院编:《审计院公报》,1930 年第 2 卷第 7 期,院务第 1 页。

会议复议《财政部编制十九年度预算章程草案》①等。

2. 审计人员的奖惩和审计工作的考核

北京政府时期制定的《审计官惩戒法》规定，"对审计官、协审官有违背或废弛职务、有失官职上威严或信用的惩戒由审计官惩戒委员会议决"②，即审计人员的惩戒须有审计官惩戒委员会会议决定。1942 年 7 月 11 日审计部令公布《审计部工作考核委员会工作考核办法》，规定对审计部各厅处及所属各处每月及年度工作报告、审计部所属各处关于县财务之抽查及调查报告、本部所属各处之审核会议记录、部长交办事项等审计工作的考核由审计部工作考核委员会会议决定。③

3. 主要审计人员的调度和重要工作的分派

民国时期，主要审计人员的调度和重要工作的分派都要通过审计会议决定。例如，1930 年两厅审计、协审第十次联席会议决定由两厅厅长负责编造本院工作报告。④ 1936 年审计部草拟的《审计法》草案则以审计根本大法的高度明确了主要审计人员调度由审计会议决定的精神，该法第十条规定："审计机关，关于处理重要审计事务及调度主要审计人员，在部以审计会议、在处以审核会议之决议行之。"⑤

4. 重要审计业务的决定

民国时期，重要审计业务也由审计会议讨论决定。北京政府时期，1914 年 3 月 12 日公布的《审计条例》第二十八条规定："关于审查决算及审计成绩之报告事项并第二十二条规定事项及其他重要事项须经审计官吏会议决定。"⑥这是民国时期审计法规中第一次明确审查决算等重要事项须经审计会议决定。

1914 年颁布的《审计处审查决算委员会规程》第一条规定："凡各股业经审查之每月计算书、全年度决算书应将报告书呈由总办核阅后发还原股连同证凭单据移送本会议决。"⑦可见，北京政府时期交审计会议议决的审计业务主要是审计决算、审计计算和其他重要事项。

---

① 国民政府审计院编：《审计院公报》，1930 年第 2 卷第 7 期，院务第 6 页。
② 李金华：《中国审计史》（第二卷），中国时代经济出版社 2004 年版，第 24 页。
③ 审计部：《审计法令汇编》，商务印书馆 1948 年版，第 231 页。
④ 国民政府审计院编：《审计院公报》，1930 年第 2 卷第 8 期，院务第 1 页。
⑤ 蒋明祺：《政府审计原理》，立信会计图书用品社 1946 年版，第 137 页。
⑥ 吉林省审计志办公室：《审计资料选编》，1987 年发行，第 86—87 页。
⑦ 吉林省审计志办公室：《审计资料选编》，1987 年发行，第 91 页。

1928 年 4 月 19 日公布的《审计法》第十一条规定:"审计院对于第五条所列决算及计算之审查以院会议或厅会议决定之。"①这是南京国民攻府时期在《审计法》中第一次明确审查决算和计算须经审计会议决定。

1938 年 5 月 3 日公布的《审计法》第十条规定:"审计机构处理重要案件及调度主要审计人员在部以审计会议、在处以审核会议决议行之。"②1939年颁布的《修正审计会议规则》规定:"审计会议决议中关涉审计实务的事项主要有审计复核事项、审计疑难事项、所属各处呈送复审案件事项。"③以上是从法规角度明确了重要审计业务必须由审计会议决定。同时,从具体的审计会议中我们也可知重要审计业务由审计会议决定的思想。例如,1928年审计院第二厅第八次厅务会议讨论《皖中检查烟苗局仓办罗正纬呈诉洪伍材贪贼违法滥用私人情形请严办应如何办理法案》,会议决议为转财政部查照办理。④ 又如,1929 年审计院第二厅第九次厅务会议讨论《大学院函复七月份收支计算书能否就按月现金出纳簿造成计算书并就已有单据附送可否变通办理案》。会议作出如下决定:"(1)无论经费有无签发核减均依审计法施行细则规定期限早送书类及单据;(2)如有欠发经费情形得变通办理,实支实报并将各项欠发数目注明以备参考;(3)每月补送以前各月份之收支计算书对照表及单据粘存簿等应按月分别早送,不得混合。"⑤

二、审计会议程序思想

民国时期,在确定审计会议的议题后,还明确了审计会议的程序。其主要包括会议前的准备、会议时间、出席人员和人数、多数决定原则、回避原则、听取意见原则、代理主席(委员长)思想和引入外部监督。

1.会议前的准备

为缩短会议时间,提高会议的效率,做好会议前的准备工作十分重要。国民政府审计院第八次院务会议通过了《以后院务会议案程序及议案原文应于会议前三日内送各委员以便出席时有相当之预备案》⑥,这样在会议前参会人员就可以对会议议题有相当的了解,从而缩短会议时间,提高会议决

---

① 国民政府审计院编:《审计院公报》,1928 年第 1 期,法规第 5 页。
② 审计部:《审计法令汇编》,商务印书馆 1948 年版,第 33 页。
③ 审计部:《审计法令汇编》,商务印书馆 1948 年版,第 14—15 页。
④ 国民政府审计院编:《审计院公报》,1928 年第 2—3 合期,院务第 26 页。
⑤ 国民政府审计院编:《审计院公报》,1929 年第 6 期,院务第 4—5 页。
⑥ 国民政府审计院编:《审计院公报》,1928 年第 2—3 合期,院务第 10—11 页。

策的正确性。

2.规定会议时间

国民政府审计院时期,制定的《审计院设计委员会会议规则草案》第七条规定:"本委员会每星期开常会一次,如因特别事项主席认为有开会必要时或委员有二人之提议,随时召集之。"①《审计院院务会议规则》第九条规定:"本会议例会每两周举行一次,遇有必要时由院长副院长召集临时会议。"②国民政府审计部时期,《审计会议规则》第四条规定:"本会议每月开常会一次,但部长认为有必要时,得召集临时会议。"③可见,会议时间既有固定性,又有灵活性。

3.规定出席会议的人员及开会的人数

北京政府时期制定的《审计官惩戒法》第十七条规定:"审计官惩戒会议非合委员长委员七人以上列席不得开议。"④南京国民政府审计院时期颁布的《审计院院务会议规则》第四条规定:"本会议以出席人员过半数为法定人数。"⑤《审计院设计委员会会议规则草案》第四条规定:"会议以在京委员过半数出席始得举行正式会议。"⑥国民政府监察院审计部时期颁布的《审计会议规则》规定:"本会议须有法定人数过半数出席方能开议。"⑦综上所述,召开审计会议的出席人员人数必须到达半数以上才能开会。

4.会议结果由多数人决定

北京政府时期公布的《审计处外债室办事细则》第八条规定:"如该股主任查外债室长之反对理由不符,请开本处总会议时,华洋室长应到会声明其反对之理由,如会议多数议决该室长不当反对,应由室长再行审查,惟室长最后之解决无论如何不能以总会议或国务会议驳之。"⑧这条规定多数原则,但是并未明确多数到底是多少。南京国民政府时期,《审计院院务会议规则》第五条规定:"议决案须经出席人员过半数同意始能成立。"《审计院设计委员会会议规则》第五条规定:"建议案须出席委员过半数之同意始得成

---

① 国民政府审计院编:《审计院公报》,1928年第1期,法规第19—20页。
② 国民政府审计院编:《审计院公报》,1928年第1期,法规第21页。
③ 审计部秘书处统计科公报股编:《审计部公报》,1931年第1卷第1期,法规第6页。
④ 吉林省审计志办公室:《审计资料选编》,1987年发行,第136页。
⑤ 国民政府审计院编:《审计院公报》,1928年第1期,法规第20页。
⑥ 国民政府审计院编:《审计院公报》,1928年第1期,第19页。
⑦ 审计部秘书处统计科公报股编:《审计部公报》,1931年第1卷第1期,法规第6页。
⑧ 吉林省审计志办公室:《审计资料选编》,1987年发行,第62—63页。

立。"①《修正审计部组织法》第四条规定："审计部关于处理审计、稽察重要事务及调度审计、协审、稽察人员以审计会议之决议行之,审计会议以部长、政务次长、常务次长及审计组织之,其决议以出席人员过半数之同意行之,可否同数时,取决于主席。"②可见,南京国民政府时期相关审计法规明确了多数的含义,即半数以上。

5. 规定回避条款

为确保审计人员独立、客观和公正地行使审计职权,民国时期审计会议中规定了回避条款。例如,北京政府时期制定的《审计官惩戒法》第十八条规定："被任为惩戒委员长或委员者与惩戒事件有关系时,应声明回避。"③南京国民政府时期制定的《审计院院务会议规则》第八条规定："本会议出席人员对于与其直系亲属及本身有关系之议案不得预议。"④

6. 听取关系人意见

《审计院院务会议规则》第七条规定："凡与提案有关系之人员经主席许可,得列席陈述意见。"《审计院设计委员会会议规则》第八条规定："与提案有关系之人员由主席许可,可得出席说明。"⑤听取与提案有关人员的意见,可以使参会人员更加详细地了解提案的内容,可以保证审计会议决策的正确性。同时,当时的政府审计管理者,也认为在审计会议上应听取关系人的意见。例如,林襟宇在他草拟的《审计法》草案中第八部分《审计会议》第五款中有这样的表述："审计会议于审议决算报告时,得由审计部函请有关系之主管机关,派负责代表列席会议,陈述意见。"⑥

7. 代理主席(委员长)思想

民国时期在审计会议中,如果会议主席(委员长)不在,规定代理主席(委员长)人员,这样可以避免因审计部门最高领导人不在使会议无法正常召开的情况,确保了审计会议的正常开展。例如,《审计官惩戒法》第十七条："委员长有事故不能列席时由首席委员临时代理。"⑦南京国民政府时期,1928 年公布的《审计院院务会议规则》第六条规定："会议时以院长为主席,

①　国民政府审计院编:《审计院公报》,1928 年第 1 期,法规第 19—20 页。
②　审计部秘书处编:《审计部公报》,1933 年第 25—26 合期,法规第 37 页。
③　吉林省审计志办公室:《审计资料选编》,1987 年发行,第 136 页。
④　国民政府审计院编:《审计院公报》,1928 年第 1 期,法规第 21 页。
⑤　国民政府审计院编:《审计院公报》,1928 年第 1 期,法规第 20—21 页。
⑥　林襟宇:《改订审计法之我见》,《会计杂志》1934 年第 4 卷第 6 期,第 24 页。
⑦　吉林省审计志办公室:《审计资料选编》,1987 年发行,第 136 页。

院长缺席时以副院长代之,副院长缺席时推举临时主席。"①1929 年 10 月 29 日公布的《审计部组织法》第四条规定:"审计会议开会时部长主席,部长有事故时由副部长代理。"②

8.引入外部监督

民国时期,《审计院设计委员会会议》主要负责审计院内部法规的起草和制定。其成员中包括院长、副院长,院长从审计、协审中指派的委员及院长从院外专家中聘任的委员组成。③ 在这里,审计院设计委员会的部分委员从院外专家中聘任,这样能到达两个目的:一是能增加设计委员会中的专业能力,由于设计委员会主要负责审计法规的起草,因此,引入外部专家能够提高审计法规的制定质量;二是引入外部专家能够对设计委员会进行有效的监督,一定程度上可解决审计法规由审计院内部操纵的问题。

三、审计会议结果思想

1.复议思想

1914 年 10 月 2 日,北京政府颁布《审计法》第九条规定:"审计院审查各官署之支出计算书及证明单据议决为正当者应发给核准状解除出纳官吏之责任,议决为不当者应通知该主管长官执行处分,但出纳官吏得提出辨明书请求审计院再议论。"④在这里,出纳官吏对审计院审计会议作出的处分决议不服时,可以提请审计院再议论,这显然体现了复议思想,它可以防止或者纠正违法或者不当的审计决议,确保出纳官吏的合法权益。

2.编制《审计成例》

民国时期颁布的《审计会议暨审核会议议决案整理办法》规定:"审计部审计会议和各审计处审核会议的案件,可以作为案例者,应当半年编定一次,提交审计会议审定后,编成《审计成例》,向全国公布。"⑤即把经审计会议决议的审计案件的结果,作为案例,以后相同的案件,可以不经过审计会议讨论,直接查阅《审计成例》,作出审计决定。国民政府监察院审计部时期,在 1948 年出版的《审计法令汇编》中刊登第 604 次审计会议审定的《审计成

---

① 国民政府审计院编:《审计院公报》,1928 年第 1 期,法规第 21 页。
② 审计部秘书处统计科公报股编:《审计部公报》,1931 年第 1 卷第 1 期,法规第 3 页。
③ 李金华:《中国审计史》(第二卷),中国时代经济出版社 2004 年版,第 95 页。
④ 吉林省审计志办公室:《审计资料选编》,1987 年,第 122—123 页。
⑤ 张汉卿:《政府审计述要》,杭州正中书局 1937 年版,第 12 页。

例》,它分成事前审计、事后审计和稽察三部分,列举如下①:

事前部分:

审字第一号:无法支付案之支付书未便核签(一)

财政部送签二十八年度湘岸淮商中西南三路贴边补助费,查二十八年度总预算未列该科目,未便核签,原支付书退还。参照审计法第三十二条。

审字第二号:无法支付案之支付书未便核签(二)

财政部送签某税务局二十九年一月份经常费支付书,查二十九年度总预算未列此项经费,已否办理追加案,本部无案可稽,除将支付书暂存外,函请查复。参照审计法第三十二条。

审字第三号:支付书金额超越法定预算未便核签(一)

财政部送签某专科学校二十八年度由湘迁桂临时费支付书,列数三千元,查与核定数二千八百元不符,原支付书退还。参照审计法第三十二条。

审字第四号:支付书金额超越法定预算未便核签(二)

财政部送签某基金美金借款二十八年六、九月份到期利息支付书,查预算余额已不敷动支,未便核签,原支付书退还。参照审计法第三十二条。

……

审字第四十三号:超过年度结束期限之经临费支出如确有合法财源准转作现年度支出予以核签

某审计处请示,以田赋粮食管理处奉令,请签三十三年度及以前各年度县级田粮机关经临费,已超过年度结束期限,应否予以核签一案,查超过年度结束期限之该项支出,如确有合法财源,准转作现年度支出,予以核签。参照预算法第六十二条。

事后部分:

计字第一号:审计机关认定事实不受司法机关认定事实影响

查监察权中之审计职权,系由审计机关独立行使,审计机关依法对受审机关稽察其财务上之行为,如经审核调查结果认为毫无疑义时,当生法律上之效力,无再经司法机关重行认定后,再由审计机关采证之理,受审机关对被调查人提起诉讼,则属另一法律行为,与本案不生影响至司法机关查阅存在审计机关之单据文件,尚属可行。参照审计法第三条第九条。

计字第二号:不忠于职务之处分

某机关二十四年度董庄堵口开挖引河及善后工程经费内,报支审计机关派赴该处稽查之佐理员某某所领两个月奖金四百元,当奖金剔除,并处分该员。参照审计法第五十条。

计字第三号:委托调查

关于浙江某局长被控侵占图款吞没息金私刻图章一案,委托杭县地方法院代

---

① 审计部:《审计法令汇编》,商务印书馆 1948 年版,第 313 页。

为调查。参照审计法第五十三条及施行细则第四十五条。

计字第四号：伪造单据应于惩戒

某重伤医院二十二年三月份由京至平开拨费计算案内，有伪造单据情事，业经依法剔除，应函请军政部查明惩处。参照审计法第十五条。

……

计字第一八六号：逾总决赛期限之会计报告仍于继续审查惟不发核准通知或审核通知

某粮食储运局三十年及三十一年度会计报告已逾各该年度总决赛审定期限，请仍于继续审查一案，该局三十年及三十一年度会计报告，准仍予继续审查，如发现有不忠不法及不经济等情事，则以公函通知，毋庸填发审核通知，倘尚符合，只可存卷备查，不必发核准通知或函件证明。

按中央及省市编制年度决算之要点内载编造办法〔凡各类岁出之有决算者，照决算数填列，无决算数者，照该年度十二月份各该科目累计数填列，无累计数者，照国库实发数填列。〕总决赛审定后，即未送之机其各该年度总决赛所列支出数字，实已无再予审核发给核准通知之必要，惟各机关财务行政上之责任，并不因决算公布而终了，此在审计法第二十四条已有规定，对于决算后送审之会计报告，认为有疑义者，仍可予以审查，如发现有不当不法之支出，自可依法责令赔偿或加以处分，固无虞予犮黜者以逃避之机会。

稽察部分：

稽字第一号：对于职务不法行为依法处分

某省审计处呈报某电话管理局，购买长途电线松木杆，勾结舞弊，侵公肥私一案，经令饬该处函省政府依法处分。参照审计法第十五条。

稽字第二号：单据账簿遗失经查明无疑准予备案

一、单据遗失有账簿可稽者，除应声叙其遗失经过外，并由本部派员核对，其有关账册，如认为无疑义者，准予备案。二、单据账册均经遗失，应该声叙其遗失经过，并经该机关之主管上级机关证明属实者，得由本部查明备案。按审计法第四十八条之规定，如有意外事故，各机关对于会计档案等保管人员，并无怠忽者，自可不负责任，同法第十九条审核机关审核会计报告时，应连同原始凭证又其他附属表册一并审核，准此，推断该项会计报告不全，只能查明后予以备案。

稽字第三号：契约规定外之支出应于纠正

某委员会据某市场各营造厂商以食米大涨，请求加价，经该会议决所请津贴一节，未便照准，惟姑念各该商亏损属实，而对所包工程尚能努力工作，应酌予奖金，以资鼓励一案，查厂商承包营缮工程，为民法上承揽契约之一种，即相互约定一方为他方完成一定工作一方给付一定报酬，订约之始，自己各为慎周详之考量，事后盈亏均所不问，本案该委员会决议给予奖金自有不合，应于纠正。参照民法第四九○条。

稽字第四号：俸薪调查表漏盖印送发还补盖

某机关函送参事室职员俸薪印鉴调查表内有参事一份未盖印鉴，经发还补盖。

参照审计法稽察各机关公务员兼职兼薪实施办法。

……

稽字第五十九号:标售敌伪物资最低限价准予公开

某处敌伪产业处理局标售敌伪物资,拟将最低限价予以公开请查照一案,查标售之目的在节省开支,标售之目的在增加收入,标售时如将最低限价公开,而能增加国库收入,自可准照办理。参照本部第五四五次审计会议决议案。

从上述例子可以看出,《审计成例》的主要内容有:一是审计处理结果,如上述事前审计中"审字第一号和审字第二号"的审计结果为"未便核签";二是具体审计事项;三是审计依据。

3. 会议结果公开

民国时期,不但重要审计事项经审计会议决定,政府审计机关还注重审计会议结果的公开。其公开的内容主要有审计会议的时间、地点、出席人员、审议案件的具体内容和会议决议结果。据笔者不完全统计·国民政府审计院时期在《审计院公报》上共公开 50 多次审计会议记录,国民政府监察院审计部时期在《审计部公报》上共公开 800 多次审计会议记录。例如,1929年第 6 期《审计院公报》上公布的审计院第二厅第十二次厅务会议记录①:

第二厅第十二次厅务会议

时间:十七年十二月七月午后二时

地点:本院会议厅

出席者:高冠英 雍家源 吴宗焘 瞿桐岗 谈长治 朱兆莘 华静谦(黄若愚代)曹颂彬 任应锺 邵师周(狄梦奎代)张志俊 林襟宇

主席贺厅长应事请假由吴审计宗焘担任临时主席

记录:皮以壮

主席恭读总理遗嘱

甲、报告事项

一、记录宣读上次会议决议案

乙、讨论事项

一、科长张志俊提议查审计法第二十一条在审计院未成立前本法所定审计程序于地方政府之地方收入及支出暂不适用,现新疆省政府送来所属各级机关及各县支出计算书类甚多,究应如何办理,请公决案。

二、审计协审室提议本厅所核计算书类因无正式登记且移付手续零乱,往往对于所审讫之案卷事后检查深感困难,以后是项计算书类及来文并初复审报告等究由何处保管,庶免零乱无绪,请公决案。决议:已办出之案卷全数交第一科保管,各

① 国民政府审计院编:《审计院公报》,1929 年第 6 期,院务第 10—12 页。

处调卷亦向第一科开条调阅。

科长瞿桐岗附条提议国府各项命令及组织法应否由第一科汇抄备查,请公决案。决议:通过。

三、厅长交议据赈务委员会咨复该会成立以来经费迄今未领到,各种书据表册无从编送,俟领到经费后再行造送,应如何办理,请公决案。决议:函复该会应照实收实支原则编造书据表册,送院审查。

四、厅长交议据蒙藏委员会函复该会内部组织迄未完成,财政部每月仅拨维持费五千元以致计算书未依法编造,俟逐日账目结算后随时送核,应如何办理,请公决案。决议:照第三案决议办法答复该会。

丙、临时提议

一、协审曹颂彬提议起草第二厅厅务会议规则案。决议:推谈科长、高科长、曹协审、任协审、雍协审五人起草。

丁、散会

又如,1946 年 12 月出版的《审计部公报》(第七、第八合期)上公开了审计部第五四九次审计会议记录①:

　　时间:三十五年十月十六日上午十时
　　地点:南京本部会议室
　　出席者:蔡屏藩 汪康培 陈元瑛 王其昌 何啓澧 史赞铭 范士舆 何履亨
　　列席者:周文广
　　主席:蔡屏藩
　　记录:周文广
　　开会如议:
　　宣读上次会议记录　报告事项　讨论事项
　　部长交议:[审计部及所属各处办理巡回审计应行注意事项]提请公决由
　　决议:付第一二三厅长何王两审计审查
　　(一)案由　据河南省审计处呈为河南省银行以重庆分行经理胡元忠失职舞弊延聘会计师查账列支查账费一案,究应如何办理提请公决由
　　决议:准予列报
　　(二)案由　准财政部函为据省地方银行座谈会代电以地方银行审计事宜过去无成例,可援请转咨审计部厘定全国性金融统一稽察或驻审办法颁行一案,应否厘定提请公决由
　　决议:各省银行就地审计之范围除其结算决算由巡回审计办理外,其余全部费用之审核及稽察,均由驻审人办理之
　　(三)案由　准农林部函为据前农场经营改进处声复请免予提出三十四年度四

① 审计部总务处:《审计部公报》,1946 年第 7—8 期,第 16—18 页。

月份经事费内列支房租补助费一案,提请公决由

决议:仍予剔除

（四）案由　据河南省审计处呈送拟订河南省县地方机关会计报告送审办法并暂定范围是否可行请鉴核一案,提请公决由

决议:付陈厅长何审计启澧何审计履亨审查

审查报告

（一）案由　据豫处呈为河南田粮处以奉令请发三十三年及以前各年县级田粮机关经临费查事关变更法令应如何办理一案,提请公决由

此项支出既已超过结束期限如确有合法财源依例似可转作现年变支出予以核签事关通案除指复外拟通令各处知照

决议:照审查意见通过

（二）案由　据盐务总局审计办事处呈送拟订委托各省（市）审计处办理各盐务机关稽察事务办法一份请鉴核示遵等情到部净饬科员汪馥英拟具修正意见签请核示一案究应如何办理,提请公决由

审查意见:盐审制度问题繁复激底改进应徐研讨衡诸目前情势似可照修正办法先行实施

审计部盐务总局审计办事处委托各省（市）审计处办理各省盐务机关稽察事务办法

（一）本办法依审计法第八条订定之

（二）各盐务机关稽察事务除由本处派员办理者外,委托所在地之各省（市）审计处代为办理之

（三）依法应经审计人员监视者主办机关应径行通知所在地各省（市）审计处办理前项办理情形,除由该省（市）审计处按月依式列表函送本处备查外,应日各该机关随时呈由主管上级机关转送本处查核（表式另订）

（四）各盐务机关应通知审计机关办理稽察程序之事件故意延误者,该案件不予核销

（五）本办法所未详事项依审计法及其有关法令办理之

（六）本办法自呈部核准之日起施行

决议:照审查意见通过

散会

地方审计机关审计会议的记录通常在地方政府发行的公报上公开,例如,《湖南省政府公报》第703号公告了《湖南省审计委员第七百七十九次常会》的会议记录。主要内容包括记录时间为1937年4月30日;出席委员有胡子清等人;请假委员为陈迪光;主席为胡子清;报告事项为省立长沙初级工业职校1935年修理寝室临时费计算书等2项;审核事项有湘潭税务局造报1936年度经常费支出计算数、湖南省财政厅暨各县政府造报各项临时费

支出计算数等 10 起。①

第三节　民国政府审计会议思想的民主法治分析

民国时期的审计会议是民主法治发展到一定阶段的产物,审计会议中体现的民主法治思想主要有:一是审计会议有助于实现审计实体民主;二是审计会议体现了审计程序民主;三是审计会议对民主法治成本具有双重影响。

一、审计会议有助于实现审计实体民主

根据委托代理理论,社会公众与国家审计机关和审计人员是一种委托代理关系,委托代理关系也是一种契约关系。国家审计机关和审计人员接受民众的委托对政府各部门进行审计监督,审计机关和审计人员接受受托责任后,也有违背民众的利益,追求自身利益的可能性,即发生道德风险问题。为降低道德风险,公众必须加强对审计机关和审计人员的监督;同时,政府审计机关和人员为了在公众面前树立良好的形象,有动机向公众传递自己良好形象和努力守责的信号,否则,公众就有可能解除与其达成的代理契约。就政府审计机关本身来说,它也要实行民主审计和依法审计。民主审计和依法审计有助于降低审计机关和审计人员的道德风险,也有助于提升审计机关和审计人员的自身形象。

民主审计是衡量一个国家和社会民主的重要组成部分。"民主政治包含着实体民主和程序民主两部分。"②实体民主侧重于民主目标,程序民主侧重于民主的过程。审计实体民主是民主审计的目标,审计程序民主是民主审计的过程。审计机关是审计活动的实体,因此衡量审计实体民主的关键是看审计机关的审计活动是否民主。审计机关的审计活动包括审计管理活动和审计业务活动。因此,审计实体民主的实现取决于审计管理活动和审计业务活动是否遵循民主的原则。从上可知,民国时期的审计议题主要有四项:一是审计法规和审计机关内部管理制度的变更;二是审计人员的奖惩和考核;三是主要审计人员的调配和重要工作的分派;四是重要审计业务的决定。其中,前三项属于审计管理活动,第四项属于审计业务活动。规定上

---

① 《湖南省政府公报》第 703 号,第 9—10 页。

② 班保申:《程序民主的含义、特征和功能》,《黑龙江社会科学》2006 年第 6 期。

述四项议题都必须经过审计会议的民主讨论决定,这可以防止个别人独断审计管理活动和审计业务活动,实现审计实体民主。

民主需要监督,监督是民主的保证。对审计的民主监督是确保审计实体民主的重要一环。民国时期的审计会议同样体现了对审计的民主监督思想。民主监督包括内部监督和外部监督。在上述四项审计议题中,由审计机关自身制定的法规中规定的须经审计会议讨论决定的议题,属于审计机关的内部监督。例如,1914年颁布的《审计处审查决算委员会规程》规定了计算书和决算书须由审计处审查决算委员会会议决定。由立法机关制定的法律中规定的须经审计会议讨论决定的议题,属于审计的外部监督。因为从理论上来说,立法机关是民意的代表,立法机关制定的审计法律体现了民众对审计机关的监督。例如,1928年颁布的《审计法》第十一条规定:"审计院对于第五条所列决算及计算之审查以院会议或厅会议决定之。"1938年颁布的《审计法》第十条规定:"审计机关调度主要审计人员在部以审计会议、在处以审核会议决议行之。"同理,民国时期审计会议由外部专家参加及审计会议结果公开的思想都体现了审计的外部监督。总之,审计会议体现了内部监督和外部监督相结合的思想,这有助于实现审计实体民主。民国财政专家朱通九肯定了审计会议的监督作用,他指出:"审计机关处理事务之制度,有单独制与合议制之别。单独制者,审计事务之处理,决之于审计机关最高长官之制度也,现代英美二国采用之。合议制者,审计事务之处理,决之于审计机关之会议之制度也,现代德法日等国用之。此两种制度,各有其特长,前者处事敏捷,使计政无迟滞不举之弊。后制则集思广益,而有处事详明之益。然欲期公正严明发挥监督之权威,则以采用合议制为优,我国现制,系采用合议制。"①

二、审计会议体现了审计程序民主

民主是在自由平等的基础上,按多数人的意志进行决定的机制。这种机制必须遵循一定的规则才能运行,这些规则的制度化和法律化就是民主的程序化,即程序民主。程序民主是与实体民主相对而言的,实体民主关注的是民主的目标,而程序民主关心的则是民主的步骤与进程。程序民主是实现实体民主的保障。可见,程序民主是一种民主的理念。同样,程序民主又是一种法治化的民主。"程序民主通过法律的形式使人民拥有权力这种抽象的概念演变成一个个具体的行动方案,使其行使权力的行为合法化、合

---

① 朱通九:《我国的审计制度》,《银行周报》1934年第18卷第46期。

理化、有序化。"①

　　民主与法治是互为表里、相辅相成的,没有法治化作保障的民主是一种虚假的民主,而没有民主内涵的法治化则是空洞而虚弱无力的。简单而言,法治即法的统治,而程序本身就是一种法,在程序过程中贯彻民主原则,也就是在法的统治中贯彻民主原则。可见,法治中离不开程序民主。

　　要实现审计实体民主需要审计的程序民主来保障。同样审计法治和审计民主相辅相成,审计法治是审计民主的保障,在审计法治过程中也要贯彻民主的原则,否则,就不能实现审计法治。可见,审计法治的实现离不开审计的程序民主。民国时期的审计会议体现了审计的程序民主,主要包括以下几方面:

　　1. 法定人数原则

　　在议会政治中,议会议事,特别是通过法案和决议,议员的出席必须达到一定的数量才能生效,出席者的最低限额,即为法定人数。法定人数是程序民主的重要表现,如果没有达到一定的人数,那么会议的程序是不民主的、不公正的。从上可知,民国时期的审计会议规定了会议召开必须有一定的人数出席,可见,审计会议体现了程序民主之法定人数原则。

　　2. 多数决定原则

　　民主是多数人对少数人的统治。洛克在谈到所谓的"大多数"时说:"……当某些人基于每个人的同意组成一个共同体时,他们就因此把这个共同体形成一个整体,具有作为一个整体而行动的权力,而这是只有经大多数人的同意和决定才能办到的……人人都应根据这一同意而受大多数人的约束。"②从上可知,民国时期审计会议规定了审计结果的决定由多数人决定,这些规定体现了民主之多数决定原则。审计机关召开审计会议时,对某项审计事项的决定必须得到多数人的同意,这可以防止少数人对审计事务的专断,体现了审计民主中的多数决定原则。

　　3. 回避原则

　　回避原则最初产生于司法程序,它是指在执法过程中,因司法工作人员与其所处理的事务有直接利害关系,为保证程序的公正,法律授权当事人申请办案人员回避或要求司法机关工作人员自行请求回避,并由有权机关决定是否由其他不具有直接利害关系的工作人员负责处理该项事务的法律制

---

① 　贺俊春、汪根木:《论程序民主》,《法制与社会》2007 年第 3 期。
② 　约翰·洛克著:《政府论》(下篇),叶启芳等译,商务印书馆 1996 年版,第 59 页。

度。回避原则是确保司法公正的必要条件。后来,司法的回避原则逐渐影响到行政程序法或其他相关行政决策。民国时期,在大多数时间里,政府审计和监察都实行监审合一,因此,政府审计可以说是一种司法型审计。从这种意义上来说,审计会议中规定的回避条款,体现了司法的回避原则。它可以保证审计人员的独立性,从而作出客观公正的审计决定。

4. 听取意见制度

听取意见制度是指行政或司法机关在作出对相对人不利的决定前,必须听取相对方意见,给对方以申诉答辩的机会的程序制度。其源于英美法系的自然公正原则,又称听证制度。听证制度产生于司法,也适用于行政立法等抽象行政行为和行政裁决等具体的行政行为。听证作为现代民主程序的制度,也多被各国接纳、采用。民国时期,在审计会议中规定应当听取与审计案件有关系人员的意见,体现了听证制度的思想,即审计机关在审计会议中要听取被审计单位或个人的意见后,才能作出审计决定,这项规定有利于规范审计机关的审计行为,保护与审计案件有关人员的利益。

5. 效率准则

程序所追求的价值准则除了公正之外,还有一个效率的问题。程序虽然能够促进公正,但也要讲究效率。没有效率,最好的程序也难以实行。因此,效率就成为程序法制的价值标准。"程序民主是一种法制化的民主,一种公正的民主,一种有效率的民主。"①民国时期审计会议中的代理主席(委员长)思想,可以使主席不能出席会议的情况下,相关审计案件的审计决策照常进行,提高程序的效率。1938年7月23日公布的《审计法施行细则》第九条规定:"因处理重要审计案件而调度主要审计人员时,应依审计法第十条之规定,但遇紧急处分得提出最近会议追认之。"②这一条,也体现了程序的效率思想。如果遇到紧急事件,来不及开会,可以以会议追认的方式,这样可以避免程序冗长造成的决策效率低下问题。同时,审计会议讨论的是重要审计案件、疑难案件等,而一般的案件无须经过审计会议讨论,这也体现了效率准则。

6. 引入外部监督

审计程序的内部监督机制是审计民主监督的重要组成部分,具有监督的直接性、针对性等特点,可以提高监督效率,减少监督成本等优点。但是

---

① 韩强:《程序民主论》,群众出版社2002年版,第40页。
② 吉林省审计志办公室:《审计资料选编》,1987年发行,第237页。

内部监督的缺点也是明显的,它是自我监督、封闭性的监督,独立性较差;对监督发现的问题,依靠自我约束机制进行处理,及时发现和纠正问题能力较差;对权力核心的监督不够,缺乏对领导者的权力约束。因此,衡量审计程序的民主程度不仅包括内部监督机制是否健全,更重要的是有无外部监督。外部监督可以防止审计程序的内部暗箱操作,能够保证监督的独立性,由于外部监督者不直接受制于内部领导,因而,他可以弥补内部人员对领导权力的监督不足。民国时期,参加审计会议的人员有一部分是外部专家。在这里,院外的专家就构成了对审计院设计委员会的外部监督,可以弥补审计院设计委员会内部监督的不足,这类似于我国上市公司中的独立董事制度。虽然由院长选聘外部委员,会造成对院长实际监督效率打折,但是聘任外部委员,参加审计会议,对提高审计立法程序民主程度具有很重要的意义。

7. 一般公正和个别公正相结合

"一般公正是使多数人或一切人在典型情况下都能各得其所的分配结果。但社会冲突千差万别,法官在处理具体案件时必须根据具体情况对一般规定有所变通,以实现个别公正。个别公正是指在一般公正的指引下,对个别人、个别案件处理的公正。程序个别公正个案处理的特点,能够在一定程度上弥补程序规范确定性、概括性和抽象性所可能损及的某些公正。"①通常,大陆法系国家侧重于一般公正,英美法系国家侧重于个别公正。判例法是由法官或法院适用不成文法、习惯法解决纠纷时所作的判决积累而成,既非解释制定法,也不是在制定法承认之下适用的习惯法。判例法的核心要求是遵循先例,即凡是与先例相同的案件,必须作出同样判决。判例法的形成中,需要司法人员的主观判断和自由裁量,它体现了个别公正;判例法的运用中,对相同的先例要作出同样的判决,因此,它又体现一般公正。一般公正和个别公正产生于司法领域,后又影响到行政法领域和其他行政程序。审计程序的公正也分为一般公正和个别公正。一般公正是审计人员面对一般的审计事项,可以根据相关审计法规直接作出公正的审计决定。它强调审计人员不折不扣地执行审计法规,不需要审计人员的自由裁量权。个别公正,是指审计人员面对具体的、特殊的审计事项时,审计法规里没有直接明确的规定,审计人员发挥主观能动性,依靠自己对法规原则的理解,对这些审计事项作出公正的审计决定。为贯彻个别公正原则,需要给审计人员自由裁量权。《审计成例》体现了法治中程序的个别公正和一般公正相结合的思想。《审计成例》来自于审计会议中讨论的案件,这些案件许多都是疑

---

① 肖建国:《程序公正的理念及其实现》,《法学研究》,1999 年第 3 期。

难案件,现存的审计法规找不出直接的答案,而是需要审计人员在深刻理解现存审计法规的精神和案件性质的基础上,发挥主观能动性,作出公王的判断,以实现个别公正。《审计成例》一旦公布后,以后相同的类似的案件,无须再召开审计会议,可以直接根据《审计成例》作出审计决定,从而促使一般公正的实现。

8.程序公开原则

程序民主不仅要得到实现,而且要以看得见的方式实现,这就是程序公开问题。列宁曾经说过:"广泛民主原则要包含两个必要条件:第一,完全的公开性;第二,一切职务经过选举。没有公开性来谈民主是很可笑的。"①审计程序公开有利于确保审计法治,审计法治实现的关键是看审计权力主体是否能够严格依法行使权力,在程序公开中,权力在阳光下运行,权力主体受到更多的监督,比在不公开的情况下更注意让自己的言行符合法律的规定和要求。民国时期,公开审计会议的结果和过程,包括审计会议的时间、地点、出席人员、会议议题、审计结果等。显然,这体现了程序公开的原则。

三、审计会议对民主法治成本具有双重影响

民国时期,审计会议决定一些审计法规的变更和重要案件的处理。审计会议是为了保障民主审计和依法审计,但是召开审计会议需要花费成本,因此,召开审计会议的成本是一种民主法治成本。从这种意义上来说,召开审计会议的次数越多,审计会议的成本越大,亦即民主法治的成本越大,但是,审计会议在增加民主法治成本的同时,却在另一方面降低了民主法治的成本。

审计会议主要通过以下几条途径降低民主法治的成本:

一是审计会议的议题是重要审计事项(审计疑难事项),而不是所有审计事项。这体现了审计会议既注重保证审计工作的质量,维护审计结论的客观公正,又要讲求审计效率,减少审计成本的目标。

二是会议前三日相关案件交由参会人员,这样使参会人员提前了解会议的议题,可以缩短会议的时间,提高会议决策的正确性。一般来说,会议时间越长,民主法治的成本越大。因此,缩短会议时间,可以减少民主法治的成本。

三是代理主席(委员长)思想可以减少民主法治的时滞成本。审计案件(业务)的发生到审计案件(业务)的处理结果的执行之间的时间差,可称为

---

① 列宁:《列宁全集》(第5卷),人民出版社1963年版,第448页。

审计时滞。审计时滞可分为两个阶段:第一阶段为审计案件(业务)的发生到审计案件(业务)的处理结果的时间;第二阶段为审计案件(业务)的处理结果到结果得到执行完毕的时间。审计成本是一种民主法治成本。审计时滞越长,则审计成本越大,即民主法治的成本亦越大。民国时期的审计会议中的代理主席(委员长)思想,可以确保会议主席不在时审计会议的顺利进行,对审计案件作出及时的处理,减少了从审计案件的发生到案件处理结果的时间,即减少了审计时滞中第一阶段时间,从而减少民主法治的时滞成本。

四是编制《审计成例》。民国时期,经审计会议决定的重要案件,汇编成《审计成例》,以后和审计成例相同的案件就不需要再召开审计会议。就这一点来说,审计会议的初始成本比较固定,但随着以后相同审计案例的增多,其每件审计案例承担的成本越少,即其边际成本为零,亦即每增加一件相同的审计案例,并不会增加审计成本总额。

五是民国时期对审计人员的奖惩、审计工作报告、审计法规通过会议表决的方式决定,这可以降低民主法治的执行成本。对审计人员的惩戒通过审计会议决定,而不是个别领导决定,在很大程度上保证了惩戒结果的公平和公正性,这样其结果可以得到普遍的认可和接受,降低了这些结果的执行成本。例如,对某审计人员的惩罚,如果是其领导作出的决定,而不是通过审计会议以少数服从多数的原则来决定,那么这位审计人员就可能有较强的抵触情绪,这种情绪会影响其工作,如对工作采取消极态度等,这增加了执行成本。又如,审计法规是经过审计会议决定的,在会议决定过程中,参会的各方对法规已经较为熟悉,有助于会后他们更好地贯彻法规,减少法规执行中的摩擦,提高法规执行效率,降低法规执行成本。

六是审计会议的追认。在审计工作中,有时候工作比较紧迫,必须立刻调度主要审计人员开展审计活动,如果这时审计人员的调度须召开审计会议决定,那么会影响审计工作的效率和质量,提高审计业务成本。因此,在这种情况下,有必要先调度审计人员开展审计工作,然后再由审计会议追认。1938年7月23日公布的《审计法施行细则》确定了审计会议追认的思想。显然,这种先调度审计人员再经审计会议追认的思想,可以降低审计成本。但是,这种会议追认的方式,也有弊端:一是如果会议追认的方式过于频繁,则审计会议就可能成为一种摆设,失去了应有的作用;二是如果先调度的审计人员不符合审计会议的精神,则会造成既成的错误。

民国时期的审计会议总的来说,有助于加强对政府审计人员的监督,有助于保持应有的职业谨慎,但也有其不足之处。梁节民指出:"审计部关于处理审计稽察重要事务,以审计会议之决议行之。审计会议以部长、政务次长、常务次长,及审计组织之,其决议以出席人员过半数之同意行之……此种以合议办法处理重要审计事务,既免独断专行,复可谨慎审议,精神至佳,原则极善,惟下列数点,似有考虑必要:(1)处理事务未能迅速。(2)每一会议者对于每一重要事务未必均能熟悉。"①在政治腐败的环境下,审计会议精神在实践中未能完全得到贯彻执行。例如,江西省审计处主任黄凤铨利用职务之便,收受贿赂,大发横财。

第四节　民国政府审计会议思想对当代的借鉴

我国现代政府审计在促进社会主义民主法治过程中发挥着重要的作用。一方面,政府审计要发挥经济监督的职能,加强对政府各部门受托经济责任的监督。另一方面,政府审计机关和审计人员本身也要接受监督,做到民主审计和依法审计。民国时期的审计会议思想可以为当代政府审计机关如何贯彻民主审计和依法审计提供一定的借鉴。

一、规定重要审计事务必须经过审计会议决定

目前,我国现行的《审计法》《审计法实施条例》都没有规定哪些审计事项须经审计会议决定。《中华人民共和国国家审计准则》第一百四十七条规定,"审计报告、审计决定书原则上应当由审计机关审计业务会议审定;特殊情况下,经审计机关主要负责人授权,可以由审计机关其他负责人审定。"比较民国时期审计会议中审计议题思想,我国现行审计法规中审计会议的规定有两个方面的不足:一是法律层次较低。审计会议相关规定只在审计准则中体现,而在《审计法》中没有体现;二是审计会议的议题范围较窄。只规定审计报告、审计决定书由审计业务会议审定,而对审计管理事项没有作出规定。借鉴民国时期的政府审计会议中的议题思想,应当规定重要审计事务必须经过审计会议决定。具体而言,在《审计法》中增加相关条款,规定重要审计人员的调动、国家审计准则的制定和修改、审计人员的考核和奖惩、重大审计事项的审计报告都应由审计会议决定。

另外,应在《审计法实施条例》中规定审计机关重要的内部管理制度由各级审计机关审计会议决定。

---

① 梁节民:《评现行审计部组织法》,《财政评论》,1947年第16卷第5期。

二、完善审计会议的具体程序

《中华人民共和国国家审计准则》第一百四十七条规定,"审计报告、审计决定书原则上应当由审计机关审计业务会议审定",但是该条款对于审计业务会议的时间、出席人员和人数、如何决定、回避事项等都没有作出具体的决定,导致实际操作过程中,形成重大审计事项由审计机关主要负责人决定,其他人员只有发表意见的权利,一般审计事项则由审计机关主管领导决定的局面。这严重影响了民主审计和依法审计。借鉴民国时期政府审计会议中的审计程序思想,应当完善现行审计会议的具体程序。在审计会议规则中明确审计会议的召开时间、法定出席人数、多数决定原则、回避原则、引入外部专家制度等。

三、公开审计会议的内容

为构建透明型、服务型的政府,需要加强政府信息的公开。审计机关作为政府机关的一部分,自然也要公开审计事务的信息。从我国现行的审计公告中可知,目前公开的内容为审计结果,对于审计机关的内部会议则没有公开。公开审计机关内部会议的内容,有助于社会公众更好地了解政府审计机关,加强对审计机关的监督。借鉴民国时期的政府审计会议公开思想,政府审计机关应该公开审计会议的全过程,包括会议议题、会议时间、出席人数、会议的决议结果等。

第十章 民国政府审计公告思想

第一节 民国政府审计公告的历史演变

一、北洋政府时期政府审计公告的产生

北洋政府时期,1912 年 9 月 26 日《政府公报》第 149 号公告临时大总统令:"任命陈锦涛为审计处总办,未到任以前著王璟芳署理,此令。"10 月 26日《政府公报》第 178 号公告了《审计处暂行章程》,此后,在政府公报上涉及审计的主要内容是催收各种计算书、概算书、各部门对审计决定的反馈、审计法规、审计人员就职等。北洋政府揭开了近代政府审计公告的帷幕,具有深远的历史意义。但是,此时的政府审计公告是政府公报的一部分,公告比较零星和分散,独立的政府审计公告还没有产生。

二、南方革命政府时期政府审计公告的初步发展

1923 年,孙中山在广东成立中华民国陆海军大元帅大本营。大元帅大本营时期,继续推行审计公告。《陆海军大元帅大本营公报》第 2 号公告大本营设五部三处二局和一司,"审计局掌管审计各官署职官出纳事宜"。1923年《陆海军大元帅大本营公报》公告了对内政部、建设部、会计师、禁烟督办署、大本营宣传委员会、大本营兵站等部门的收支计算情况。1924 年 8 月 30日《陆海军大元帅大本营公报》(大本营秘书处发行)第 24 号公告了"大本营审计处公布各机关收支明细表",包括粤军总司令部 1924 年 6 月份收入各机关款项报告表、支出各部队薪饷伙食暨各机关经临费报告表,佢这些收支是非经审计审定的数据。

1925 年 7 月 1 日,中华民国国民政府在广州成立。7 月 17 日公布《国民政府监察院组织法》。该法规定,监察院下设五局一科,其中第二局下设审计科,专门负责审计事宜。这一时期,政府审计情况在《监察院公报》上予以

公告,例如《监察院公报》1926 年第 18 期公布了监察院审计科 4 月上半月工作摘要,主要是各单位预算、计算审计概要。与在《政府公报》上公告政府审计相比,在《监察院公报》上公告政府审计,使审计公告的专业性、集中性得到加强。

三、南京国民政府时期政府审计公告的深化

南京国民政府时期,1928 年 2 月公布的《国民政府组织法》规定,国民政府下设审计院,负责监督预算执行以及审核国家岁入岁出决算,7 月 1 日审计院正式成立后,即在 8 月 1 日出版的《审计院公报》公告 7 月份审计情况。1931 年 2 月 21 日国民政府撤销审计院,成立审计部后,审计部出版《审计部公报》继续公告审计情况。与北洋政府时期和南方革命政府时期的审计公告相比,南京国民政府时期的审计公告得到了深化,主要体现在以下四个方面。

1. 审计公开有规章制度保证

北洋政府和南方革命政府时期的审计公告,没有制度保障,呈现出很大的随意性。南京国民政府审计院时期制定的《国民政府审计院公报室暂行规则》第一条规定:"审计院公报室附设于总务处文书科专掌本院公报编辑事宜。"此外,该规则还规定了公报室人员及其职责、公报的体例结构、公报编辑的处理流程、公报刊行时间等。这样,使审计公告有章可循,有组织和人员及其质量保障,避免随意性。审计部沿袭了审计院的做法,制定的《审计部编辑公报规则》规定由审计部秘书处统计科掌理公报编辑事务;同时,还规定了公报体例、公报流程和公报发行时间等。

2. 出现了专业性的审计公开刊物

审计工作是政府工作或监察工作的一部分,北洋政府和南方革命政府时期的审计信息刊发在《政府公报》《大元帅大本营公报》《监察院公报》中,这样,使公开的审计信息淹没在政府其他工作中,增加了民众获取审计信息的时间。《审计院公报》和《审计部公报》是专业性的审计公开刊物,有利于民众更快更好地了解政府审计情况。

3. 地方审计公告的产生

这一时期,除了中央审计部门的《审计院公报》和《审计部公报》公告审计情况外,一些地方审计部门,也建立刊物,公告地方审计情况。例如,国民政府西南政务委员会发行的审计处公报,栏目有"法规、命令、公牍、公函、会议记录"等,公开了多期审计公告。

4.公告密度得到增强

审计院时期刊发《审计院公报》，审计部时期刊发《审计部公报》。在很长一段时间内，《审计院公报》和《审计部公报》每月发行一期，公告密度进一步加强。

第二节　民国政府审计公告思想的主要内容

民国时期在西方民主法治思想的影响下，政府审计部门十分注重审计公告，其体现的审计公告思想主要包括审计公告比较及时、审计公告范围较广和审计公告透明度较高等。

一、审计公告比较及时

衡量政府审计公告及时性的标准是审计部门完成审计的时间和审计结果公布时间之间的间隔长短，间隔越短，及时性越强。南京国民政府审计院时期，通常当月的审计情况，刊发在次月1日出版发行的公报上。例如，1929年7月1日发行的《审计院公报》第12期公布了审计院1929年6月对国民政府文官处经费的审计结果，经费计算书为59736.66元，剔除27.7元。[①]同时，该期公布了审计院第一厅1929年6月份核签的支付命令。

审计部时期，每月出版的审计部公报一般刊登上月的审计工作结果。例如，1931年9月出版发行的《审计部公报》第6期公布了《审计部1931年8月份核签支付命令金额统计表》和《审计部1931年8月份核销各机关1928—1930等年度经费支出统计表》。[②]核签支付命令属于事前审计，由审计部第一厅负责；核销各机关经费支出属于事后审计，由审计部第二厅负责；1933年9月审计部第三厅成立后，负责稽察。稽察的对象为政府所属全国各机关财政上之不法或不忠于职务之行为。同样，对于稽察二作，也能及时公开。例如，1934年4月1日发行的《审计部公报》第37期公开了审计部1934年3月份的稽察工作，其中对国库收支进行的稽察结果为："查核中央银行国库账目与本部本年度（1933年12月前）签发支付命令尚且符合。"[③]民国时期，对有些审计疑难事项，通常以召开审计会议、进行投票表决的方式

---

① 国民政府审计院编：《审计院公报》，1929年第12期，公牍第1—3页。

② 审计部秘书处编：《审计部公报》，1931年第6期，统计第1—2页。

③ 审计部总务处编：《审计部公报》，1934年第37期，工作报告第15页。

来决定审计结果。每一次审计会议都会记录审计结果，因此，审计会议记录的公开即为审计结果的公开。通常情况下，上月的审计会议记录在本月出版发行的审计公报上公开。例如，1932年12月出版发行的《审计部公报》第19～22合期公布了1932年11月11日上午召开的第73次审计会议记录，据会议记录记载，审计疑难事项为："湖北财政特派员公署领1930年7—10份支令监纸，可否根据编送预算书签发"，经会议讨论表决，其审计结果为"准予签发"。①

从上可知，无论属于签发支付命令的事前审计，还是属于核销经费的事后审计、稽察和审计机关内部会议，都能做到当月审计，次月在审计公报上公布审计结果。可见，审计公告非常及时。

二、审计公告范围较广

民国时期政府审计公告的范围较为广泛，主要体现在以下几方面：

1. 公布被审计单位的类型较多

在《审计院公报》1928年第5期公布的《审计院第一厅11月份核发支付命令一览表》中，主要公开了审计院对以下部门核签的经费：中央党部、工商部、教育部、总司令部、军政部、军政部军需署、第二集团军、中法大学、建设委员会、审计院、特别刑庭、中山陵墓、最高法院、中央研究院、工商部国货陈列馆、法官惩戒委员会、财政部、外交部、大东书局、蒙藏通信社、侨务委员会、卫生部、温州交涉署、淮安关、安徽榷运局、瓯海关监督公署、瓯海口内地税局、盐斤加价稽核员办事处、禁烟委员会、两浙监运使署、国民政府、中美调查委员会、内政部、豫陕甘赈灾委员会、行政院、中央造币厂、浙江印花税局、江海关、预算委员会、福建财政特派员公署、钱币司等。②

在《审计院公报》1929年12期公布的《审计院第一厅6月份审核支付命令一览表》中，主要公告了审计院对以下部门核签的经费：中央政治会议、海军部、立法院、司法院、法官惩戒委员会、考试院、建设委员会、中央研究院、参谋本部、中央大学、国立北平大学、浙江省政府、中央银行、南京特别市政府、故宫博物院、外交部、国民政府、卫生部、浙江邮包税局、禁烟委员会、中华书局、华北盐务缉私局、首都公安局、中央造币厂监理委员会等。③

我们可把上述被审计单位主要划分为以下几类：一是国民政府，它是审

---

① 审计部秘书处编：《审计部公报》，1932年第19—22合期，杂载第67页。
② 国民政府审计院编：《审计院公报》，1928年第5期，统计第1—24页。
③ 国民政府审计院编：《审计院公报》，1929年第12期，统计第1—42页。

计院的上级机构；二是与审计院平行的部门，如行政院、司法院、考试院、立法院等；三是执政党及其权力机构，如中央党部和中央政治会议；四是军队，如总司令部、军政部、军政部军需署、第二集团军、海军部等；五是审计机关自身，如审计院；六是文教卫，如卫生部、教育部等；七是海关税务部门，如瓯海关监督公署、浙江邮包税局等；八是金融部门，如中央银行、中央造币厂监理委员会等；九是公检法，如最高法院、首都公安局等；十是赈灾救济部门，如豫陕甘赈灾委员会（赈灾费）；十一是外交部门，如外交部（驻外使馆经费）；十二是财政、内政部门；十三是其他部门，如禁烟委员会、建设委员会等。可见，公告被审计单位的类型非常广泛。

2. 公布审计机关的内容广泛

既公告审计机关的机构设置、职权、人员任免等一般事务的公开，也公开了审计机关内部的会议记录和经费支出具体结构。例如，1928 年 3 月 30 日审计院公布《国民政府审计院组织法》，审计院设二厅二处，并公布了各厅处的职责。① 《审计部公报》1931 年第 1 期公布《审计部组织法》，审计部设三厅一处，并公布了各厅处的职责。② 《审计部公报》1933 年第 25、26 合期公布《审计处组织法》，审计处设一二三组及总务组，并公布了各组的职责。③ 民国时期一般在审计公报中的命令栏目中公开人员任免信息。例如，《审计院公报》1928 年第 1 期公布了国民政府令：于右任为审计院院长；茹欲立为副院长；贺世缙、闻亦有、王士铎等 10 人为审计；王士铎为审计院总务处处长；王培骥为第一厅兼第二厅厅长等。④

民国时期审计机关内部会议记录也对外公告。据笔者不完全统计，审计院时期公告的会议记录共有 50 多次，审计部时期公告的会议记录有 800 多次。这些会议记录的主要内容包括会议时间、地点、出席人员、记录人员、讨论事项和会议决议。讨论事项是指对审计机关的内部管理制度、审计法规、审计复核事项和审计疑难事项等进行讨论，通过会议出席人员表决，最终作出决定。

另外，审计院时期也注重审计院自身使用经费的公告。例如，1929 年 7 月 1 日发行的《审计院公报》1929 年第 12 期公布了审计院的经常支出数额

---

①　国民政府审计院编：《审计院公报》，1928 年第 1 期，法规第 1—3 页。

②　审计部秘书处统计科公报股编：《审计部公报》，1931 年第 1 卷第 1 期，法规第 3—5 页。

③　审计部秘书处编：《审计部公报》，1933 年第 25—26 合期，第 39—40 页。

④　国民政府审计院编：《审计院公报》，1928 年第 1 期，命令第 1—3 页。

及结构:"1928 年 8 月份经常支出总额为 288821.2 元,其中薪俸支出占 89%,办公费占 7%,其他费用占 4%;1928 年 9 月份经常支出总额为 32021.06 元,其中薪俸禄支出占 94%,办公费 3%,其他费用 3%。"①

1928 年《审计院公报》第 5 期公告了审计部门经费的具体支出:"修建审计院门前钟楼所需 3840 元,财政部已经拨款事项。审计院七、八、九、十、十一月的临时费 15000 元,十一月份经常费 18738.5 元。"②同时,公告了审计院经费上月结存、本月支出、本月收入和本月结存的数据:"审计院九月份从财政部领到洋二万八千七百三十八元五角,本月经常门实支洋三万二千零二十一元零六分二厘,又临时门实支洋三百六十元,上月存有余款计洋一万九千五百五十九元二角七分八厘,因而九月份结存洋一万四千九百十六元七角一分六厘。"③

三、审计公告透明度较高

审计公告透明度较高是指审计公告的程度较深,比较具体,主要体现在以下三方面:

1. 审计结果公告较为具体

一是在事前审计方面,审计部门核签的支付命令细化到具体部门、经费的用途、支付命令字号、支付月份、付款数目、付款机关、报告书字号、发出日期等。例如,《审计院公报》1929 年第 1 卷第 5 期公布的《第一厅核发支付命令一览表》中,对工商部核签的支付命令的具体内容有:"领款机关为工商部;用途为经常费;支付命令字号为直 536 号;支付月份为 10 月;支付数目为100000 元;付款机关为中国银行;报告书字号为工 8;发出日期为 11 月6 日。"④

二是在事后审计方面,审核通知书内容丰富、具体。如《审计部公报》1933 年第 34 期公布了对军政部汉阳兵工厂的审计结果,主要内容有:审核书名称为支出计算书 1 份等;审核书时间为 1932 年 6 月份经常费;预算数为经常门 219740 元;计算数为经常门 328597.18 元;剔除事项 3 项,其中第 3项为"查单据第 271 号,支郑副厂长 1931 年 10 月至 1932 年 1 月办公费洋754.84 元,查各兵工厂厂长副厂长向例不支办公费,该员视同一律不得例外

---

① 国民政府审计院编:《审计院公报》,1929 年第 12 期,表式。
② 国民政府审计院编:《审计院公报》,1928 年第 5 期,命令第 11 页。
③ 国民政府审计院编:《审计院公报》,1928 年第 5 期,命令第 9 页。
④ 国民政府审计院编:《审计院公报》,1929 年第 1 卷第 5 期,统计第 2 页。

开支,所支数应予以剔除";查询事项有 2 项,其中第 1 项为"查单据第 191 至
195 号,支各厂加工盘薪洋 896.99 元,除各厂主任、技术员准照章支给外,其
余处员、厂员等所支 328.94 元已于 7 月份审核通知书内查询在案,应请查照
声复;补送事项有 3 项,其中第 1 项为补送 1930 年决算书;通知事项有 2 项,
其中第 1 项为"胡前任移交现款及公债国库券等洋 628994.54 元,但支出计
算书还未送到,不能核对结存数和移交数是否相符,等计算书送到再办理";
注意事项为"查所送 1930 年各月份单据簿,提前列报之数计 252015.9 元,本
应照数剔除,幸未超越全年度预算,故予核销,以后应按月列报,立请特别注
意"。①

2.审计过程公告和审计结果公告相结合

民国时期不但审计结果公告较为具体,而且在公告审计结果的基础上,
注重审计过程的公告,即审计过程公告和审计结果公告相结合。我们从下
面的两个公报可知审计部对炮兵学校医务所工程的审计过程和结果。《审
计部公报》1936 年第 64 期公布了 1936 年 6 月 13 日审计部致函军政部:"咨
复炮兵学校医务所等三项工程已派本部稽察王福昀前往监验,加账单存查,
请查照。其缘由是军政部于 6 月 8 日曾咨审计部,请审计部派人会同验收工
程。"②《审计部公报》1936 年第 65 期继续公开了对炮兵学校医务所的稽察情
况。1936 年 7 月 8 日审计部咨军政部:"据本部监验员报告,监验炮校医务
所等三项工程,有与图说规定不符,四点似应斟酌处罚,以资儆惩等情,前来
相应咨请查照办理。其缘由是据稽察王福昀报告,医务所等三项工程,查与
图说不符之点:(1)各室内之粉刷,均欠调匀,似须令原包商重行补刷,以壮
观瞻;(2)弹石路之石块,大小不齐,铺工亦不甚划一,高低欠平;(3)厕所鱼
鳞板之宽度大小不一律;(4)全部工程之砖,其尺寸与说明中规定,间有约短
小一分左右者,其犬医处后部之诊疗所,士兵宿舍及厨房所用之砖,色泽太
差,烟墨而粗糙,以上各点,似应咨请军政部转饬主办机关,斟酌处罚,以资
儆惩。"③

从上可知,先是军政部函请审计部派人稽察炮兵学校医务所等三项工
程,此为审计任务的缘由;随后审计部派稽察王福昀在 8 月 8 日前往炮兵学
校验收,此为审计机关审计任务的委派;接着稽察王福昀在稽察炮兵学校医
务所等三项工程中发现室内的粉刷、弹石路的石块、厕所鱼鳞板、工程用砖

---

① 审计部总务处编:《审计部公报》,1934 年第 34 期,公牍第 29—30 页。
② 审计部总务处编:《审计部公报》,1936 年第 64 期,第 71 页。
③ 审计部总务处编:《审计部公报》,1936 年第 65 期,第 163—164 页。

四项内容与图说不符,此为审计实施过程;最后审计机关根据王福昀的报告,作出"军政部转饬主办机关,斟酌处罚,以资儆惩"的审计处理。因此,我们可知审计部对炮兵学校医务所等三项工程的审计全过程:从审计任务委派到审计实施过程,再到审计结果。

3.公告了被审计单位对审计机关决定的执行情况

民国时期在公告审计结果的基础上,进一步公告了被审计单位对审计结果或决定的执行情况。例如,国民政府审计院对军政部军需署1928年11月至1929年11月军务费进行审计后,要求军政部造送声复书,但军政部一直没有造送。审计部成立后,军政部在1930年12月29日回函审计部请求延期一个月,但到1931年3月军政部还未造送,于是审计部在《审计部公报》1931年第1期上公告了1931年3月24日审计部致军政部的函:"贵部实乙字第350号函复前送军需署经管军务费各月份审核通知书,请展期一个月再行造送声复书等因一案,迄今阅时三月,尚未见声复,相应函请贵部查照,转饬军需署迅予声复。"①同时,公开了军政部在1930年12月29日的回函:"各月份审核通知因其中多有须取具文件证明,乃能办理者,虽经送函各机关部队催送,但此项证明书据迄未准检送齐全,以至稽延未能声复,年内为日无多,实难办理完竣,拟请转函审计院请予展期一个月。"②但军政部又未及时报送,于是审计部在《审计部公报》1931年第2期又公开了1931年4月2日致军政部的函件:"本部咨军政部请转饬军需署,凡领款各部队机关限期造报收支计算书据、并对于前审计院所发审核通知书从速声复。"③

但军政部又置之不理,审计部在《审计部公报》1932年第11、12合期中又公开了1932年1月1日致军政部的函:"贵部所属各部队机关多未按照规定期限造报收支书据,其造报收支书据经前审计院及本部发给通知书者,亦未随时声复,历经本部咨请转催在案,迄今迟延未报者尚复不少,为此,再请贵部转饬各部队机关……各月份书据一并送部,相应咨请查照转饬迅速办理,以清积案。"④但军政部又不予配合,于是审计部在《审计部公报》1933年第29、30合期中又公开了1933年8月28日致军政部的函:"贵部先后咨送军需署暨所属各机关经临费支出计算书据当经依法审核,并将疑义各节分

---

① 审计部秘书处统计科公报股编:《审计部公报》,1931年第1卷第1期,合牍第8—9页。

② 审计部秘书处统计科公报股编:《审计部公报》,1931年第1卷第1期,合牍第9页。

③ 审计部秘书处编:《审计部公报》,1931年第2期,公牍第2页。

④ 审计部秘书处编:《审计部公报》,1932年第11—12合期,公牍第13页。

别缮具审核通知书,咨请转饬办理各在案,迄今为时已久未准咨复相应缮具清单,函请查照转饬各该机关查明前通知书内列各条……以凭审核而清悬案。"①在审计部多次公开此案下,最后军政部才报送了相关书据和清单。

第三节　民国政府审计公告思想的民主法治分析

从我国政府审计的历史分期看,民国时期的政府审计属于近代政府审计阶段。我国在古代政府审计时期,审计作为加强专制统治的工具,最高统治者和审计官员形成委托代理关系。政府审计对最高统治者负责,审计结果向最高统治者或审计官员报告,审计结果不向人民公告,即使有时候对一些官员贪污腐败的信息进行所谓的"公告",其目的也是为了警戒人民,而不是出于满足人民的需要而公告的。

民国时期,在西方民主思想的影响下,中国出现了要求经济财政公开的民主思潮,经济公开运动团就是这一思潮的体现。经济公开运动团发表宣言:"今国中人士,固莫不组织廉洁政府,实行民生政策为共同之目标矣。惟其间有一前提焉,为政治改进与经济改造共通之必要条件者,则经济公开之厉行是焉。国家经济不公开,故贪官污吏踵相接。而政治永无澄清之望。私人经济不公开,故为富不仁之资本家所在多有。而平民生计永无改进之望……(甲)政府之经济应向人民确实公开。(乙)公益事业之经济应向社会确实公开。(丙)私人事业之经济应向有关系者确实公开。"②

许多学者也在报刊上积极倡导财政公开。谦益在《钱业月报》上发表《财政公开问题》一文,"起而要求公开之例,而今之政府何如乎。国库空虚,一贫如洗。行政经费,东挪西移,尚属不敷。各部人员,停止办公,已非一次。内外债抵借不已,共管说相逼而来。长此以往,中央政府将有破产之虞。国家大计,何堪设想。上海总商会静观时局,博访舆情,不得已而电请政府将财政公开。露布赋税收入之细数,揭示政费支出之用途。俾国民对于国家经济之状况,洞悉真相。此实补救之良图,抑亦合理之要求也"③。

1922年《银行周报》刊发的《财政监督——财政公开》一文认为,"财政为国家之公库,非财政当局者之私囊。所以,财政当局者动用国家公款,应当

---

①　审计部总务处编:《审计部公报》,1933年第29—30合期,公牍第141—112页。

②　《经济公开运动团宣言》,《银行周报》1927年第11卷第17期,第9—10页。

③　谦益:《财政公开》,《钱业月报》1923年第3卷第4期,第23—25页。

来清去白,条分缕析,不容有丝毫假借,不容有分厘差误。俾国民可以了然于岁出岁入之数字,收支动用之由来……财政不公开,财政即无从监督"①。

近代政府审计公告也是民国时期经济财政公开等民主思潮的产物和一部分,同时,它又能促进民主法治的发展。

一、审计公告思想能更好地保障国民的民主权利

民国时期近代民主思想在中国得到广泛的传播。革命先行者孙中山在《中国同盟会革命方略》中指出:"今者由平民革命以建国民政府,凡为国民皆平等以有参政权。大总统由国民共举。议会以国民共举之议员构成之,制定中华民国宪法,人人共守。敢有帝制自为者,天下共击之。"②显然,这已经初步体现了"主权在民"的思想。辛亥革命以后,孙中山在有关三民主义的演说中,反复讲述"主权在民"的思想,指出国家政权必须真正掌握在人民手中,凡事要由人民做主;只有由"人民管理政事,便叫作民权"③。那么民权的具体内容包括哪些呢?孙中山在《民权主义第六讲》中提出民权包括选举权、罢免权、创制权和复决权。④ 选举权是指国民有选举官员来治理国家的权力;罢免权是国民有罢黜那些不称职官员的权力;创制权是指国民有制定法律的权力;复决权是指国民拥有修改法律的权力。1947年元旦颁布的《中华民国宪法》体现了孙中山的民权思想,该法第二条规定:"中华民国之主权属于国民全体。"第十七条规定:"人民有选举、罢免、创制及复决之权。"⑤因此,从理论上来说,政府的权力来自国民,国民可以行使选举、罢免、创制和复决之权来限制政府的权力。

凡事要由人民做主,由人民来管理政事的前提条件,是人民知道政府在做什么,即要落实人民的知情权。要落实知情权,政府事务必须要公告。但政府公开事务的前提条件是公开内容的可信性。政府审计机关作为专业的监督机构,接受人民的委托,对政府各机关的受托经济责任进行监督、验证,把政府各机关的受托经济责任的履行情况公布出来,提高了政府事务公告内容的可信性。因此,政府审计公告使人民知的"情"是真实的、可靠的,这是人民获得知情权的前提基础。在此基础上,政府审计机关何时公告、公告

---

① 《财政监督——财政公开》,《银行周报》1922年第13期,第2—3页。

② 广东省社会科学院历史研究所等编:《孙中山全集》(第一卷),中华书局1981年版,第297页。

③ 孙中山:《孙中山选集》(下卷),人民出版社1956年版,第662页。

④ 孙中山:《孙中山全集》,三民公司1927年版,第140—141页。

⑤ 审计部:《审计法令汇编》,商务印书馆1948年版,第1页。

多少、公告多深也直接影响知情权的实现程度。何时公告即为公告的及时性问题;公告多少即为公告的广泛性问题;公告多深即为公告的透明度问题。国民只有更及时、更多、更深地了解政府事务,才能真正意义上享有知情权,从而更好地管理政事,实现民权。

民国时期,当月的审计结果在次月公布,国民可以及时地了解政府各部门的审计情况,根据这些情况来作出信任和不信任政府的决策.如果是信任的,那么在选举时,作出同意的决策;反之,则可以作出罢免政府部门负责人的决策。如果审计结果公告不及时,那么国民就不能及时地知晓那些违反财经法纪的部门,也就不能及时地罢免这些部门的负责人,这样不但财政上的损失得不到及时制止,还可能会助长违反财经法纪行为的发生。在这种情况下,该信任的部门得不到国民及时的支持,该罢免的官员不能及时地被罢免,这损害了选举权和罢免权的效力。

民国时期,审计公告的范围较广,公告被审计单位的类型较多,如军队、执政党等部门。这样国民就可以知道每个部门的审计情况,对这些部门行使选举和罢免权。从理论上来说,只要是使用公共资金的部门.这些部门就负有受托公共责任。如果有些部门的审计结果不公开,那么国民就无从知晓这些部门的受托责任履行情况,也就无法对这些部门行使选举权和罢免权,这无疑损害了选举权和罢免权的完整性。

同理,国民是根据政府审计公告的信息作出选举和罢免的决策。政府审计公告越具体、越透明,那么国民掌握被审计单位的信息越充分,这样他们在行使选举权和罢免权时就越能作出正确的决策。

因此,政府审计公告的及时性能够提高选举权和罢免权的效力性,政府审计公告范围广能够增加选举权和罢免权的完整性,政府审计公告的透明度高则有助于国民正确行使选举权和罢免权。

另一方面,创制权和复决权的行使也离不开审计公告的及时性、广泛性和透明性。国民行使创制权和复决权也是为了限制政府的权力。按照霍布斯的国家契约理论,国家是"一大群人相互订立信约,每人都对它的行为授权,以便使它能按其认为有利于大家的和平与共同防卫的方式运用全体的力量和手段的一个人格"①。可见,国家的权力来自人民的授权。但是,国家及其代理人一旦获得人民的权力后,就会发生事后的道德风险,即国家及其代理人(政府)就有无限扩大权力的偏好,这种权力的膨胀会损害国民的民

---

① ［英］霍布斯:《利维坦》,黎思复、黎延弼等译,商务印书馆1985年版,第132页。

主权利。"一个由民主选举产生的专制政府并不是我们奋斗所寻求的目标"①,为维护人民的民主权利"全体人民或大部分人民通过由他们定期选出的代表行使最后的控制权,他们必须完全握有这个最后的权力,无论什么时候只要他们高兴,他们就是支配政府一切行动的主人,不需要由宪法本身给他们以这种控制权"②,而人民控制政府权力比较有效的方式就是制定法律来制约政府的权力,使政府的权力在法律的框架下运作,从而保障人民的民主权利。因此,制定法律和修改法律的权力是国民制约政府权力膨胀、保障民主的有效手段,而要更好地制定和修改法律,离不开政府审计公告。

法律的制定和修改离不开现有法律执行情况的反馈,即现有法律执行情况为制定新的法律和修改已有的法律提供依据。首先,民国时期审计公告的及时性,使国民及时地了解到政府各部门有无违反财经法纪,即了解到政府各部门财政、财务等法规的执行情况,国民可以及时地制定新的财政、财务法规和进一步修改和完善已有的相关法律、法规。如根据审计结果,发现有些财经法纪存在漏洞,并不能有效地制约政府的权力,那么就可以进一步修改这些法规。其次,民国时期审计公告范围较广,公告的被审计单位类型较多。一般来说,不同的部门遵守不同部门法规。如果有些部门的审计结果不公告,那么国民就不知道这些部门遵循法规的执行情况,也就不能有效地制定和修改这些部门的法规。再次,民国时期审计公告较为具体,透明度较高,那么国民就可以详细地知道法规执行情况,从而能更加有效地制定和修改相关法规。

因此,民国时期审计公告的及时性、广泛性和透明性有助于国民更及时、更全面、更有效地制定和修改法规,从而真正落实创制权和复决权。

当时政府审计专家蒋明祺指出:"人民监督国家财务的要求与其责任,随着政治的民主而逐渐发展明朗。宪政时期,不但审计总处对监察院负责提出的审定国家总决算的结果,应该送立法院通过,而后呈经国民政府公布。就是省市审计处所审定各该省市的总决算除了对审计总处负责,也应该送由各该省市议会通过。必须如此,各级政府的财务,才能完全地公开。取之于民,用之于民,收支真相,毫无隐匿,才能增加人民的信仰,也才能适应民主的政治。"他又指出:"宪政时期,人民监督国家财务,应该透过审计制度,而到达财务公开,以贯彻政治民主。所以审计人员所负的责任更为重大,必须各尽职责,力求进步,使审计职权充分行使;审计效能尽量发展,而

① 〔美〕杰斐逊:《杰斐逊文集》,刘祚昌、邓红风译,三联书店1998年版,第111页。
② 〔英〕穆勒:《代议制政府》,汪暄译,商务印书馆1997年版,第68页。

不负人民的愿望。审计人员应该为人民忠诚的服务。"①可见,在蒋玥祺看来,审计公开是适应民主政治的要求,是人民实现政治民主的需要。

总而言之,民国时期政府审计公告的及时性、广泛性和透明性有助于国民更好地行使选举权、罢免权、创制权和复决权,从而更好地保障国民的民主权利。

二、审计公告思想能够促进审计法治的发展

审计公告能够促进审计法治的发展,主要体现在以下两方面:一是审计公告能够更好地维护法律权威;二是审计公告能够推进依法审计。

1. 审计公告能够更好地维护法律权威

法治的本质是法的统治,视法律为最高权威。要检查政府各部门有无违反财经法规,需要借助政府审计这个专业化的手段,通过政府审计,可以更有效地检查和监督政府各部门财经上的违法乱纪行为。通过审计公告,把那些违反财经法纪的部门及对这些部门的处理结果置于公众面前,可以发挥公众的舆论监督作用,有助于加大对被审计单位的压力,促使它们遵守法规,促进法治的发展。

1928 年 4 月 19 日公布的《审计法》规定由审计院审查的预算及收支计算有:"国民政府岁出岁入之总决算、国民政府所属各机关之总决算、特别会计之收支计算、官有物之收支计算、由国民政府发给补助费或特予保证各事业之收支计算等。"②

审计公告的范围和法律的权威性有很大关系,如果有些单位不公告,有些单位公告,那么法律的权威性就大打折扣。民国时期,公告被审计单位的类型比较广泛,包括国民政府、国民政府下属各部门(例如外交和军政部)、属于政府发给补助费之中央党部和中央政治会议等执政党权力机构,这些部门的审计结果公告表明任何的强力和权力部门,都是审计监督范围,都要接受审计法及相关法规的监督,从而维护了法律的权威性。

2. 审计公告能够推进依法审计

依法审计是审计法治的重要内容,审计机关接受国民的委托,对政府各部门受托经济责任进行审计。审计机关的审计权来自国民,审计机关一旦获得审计权之后,也会产生道德风险,如出现执法不力问题。因此,国民有必要了解审计机关是否认真履行职责,是否依法审计。

---

① 蒋明祺:《宪政时期之审计制度》,《财政评论》1947 年第 16 卷第 5 期。
② 国民政府审计院编:《审计院公报》,1928 年第 1 期,法规第 4 页。

对政府审计机关来说,审计公告是一把双刃剑:一方面,通过审计公告,把被审计单位的审计结果公布于众,能借助社会舆论加强对被审计单位的压力,促使被审计单位遵守财经法纪,提高审计工作的效率和效果;另一方面,审计公告对政府审计机关的审计质量提出更高的要求,促进审计机关提高审计质量,依法审计,具体包括审计机构组成、审计人员选聘、审计对象确定、审计程序执行、审计决定、审计建议、审计处理处罚等都必须有法可依。民国时期从公布审计机关的内容看,既公告审计机关的机构设置、职权、人员任免等一般事务的公开,也公告了审计机关内部的会议记录和经费支出具体结构。这些内容的公告,使国民能够了解到审计机关的内部管理情况:机构的设置、职权的分配、人员的任命等是否符合相关法规,内部会议记录是否符合会议法规,经费支出是否符合预算等情况,这会给审计机关以更大的压力,促使审计机关依法管理。同时,审计机关不但公布审计结果,而且公布审计过程,把具体某项审计的整个过程公布于众,这使国民能够了解到审计机关是否依法审计,有助于加强对审计机关的监督,促使审计机关在公布审计过程和结果前,严把审计质量关,严格依法审计。

三、审计公告思想有助于减少民主法治的成本

民主法治的发展要付出代价,这个代价就是民主法治的成本。在一定意义上来说,民主法治的成本越小,越能促进民主法治的发展。民主的本质是人民当家做主,但是并不是人民每个人都来直接管理国家,由于人民之间存在着搭便车行为,以每个人都来直接管理国家的方式来实现每个人的民主是不现实的。洛克在《政府论》中认为:"人类在自然状态下是自由的,有权决定他们的行动和处理他们的财产和人身;也是平等的,没有一个人享有多于别人的权利;人类依靠自然法来维护自己的权利不受侵犯,每个人都有权惩罚违反自然法的人。但是在自然状态下,人类的自由、平等、人身、财产等权利是不稳定的,经常受到战争的威胁;缺少一种确定的法律作为是非的标准和解决纠纷的尺度;缺少一个有权依照既定的法律来裁判的公正的裁判者。人们为了更好地维护自身的自由、平等、人身、财产等民主权利,把部分权力让渡给国家和政府,依靠国家和政府来保护他们的自由、财产等权利,制定法律交由政府去执行等。"①根据洛克的观点,人们把权力让渡给国家和政府是为了更好地维护自己的民主权利。人民和政府是一种委托代理关系,人民一旦把权力让渡给政府之后,就会产生道德风险,由于政府和人

---

① 　[英]洛克:《政府论》,叶启芳、瞿菊农译,商务印书馆 1964 年版。

民之间的信息不对称,政府会违背人民的目标而给人民造成价值损失,这种价值损失可称为第一类代理成本。同时,为了监督政府,促使政府的目标与人民的目标一致,人民又委托政府审计机关对政府进行经济监督,但是政府审计机关和人民也存在着信息不对称,政府审计机关也会违背人民的利益给人民造成价值损失,这种价值损失可称为第二类代理成本。总而言之,人民为了更好地维护自己的民主权利而把权力让渡给政府,但让渡给政府后又会产生代理成本,因此,从这种意义上来说,代理成本是人民维护自己民主权利的代价——民主的成本,减少代理成本,就是减少民主的成本。

代理成本产生的根本原因是委托人和代理人之间存在着信息的不对称,代理人具有信息优势。信息的不对称,包括时间上的不对称、广度上的不对称和深度上的不对称。时间上的不对称是代理人掌握的信息比委托人早;广度上的不对称是代理人比委托人掌握信息的范围广;深度上的不对称是代理人比委托人掌握更具体、透明的信息。民国时期,审计公告比较及时,当月审计结果次月公开,可以减少国民与政府各部门时间上的信息不对称。Scott 认为及时性的增加可以减少内部人借以从信息优势中获利的时间[1],Scott 指的内部人是企业经营者,同样,作为被审计单位的政府各部门也是内部人,它们对于国民来说具有信息优势。提高及时性可以减少政府各部门从信息优势中获利的时间。民国时期审计公告的范围广,公告的被审计单位类型较多,可以减少国民与政府各部门广度上的信息不对称。民国时期审计公告比较具体、透明,可以减少国民与政府各部门深度上的信息不对称。信息不对称程度的减少,有助于国民更有效地监督政府各部门,促使政府的目标与国民的目标一致,以减少第一类代理成本。同时,民国时期公告了政府审计机关的人事、内部会议、经费等信息,公布了审计的远程,这样可以减少国民与政府审计机关的信息不对称,加强对审计机关的监督,以减少第二类代理成本。

审计是法治的工具,法治成本包括立法成本和执法成本。执法成本又包括检查有无违反法律的成本和对违法者处罚的成本。审计是一种专业性的经济监督,在监督和检查被审计单位有无违反财政、财务法规等方面具有专业优势,因此,审计能节约法律的检查成本。被审计单位违法不违法,主要是比较违法的收益和违法后被处罚的成本,这种处罚成本包括声誉成本和其他的惩罚成本,如警告、处分、罢免被审计单位负责人等。民国时期被

---

① Scott,William R. Financial Accounting Theory. Toronto:Prentices Hall Inc,1997.

审计单位违反财经法纪的行为能够及时、广泛和透明地公布于公众面前,这增加了被审计单位的声誉成本,促使政府各部门遵守相关法规,不敢以身试法,减少违法乱纪行为的发生。违法乱纪部门越少,需要耗费的审计资源越少,审计的检查成本就越少。民国时期,在很长的时间内审计部隶属于监察部,审计查处的问题,交监察院,监察院提出弹劾后,再交相关部门处罚,而这些程序都会发生成本,可称为处罚成本。因此,违法乱纪部门越少,处罚成本就越少。

应当指出,民国时期政府审计公告从实践效果上看,只在一段时间和局部发生作用。由于国民党实行一党专政,腐败严重,广大国民并没有真正掌握政权,无法真正行使选举、罢免、创制、复决之权;广大国民的民主法治意识相对薄弱,无法形成强大的社会舆论,以监督被审计部门的违法违纪行为。这一切限制了民国时期政府审计公告在推进民主法治方面应有的作用,因此,民国时期政府审计公告的实际效果是有限的。

第四节　民国政府审计公告思想对当代的借鉴

2003 年国家审计署向社会发布了《关于防止 SARS 的专项资金和社会捐赠款物审计结果的公告》,对于该专项资金的使用情况、存在问题及处理结果作出了评价,满足了社会公众对于该项资金使用效率和效果的信息需求,赢得了广泛的好评。同年,审计署公布的《关于 2002 年度中央预算执行和其他财政收支的审计工作报告》中,对于中央政府某些重要部门和重点企业的审计问题进行披露,经过新闻媒体广泛传播,引起社会公众的极大震动,"审计风暴"应运而生。现代政府审计公告是依法治国、满足人民知情权和构建透明政府的必然要求。近年来,我国政府审计公告取得了明显的进步,但是还有很大的改进空间。自从"审计风暴"产生以来,社会公众日益呼唤公开更多的政府审计信息,学术界也认为"审计结果公开使国家审计接受社会监督,增强了国家审计抵御风险的能力"[①],他们倡导国家审计信息"以公告为原则,以不公告为例外"[②]。为此,我们可借鉴民国时期的政府审计公

---

① 王会金、陈希晖:《我国国家审计的未来发展策略》,《审计与经济研究》2008 年第4 期。

② 张立民、聂新军:《构建和谐社会下的国家审计结果公告制度——基于国家审计信息产权视角分析》,《审计研究》,2006 年第 2 期。

告思想,增加审计公告的及时性、扩大审计公告的范围和增强审计公告的透明度。

一、增加审计公告的及时性

审计署自 2003 年公布第 1 号审计公告起,截至 2013 年 12 月共发布了 183 份审计公告。各年度公布的公告数、公告时间和审计完成时间的时间差如表 10-1 所示。①

表 10-1　审计公告时间情况

年度	审计公告份数	审计公告时间和审计完成时间的最短时间差	审计公告时间和审计完成时间的最长时间差	审计公告时间和审计完成时间的平均时间差
2003	1	4 个月	4 个月	4 个月
2004	7	4 个月	9 个月	7 个月
2005	4	4 个月	12 个月	7 个月
2006	5	5 个月	15 个月	9 个月
2007	6	4 个月	15 个月	7 个月
2008	12	1 个月	14 个月	5 个月
2009	10	2 个月	16 个月	5 个月
2010	21	1 个月	9 个月	5 个月
2011	33	1 个月	8 个月	6 个月
2012	33	1 个月	7 个月	5 个月
2013	29	2 个月	16 个月	5 个月

(注:上表时间的计算中,对审计结果整改和处理的公告不纳入计算,审计完成时间不明的不计算,月数四舍五入,取整月为计算单位。)

从上表可知,目前审计署审计公告的及时性较差,审计公告时间和审计完成时间的时间差最长的有 16 个月,平均都在 4 个月以上。现代社会从某种意义上来说是信息社会,而信息的及时性对信息的价值至关重要,及时性越高,信息的价值越高;反之,则信息的价值越低。为了能使广大人民群众及时地获取政府审计信息,以便他们对政府各部门能够进行及时的监督,政

---

① 此表是笔者根据国家审计署网站(www. audit. gov. cn)公布的审计公告的基础上整理的结果,下面有关审计公告的具体内容都是来自该网站。

府审计机关应该提高审计工作的效率,努力缩短审计完成时间和审计公告时间的时间差。对于临时审计报告,尽量在审计工作完成后第 15 个工作日内公开;对于年度审计报告,应在审计工作完成后第 30 个工作日内公开。

二、扩大审计公告的范围

扩大审计公告的范围具体包括两个层面:一是被审计单位的类型;二是审计机关自身。

1.扩大公告被审计单位的类型

从我国已公告的审计公告中可知,公告被审计单位的类型主要有:一是人大和政协所属机构,如全国人大常委会办公厅和政协全国委员会办公厅。二是国务院的并列机构,如最高人民法院和最高人民监察院。三是国务院下属的部、会、局、署,如人事部、铁道部、教育部、财政部、外交部、国务院国有资产监督管理委员会、国家广播电影电视总局、国家新闻出版总署等。四是执政党所属机构,如中共中央直属机关事务管理局、中共中央国家机关工作委员会、中央统战部、中央外宣办、中央对外联络部、中共中央台湾工作办公室等。五是国有控股公司,如中国农业银行、中国工商银行、中国储备粮管理总公司、中国华能集团公司、中国移动通信集团公司、中国国电集团公司、宝钢集团有限公司、中国石油化工集团公司等。按照审计署提出的构建财政审计大格局的理念以及李克强总理提出的审计工作全覆盖的要求,所有使用财政性资金的部门都是审计的范围,因此,这些部门的审计结果也要进行公告。为此,要进一步公告的被审计单位有:一是人大及其常委会的经费审计情况;二是国务院的组成及下属机构,如国务院办公厅、国防部等;三是各民主党派的经费审计情况;四是执政党及其权力机构的经费审计情况,如中国共产党中央委员会及其中央政治局等部门。

2.扩大公告审计机关自身的信息

2009 年审计署公布了第 12 号审计公告,首次对审计署自身的审计情况进行公开。从该公告中可知,主要公告了审计署行政事业审计司对审计署办公厅承担的审计署 2008 年预算执行情况和附属 4 个单位的审计结果。2010 年未发现对审计署审计的公告(可能未对审计署进行审计)。2011 年第 32 号公告了署本级和所属南京特派办、成都特派办、审计科研所、中国审计学会和中国内部审计协会等单位的审计情况。2012 年第 31 号公告了署本级和所属驻太原特派员办事处、驻深圳特派员办事处、计算机技术中心和审计干部培训中心(以下分别简称太原办、深圳办、计算中心和培训中心)等 4 个单位的审计结果。2013 年审计署第 28 号公告审计署本级及所属京津冀特派办、沈阳特派办和国外援贷款项目审计服务中心3个单位的审计情况。

审计机关受人民的委托对政府各部门进行审计,但人民也需要知道审计机关自身的审计结果。以往只公告被审计单位的审计情况,而忽略了审计单位自身的审计情况。因此,2009年开始的对审计署审计情况的公开是一个明显的进步。另外,审计署网站也公告了审计机关的大量信息,但是,审计机关自身信息的公告,还有很大的改进空间,未来应进一步公告审计机关的以下信息:

一是要公告审计署本级内设机构的经费审计情况。2013年审计署第28号公告虽然公开了财政部批复审计署2012年度部门财政拨款122223.18万元,但是并没有进一步公开审计署内设机构,如法规司、财政审计司、金融审计司、企业审计司等单位的经费审计情况。

审计机关的经费属于第二类代理成本,审计署内部也是一种委托代理关系,即审计署与内设各司也会产生委托代理成本。公开审计署各司的经费审计情况,有助于人民监督各司,从而有利于降低审计署的经费支出总额。因此,审计署各司的经费也必须公告,只有这样,人民才可以获取代理成本的信息,为变更相关代理契约提供决策有用的信息。

二是应进一步公告审计机关内部的管理信息。审计机关内部管理信息的公告是打造透明政府和阳光审计的重要内容。虽然审计署网站公布了审计署大量的信息,如审计机构及其职能、审计法规、审计业务工作、审计行政管理、发展规划及重要会议,但是,应进一步公告内部管理信息,例如,审计管理决策的过程等。

三、增强审计公告的透明度

增强审计公告的透明度可从以下三个方面加以完善:

1. 审计结果公告的进一步具体化

我国目前的审计结果公告不够具体化。例如,2004年第1号审计公告《50个县基础教育经费审计调查结果》,披露了"43个县地方政府及财政、税务、教育主管部门和中小学校挤占、挪用、滞留各类教育资金4.45亿元",但对43个县的名称及每个县的具体违规金额没有公告。2014年审计署第3号公告《审计署关于36个县2012年机构运转支出情况的审计调查结果》,指出了每个县的名字和违规金额,是明显的进步,但是还有进一步具体化的空间。例如,在《审计署关于山西省文水县2012年机构运转支出情况的审计调查结果》的公告中,指出了部分机构人员超编,但没有指明这些机构的名称和超编数字。在《审计署关于辽宁省法库县2012年机构运转支出情况的审计调查结果》的公告中,指出了公务车使用超编的总数字,但没有进一步指出该县公务车超编单位的名称和具体超编数字。

审计结果公告应当进一步指出违规单位名称和违规金额及数量等,只有这样,才能增加这些违规单位的舆论压力,从而增强审计公告的威力。

2. 在审计结果公告的基础上,重视审计过程公告

我国现行的审计公告,注重审计结果的公告,但忽视审计过程的公告。1972 年美国会计协会发布的《审计基本概念公告》认为:"审计是客观收集和评价与经济活动及事项有关断言的证据,确定其认定与相关标准的符合程度,最后将审计结果传递给利益相关者的系统过程。"①按照这个定义,审计的系统过程包括调查的过程和报告的过程。因此,审计公告的透明度既包括审计结果的公告,也包括审计过程的公告。政府审计透明是构建现代透明型、服务型政府的重要内容之一。审计过程的公告,可以让人民更好地监督审计工作,做到阳光审计,减少审计过程中的腐败行为;同时,反过来,对审计工作提出了更高的要求,促使审计机关加强管理,提高审计质量。审计过程的公告,可着重公告审计人员的名单,具体审计的证据等方面。

3. 进一步公告对审计调查问题的整改情况

从已有的审计公告中可知,对"审计调查发现问题的整改情况"的公告主要存在两个方面的不足:

一是公告的内容比较笼统,甚至"一笔带过"。例如,2004 年第 1 号审计公告中对 50 个县基础教育经费违规整改情况公告的主要表述为"对这次审计调查发现的违法违规问题,有关省、市、县认真整改,有关责任人受到了党政纪处分,以及触犯刑律的已移交司法机关查处"。显然,这句话并没有指明哪些部门已认真整改,哪些人员及多少人员受到了处分,以及触犯刑律的名单及人数,同时,也没有明确追回多少违规资金等。

二是只公告一次,没有做到连续公告。到目前为止,比较全面公告审计调查发现问题的整改情况的审计公告主要有:2006 年第 1 号公告《2004 年度中央预算执行和其他财政收支审计查出问题的纠正结果》、2008 年第 1 号公告《2006 年度中央预算执行和其他财政收支审计查出问题的纠正结果》、2009 年第 1 号公告《2007 年度中央预算执行和其他财政收支审计查出问题的纠正情况和整改结果》、2009 年第 15 号公告《2008 年度中央预算执行和其他财政收支审计查出问题的整改结果》、2011 年第 1 号公告《关于 2009 年度

---

① 　AAA. "Report of the Committee Basic Auditing Concepts", The Accounting Review Supplement, 1972: 17.

中央预算执行和其他财政收支审计查出问题的整改结果》、2012 年第 1 号公告《关于 2010 年度中央预算执行和其他财政收支审计查出问题的整改结果》、2013 年第 1 号公告《关于 2011 年度中央预算执行和其他财政收支审计查出问题的整改情况》、2014 年第 1 号公告《关于 2012 年度中央预算执行和其他财政收支审计查出问题的整改情况》。

这 8 份公告把"整改情况"作为一份独立的公告,相比于以前审计公告中只把"整改情况"作为一份审计公告中的一部分来说,是个明显的进步。这 8 份审计公告公开了审计查出问题的纠正和整改结果,包括已纠正和整改的有多少部门,也包括未纠正和整改的有多少部门,但是,以后的审计公告对没有纠正和整改的部门的后续纠正和整改情况没有做到连续公告。例如,2006 年第 1 号审计公告披露"关于 12 个部门存在预算编报不真实的问题,已有 10 个部门将虚报多领的预算资金 3.9 亿元纳入下年度部门预算统筹安排,并将 1585.87 万元上缴中央财政,纠正率为 83%,另外 2 个部门正与主管部门协商,争取尽快纠正到位";"关于 31 个部门挤占具有专项用途的资金 21.42 亿元的问题,已有 23 个部门作了纠正,合计金额 14.97 亿元,纠正率为 70%,其余 8 个部门正在抓紧整改落实"。但是,以后的审计公告中没有再公告另外 2 个部门虚报多领预算资金的整改情况和其余 8 个部门占用专项资金的整改情况。

2012 年第 1 号公告《关于 2010 年度中央预算执行和其他财政收支审计查出问题的整改结果》中指出"截至 2011 年 10 月底,审计查出的违反财经制度规定问题,有 55.31 亿元已经整改到位,其余问题正在整改落实",又指出"融资平台公司虚假出资、注册资本未到位等 2441.5 亿元问题,相关地方通过充实资本金、推进公司股权多元化、引进战略投资者、变更登记、清理整合等措施,整改到位 983.23 亿元"。但后续公告中没有进一步公布以前未整改到位的资金以及其他问题的整改落实结果。

只有连续地公告没有整改的部门和未整改到位的金额,才能加大对这些部门的舆论压力,促使它们尽早落实审计决定。

第十一章 结 论

通过上述分析,我们可以得出五个基本结论:一是民国时期七大政府审计思想之间是相互联系和相互制约的关系;二是民国政府审计思想的主要特征是民主法治思想;三是近代政府审计是民主法治的工具;四是民国政府审计思想具有局限性;五是民国政府审计思想对当代的启示。下面分别论述之。

第一节 民国时期七大政府审计思想之间是相互联系、相互制约的关系

从上可知,民国时期审计人员对审计进行思维时,主要围绕七个要素。那么七个要素之间的关系是怎样的呢? 根据现代系统理论,系统是由一些相互联系、相互制约的若干组成部分结合而成的、具有特定功能的一个有机整体(集合)。一个系统由若干个子系统组成,各个子系统之间的关系是相互联系和相互制约的。民国时期政府审计思想也是一个系统,政府审计立法思想、政府审计组织体制思想、政府监审合一思想、政府审计人员职业化思想、政府军费审计思想、政府审计会议思想和政府审计公告思想都是系统内的七个子系统。七个子系统之间是相互联系和相互制约的关系。

政府审计立法是政府审计的标准和依据,政府审计立法中所体现的思想直接对其他六大审计思想起着根本性的促进和保障作用。其他六大审计思想是政府审计立法思想的进一步具体化。如前所述,民国时期在宪法中规定的主要审计条款包括审计主体、审计对象、审计权、审计报告程序、报告关系。政府审计组织体制思想、监审合一思想和审计人员职业化思想就是宪法中审计主体的进一步具体化。军费审计思想是审计对象的进一步具体化,即在审计对象中要把军队使用的经费纳入审计监督范围。审计会议思想是审计立法中有关审计会议条款的进一步具体化。审计公告思想是立法中审计报告关系的具体化和拓展。虽然,民国时期在审计立法中没有明确

指出审计机关必须进行审计公告,但已间接表明需要公告的思想。北京政府时期,在立法中规定审计机关须向众议院和参议院报告;南京国民政府时期,规定审计须向立法院报告。民国时期的宪法大都强调主权属于国民全体,而参议院、众议院和立法院等机构都是国民的代议机构,审计向这些机关报告其实就是间接向国民报告,而审计公告其实就是政府审计机关直接向国民报告。因此,审计公告是宪法中审计报告关系的进一步拓展。

审计组织体制思想、监审合一思想和军费审计思想侧重于从外部角度加强对政府财政资金(审计对象)的监督。审计组织体制思想、监审合一思想主要是为了加强审计机构的权力,提高审计权威和审计工作效率;军费审计思想主要是为了加强对占财政资金绝大部分的军费的监督。只有建立独立于行政组织的审计组织、建立垂直审计体制以及监审合一,才能提高审计机关的权威性,加强对强力部门——军队的审计,以权力制约权力。审计组织体制思想、监审合一思想、军费审计思想的共同目的是为了强化"审计作为民主法治的工具"。

审计人员职业化思想一方面有助于从外部提高审计人员对财政资金的监督能力。例如,审计人员的考试选拔制度,有利于提高审计人员的专业胜任能力,从而提高监督效率。又如,审计人员的限制兼职和回避制度,提高了审计的独立性。另一方面,审计人员职业化思想中审计部门自己制定的规章制度,例如人员的考核和流转制度等,则从内部角度提高了审计人员的专业水平。

审计会议思想和审计公告思想侧重于加强对审计主体自身的监督。审计会议主要是从审计程序上健全审计机关的内部监督机制;审计公告主要是为了借助社会公众舆论的影响,建立外部对审计机关的审计结果的监督机制,促使审计机关提高内部审计质量。它们共同的目的是为了确保政府审计机关在审计过程中遵循民主审计和依法审计的原则。审计程序上的民主,有利于提高审计质量,降低审计公告的风险。同时,审计公告的风险反过来要求审计机关建立合理的审计程序,提高审计质量。因此,两者之间也是相互影响、相互制约的关系。

审计会议思想和审计公告思想体现了民主审计和依法审计的原则。审计机关的民主审计和依法审计有助于提高审计机关自身的"免疫力",从而加强对审计对象的监督,提高审计工作效率。因此,审计组织体制思想、审计人员职业化思想、监审合一思想和军费审计思想的有效实行离不开审计会议思想和审计公告思想,即民主审计和依法审计有助于实现和强化"审计作为民主法治的工具"。同时,为了实现和强化"审计作为民主法治的工具"，审计机关本身也必须遵循民主法治的要求，即实行民主审计和依法审计。子曰："苟正其身矣，于从政乎何有？不能正其身，如正人何？"审计机关自身不民主、不守法，那么又如何监督别人有无违法、有无违背民主呢？

综上所述，民国七大政府审计思想之间是相互联系和相互制约的关系。

第二节　民国政府审计思想的主要特征是民主法治思想

前面我们已经指出："审计定义按审计要素分，可以分为审计标准思想、审计主体思想、审计对象思想、审计程序思想和审计结果思想。"审计思想是审计人员对审计进行思想活动的结果，审计要素是审计范畴的主要体现。同时，我们同样指出，民国时期的审计定义主要围绕这 7 个要素。因此，判断民国时期政府审计思想的主要特征是否是民主法治思想，就取决于当时审计人员在思考这些审计要素时，是否体现了民主法治思想。

民国时期的政府审计思想主要有审计立法思想、审计组织体制思想、监审合一思想、审计人员职业化思想、军费审计思想、审计会议思想和审计公告思想。

政府审计标准是政府审计的依据，主要表现为政府审计立法。民国时期在政府审计立法上体现了审计立法为审计民主提供保障、体现了权力制约权力、体现了依法审计和降低民主成本等民主法治思想。因此，民国时期审计标准上体现了民主法治思想。

政府审计主体是政府审计工作的执行者，它涉及政府审计机构的设置、审计人员的选拔、运用和考核。民国时期，在政府审计主体上表现为审计组织体制思想、监审合一思想和审计人员职业化思想，这些思想能够降低民主法治成本和提高民主法治的效益。因此，民国时期在政府审计主体上体现了民主法治思想。

政府审计对象为各种财政资金的收支计算和决算。民国时期战争频繁，军费支出占据财政支出的大部分，因此，衡量政府审计对象上是否体现民主法治思想，就要看军费支出是否纳入政府审计的对象。民国时期的军费审计体现了民主对专制的制约，有助于实现军费预算民主，可以加强对军队权力的监督，因此，民国时期的政府审计在审计对象上体现了民主法治思想。

政府审计程序是政府审计的过程和步骤。民国时期，对重要审计事务通过召开审计会议这个程序进行民主决策。审计会议是政府审计程序的重要内容。民国时期,政府审计会议体现了审计实体民主和审计程序民主、体现了对民主法治成本的节约等民主法治思想。因此,民国时期的政府审计在审计程序上体现了民主法治思想。

政府审计结果是政府审计工作的最终成果。那么对审计结果到底如何处理呢?是向国民公告还是不公告?该如何公告,审计人员对这些问题进行思维的结果就是审计公告或不公告思想。因此,政府审计公告思想是政府审计结果的重要和主要内容。民国时期,政府审计公告思想体现了保障国民民主权利和促进审计法治发展等民主法治思想。因此,民国时期政府在审计结果上体现了民主法治思想。

总之,民国时期在政府审计标准、政府审计主体、政府审计对象、政府审计程序和政府审计结果上全面体现了民主法治思想。因此,我们可以认为民国时期政府审计思想的主要特征是民主法治思想。

上面主要分别从政府审计立法思想、审计组织体制思想、监审合一思想、审计人员职业化思想、军费审计思想、审计会议思想和审计公告思想分别阐述各自所体现的民主法治思想。我们也可以对七大政府审计思想所体现的民主法治思想进行概括、综合,主要表现为以下五点:

一是政府审计思想体现了权力对权力的制约。例如,审计立法思想中规定的多种审计职权体现了对政府权力的监督,审计组织体制中的最高审计机关独立于最高行政机关、立法机关和司法机关等,体现了对这些机关权力的监督,军费经济责任审计体现了审计对军队部门领导权力的监督。

二是政府审计思想体现了审计实体民主和程序民主。这主要通过审计会议思想来表现。审计会议体现了内部监督和外部监督相结合的思想,这有助于实现审计实体民主。审计会议中通过建立法定人数原则、多数决定原则、回避原则、听取意见制度、引入外部监督和程序公开原则等落实审计程序民主。

三是政府审计思想有助于减少民主法治的成本。例如,在审计立法思想中,以立法的形式规定审计人员的任职资格、保护措施、限制兼职和回避原则,可以降低由于国民和政府审计人员之间的信息不对称引起的代理成本,从而降低民主成本。在政府审计组织体制思想中,地方审计组织代理层级较短,可以降低民主法治成本。在审计人员职业化思想中,通过考试选拔审计人员,减少了审计人员的鉴别成本。在监审合一思想中,通过降低建立监督机构的成本和执行监督制度的成本等第二类代理成本,促进民主法治的成本的降低。在审计会议思想中,通过重要审计会议提交会议表决、会议前的准备、代理主席(委员长)思想和编制《审计成例》等途径降低民主法治成本。在审计公告思想中,公告的及时性、广泛性和透明性等思想可以降低国民与政府审计机关以及国民政府各部门之间在时间上的信息不对称、范围上的信息不对称和程度上的信息不对称引起的第一类代理成本和第二类代理成本,通过审计公告减少法治成本中的执法成本,最终降低民主法治的成本。

　　四是政府审计思想能够提高民主法治的效益。例如,在监审合一思想中,审计机构隶属于监察机构,可以加强它们之间工作上的配合和协调,提高监督效率,从而降低第一类代理成本,即提高民主法治的效益。审计人员职业化思想中,通过从工作经验、学历和工作业绩三个方面选拔审计人员,通过设立科目举行考试,有利于提高政府审计人员的专业胜任能力,从而提高他们发现政府各机关和人员舞弊的概率,发现或挽救给社会公众造成的损失,提高资金使用效益,从而提升民主法治的效益。

　　五是政府审计思想能够促进民主和法治的发展。例如,在审计立法思想中,把审计契约者之间的权利和义务载入根本大法,保证了审计契约的履行,为审计民主提供坚实的法律保障,在审计立法中规定审计职权和审计人员的任职资格等思想可以促使审计机关依法审计。在军费审计思想中,军费审计主体独立于军队的思想,体现了民主对专制的制约,事前审计、事后审计和稽察相结合有助于实现军费预算民主。在审计公告思想中,公告的及时性、广泛性和透明性有助于国民更好地行使选举权、罢免权、创制权和复决权,从而更好地保障国民的民主权利,审计公告的及时性、广泛性和透明性能够更好地维护法律权威,保证良法之治能够实现,促进依法审计,从而推进审计法治的发展。

第三节　近代政府审计是民主法治的工具

　　就我国政府审计史的分期来说,我国政府审计的发展可以分为三个发展阶段。一是古代政府审计阶段,即从古代政府审计的产生到清王朝的覆灭。二是近代政府审计阶段,即从中华民国时期政府审计机构的建立到南京国民政府的垮台。三是现代政府审计阶段,它开始于党的十一届三中全会后,中华人民共和国审计署的成立。

　　我国古代政府审计时期,各类机构所拥有的审计权来自王(皇)帝的授予,而不是由社会公众赋予,审计作为治吏的工具,为加强王(皇)权服务,因此,古代政府审计是专制的工具。而在现代政府审计时期,一切权力属于人民,审计机构接受人民的委托,对政府各级部门进行审计监督,所以许多学者认为(现代)政府审计是民主和法治的工具。例如,杨肃昌认为:"审计是民主与法治工具。"①文硕认为:"现代国家审计是保障民主政治的核心——分权与制衡机制实现的不可或缺的方式之一。"②审计署前审计长李金华同样认为:"现代国家审计是民主法治的工具。"③但对于民国时期的政府审计,到底是专制的工具还是民主法治的工具呢? 对这一问题,目前学术界还没有人进行研究,笔者认为近代政府审计是民主法治的工具。其理由有如下四点:

1. 民国政府审计思想的主要特征是民主法治思想

政府审计思想是审计人员对政府审计进行思维而产生的结果,既然在思考政府审计活动及其制度设计时,都体现了民主法治思想,显然,当时审计人员已经把政府审计当作民主和法治的工具来看待。

2. 民国政府审计作为民主法治的工具,得到了当时政府审计专家学者的认同

例如,当时政府审计专家蒋明祺在《政府审计原理》一书中,指出政府审计的 10 个效果,其中对第 8 个效果阐述如下:"纠察财务秩序:审计机关及其人员对财务措施及关系事项,既能严密监督,必可纳诸规范。于是国家与地方政府机关之财务秩序,遂不断纠弹,而能逐渐整饬。财务秩序而能整饬,实为政治进步之良征,在今后之中国,尤当痌瘝以求之者也。"对第 10 个效果阐述如下:"公证政府财政方策增进人民之信仰:国家财政方策,原应适合国民之经济能力,企求普遍的社会福利,举凡收入是否合理? 支出是否确当? 胥由审计机关之审定各级政府总决算,编制审查报告书,并依法呈诣公布,形成公证,而获明征。果能考量国民经济能力,而规定纳税之义务,执行完美施政计划而改善生存之需要,则全国人民察此审定与公布,必更能坚定其爱护国家之观念,而增加其拥护政府之力量,政府审计之效果,岂不佳欤?"④可见,蒋明祺认为政府审计具有整饬财务秩序,促进政治民主进步,公证政府财政方策,增进人民对国家的信仰,进而增加拥护政府的力量等作用,其实质就是把政府审计作为国家法治的工具来看待。

---

① 杨肃昌:《审计监督的政治学思考》,《审计与经济研究》,2008 年第 2 期。
② 文硕:《世界审计史》,企业管理出版社 1996 年版。
③ 王娜:《国家审计的支柱:民主·法治·科学——李金华审计长访谈录》,《中国审计》,2004 年第 1 期。
④ 蒋明祺:《政府审计原理》,立信会计图书用品社 1947 年版,第 16—18 页。

当时政府审计学者陶元琳曾指出:"民主政治,以孚信民望为唯一要政。而财政上不法不忠之行为,影响民望者最深。审计机关,以检举财政上不法不忠之行为,为其消极目的之一。故审计机关,对民主政治之推进,具有极大之使命,殊不容忽视者也。"①显而易见,陶元琳指出了政府审计对民主政治的推动有极大的使命,即肯定了政府审计能够推动民主政治的发展。陶元琳认为政府审计能够增加政府在人民中的民望,而民望是民主政治的唯一要政。这与蒋明祺认为政府审计能够增进人民对国家的信仰,促进政治民主进步的观点是一致的。

另一位审计学者许祖烈也指出:"法治国家,对于监督财政,及管理财政,通常有三种监督机关,即立法监督、行政监督及司法监督是也。立法监督之职权,在制定财政法规,议决岁入岁出预决算,立法院行之。财政监督之职权,在整理财务行政,核实收支,财政部行之。司法监督之职权,在依据法令及预算审定国家收支及其结果,以为最后之报告,审计机关行之。"②可见,政府审计属于司法监督,是法治国家的标志之一。

方善桂指出:"兹当进而言政府审计之价值及重要。政府为人民所托付,办理公共安全利益事务。故须忠贞廉洁,尽力赴国。在宪政之国家,政党争取政柄,成败之机,胥声于人民之信仰,故执政者恒喜以廉洁标榜,对于审计事务,足以证明其财政状况者,当欢迎之不暇。在人民方面,既以重大之政务托之政府,自必稽考其财政之是否信实可靠。故审计之昌明,足以促财政之公开,询宪政之第一要素。"③

总之,上述四位学者虽然没有直接提出政府审计是民主法治的工具,但都承认政府审计能够促进民主法治的发展,这实际上间接表明他们认同政府审计是民主法治的工具的观点。

3.民国政府审计作为民主法治的工具存在法理依据

北京政府时期,1914年5月1日公布的《中华民国约法》第二条规定:"中华民国之主权,属于国民之全体。"第三十条规定:"立法以人民选举之议员,组织立法院行之。"第五十七条规定:"国家岁出岁入之决算,每年经审计院审定后,由大总统提出报告书于立法院,请求承诺。"④从这三条可以看出,中华民国的权力属于国民,立法院是国民的代表,审计向立法院报告表明审

---

① 陶元琳:《中国政府审计》,大时代出版社1942年版,第11—12页。
② 许祖烈:《中国现行审计制度》,立信会计图书用品社1947年版,第35页。
③ 方善桂:《中国政府审计论》,《交大经济》1936年第5期。
④ 中国第二历史档案馆整理编辑:《政府公报》第712号,上海书店1988年版。

计院受国民的委托对国家岁入岁出的决算进行审计监督,这表明政府审计是国民为了维护自身民主权利的工具。同样,1923 年 10 月 10 日颁布的《中华民国宪法》中的审计条款也表明了这一点。

南京国民政府时期,1936 年 5 月 5 日,国民政府公布的《中华民国宪法草案》第八十七条规定:"监察院为中央政府行使监察权之最高机关,掌理弹劾、惩戒、审计,对国民大会负其责任。"[①]而国民大会由国民的代表组成,这同样表明监察审计是受国民的委托对政府各部门进行监督。1938 年《审计法》第二条规定的审计职权有:"监督预算之执行、核定收支命令、审核计算决算和稽察财政上不法或不忠于职务之行为。"第十五条规定:"审计人员发觉各机关人员有财务上之不法或不忠于职务之行为,应报告该管审计机关通知各该机关长官处分之,并得由审计部呈请监察院依法移付惩戒。'[②]法治即法的统治,视法律为最高权威,法治的维护和遵循离不开对违法者的惩罚,而对违法者的惩罚,首先要发现违法者。在这里,审计如果发现人员有财务上的不法或不忠行为时,就报告给主管长官处分或移交给监察院惩戒,这表明审计行使了发现违法者的职能,进而为法律对违法者的惩罚提供服务,可见,审计是法治的工具。1947 年 1 月 1 日国民政府公布《中华民国宪法》的相关条款同样体现了审计是民主法治的工具。兹不赘述。

从上可知,无论是北京政府时期,还是南京国民政府时期,在法理上都体现了审计作为民主法治的工具的特点。

4.民国政府审计作为民主法治的工具有事实效果的依据

按照委托代理理论,社会公众和政府各部门和人员存在着委托代理关系,但双方存在着目标的不一致和信息的不对称,政府各部门和人员可能违背公众的利益给公众造成的价值损失,可称之为第一类代理成本。为减少第一类代理成本,社会公众委托专业的审计人员对政府各部门和人员的受托公共经济责任进行审计监督,随之也会产生因审计人员追求个人利益最大化给公众造成的价值损失,可称之为第二类代理成本。民国国家审计思想一定程度上减少了代理成本。

首先,它减少了第一类代理成本。为便于分析起见,我们假设审计机关查出的违规金额、重大案件、拒签数和剔除的不合理经费作为衡量审计作用的替代变量。这些变量的值越大,审计减少第一类代理成本的作用越大。下面我们简单列举民国各个时期政府的审计业绩。

① 国民政府文官处印铸局:《中华民国国民政府公报》,第 107 册第 2039 号。
② 审计部:《审计法令汇编》,商务印书馆 1948 年版,第 33—35 页。

（1）北京政府时期的审计业绩

表 11-1 只列示了北京政府的部分预算审计业绩（不包括事后审计），可见，当时预算审计的拒签率是相当高的，预算审计是一种事前审计，起到对财政资金事前监督的作用，达到防患于未然的目的。

表 11-1　北京政府审计业绩

时间	部门（对象）	预算数	核定数	拒签数	拒签率
1912.9—1912.12	政府所有部门	10366975	8555723	1811252	17.47%
1913—1914	陆军	250000000	110000000	140000000	56%
1917.7—1918.6	外交部	3257969	2376934	881035	27.04%

（资料来源：北洋政府印铸局：《政府公报》第 16 册，1913 年；李金华编：《中国审计史》（第二卷），中国时代经济出版社，2004 年。）

（2）南京国民政府时期的审计业绩

核销各机关的经费支出属于事后审计，它对事前审计起到配合的作用，事前审计的核定数，必须要事后审计的核销，只有核销了，相关部门才能解除受托经济责任。事后审计起到惩戒于既往的作用，如表 11-2 所示。

表 11-2　核销各机关 1931—1940 年度经费支出统计表

年份	计算数	核销数	剔除数	剔除率
1931 年	76921866	75340356	1581510	2.06%
1932 年	44999727	44936366	63361	0.14%
1933 年	181093633	180559829	533804	0.29%
1934 年	256683890	225681351	31002539	12.08%
1935 年	157951723	155234436	2717287	1.72%
1936 年	192878371	188892088	3986283	2.07%
1937 年	166294278	165363616	930662	0.56%
1938 年	213955551	210913935	3041616	1.42%
1939 年	235800348	200563418	35236930	14.94%
1940 年	439255043	347065238	92189805	20.99%
合计	1965834430	1794550633	171283797	8.71%

（资料来源：国民政府审计部编印：《十年来审计工作之统计》，1941 年油印本。）

从表 11-3 可知，稽察节约公帑 5281087640 元，大于事后审计剔除

3991922149 元，因此，从一定程度上说，稽察的效果大于事后审计。

表 11-3　1945 年至 1947 年上半年审计成果

事前审计（拒签数）	事后审计（剔除数）	稽察	合计
百万元以上案件 27 起，计 6599280700 元；千万以上案件 12 起，计 9609889625 元	3991922149 元	节约公帑 5281087640 元，重大案件 24 起，移付惩戒 7 起	25482180114 元

（资料来源：国民政府行政院新闻局编印：《审计制度》，1947 年。）

　　南京国民政府时期，根据审计部 1930 年的《事前审计报告》，审计部对超越预算和其他不符合法规的支出拒绝核签支付命令，1929 年拒绝核签军费金额共 1501805.45 元，1930 年拒绝核签金额共 1173891.87 元。[①] 根据审计部 1939 年发行的《审计工作报告》，审计部事后审计剔除 1931—1939 年军费共计 987074.53 元，剔除 1932—1937 年内务费共计 67207.61 元，剔除 1934 年建设费 70109.14 元。[②] 行政院新闻局于 1947 年 12 月印行的《审计制度》一书的第四部分，公布了 1945 年至 1947 年上半年的审计成果。[③] 在事前审计部分，拒绝核签与预算法、公库法以及其他法令不符的支付命令，其中金额在千万元以上的有 12 起；拒签收支凭证、记账凭证金额在百万元以上的有 27 起。在事后审计部分，对于法令不符的支出进行驳复，以减少不经济支出及财物滥用，剔除数合计为 3991922149 元。在稽察部分，历年办理政府所属各机关财务上之监视、调查、检查、参加等事项，其中办理中央机关营缮工程及购置物的监视而节省公帑的数额共计 5281087640 元，稽察重大案件 24 起。实施调查、检查发现不法或不忠于财务之行为，而通知该机关长官予以处分，或呈请监察院移付惩戒的案件，较重大的有 7 起。这些案件涉及贪污受贿、串通舞弊、违法失职等。

　　以上只列示了审计业绩，没有考虑到审计成本，下面我们选取 1928 年至 1930 年审计情况，比较一下审计的成本效益。

　　从表 11-4 可知，审计的效益相当可观，审计成本以审计机关的经费替

　　① 审计部：《未核签支付命令一览表》，《审计部十九年度事前监督审计工作报告》，审计部 1931 年发行，第 79 页。

　　② 审计部：《审计部二十八年一至六月份核准各机关二十六年度及以前各年度经费支出表》，《审计部工作报告》，1939 年发行，第 10—17 页。

　　③ 行政院新闻局：《历年办理审计之成果》，《审计制度》，行政院新闻局 1947 年 12 月印行，第 34—44 页。

代,审计效益包括事后审计剔除数和事前审计拒签数合计。

表 11-4　审计成本效益比较表

年度 经费 分类	1928			1929			1930		
	计算数	核销数	剔除数	计算数	核销数	剔除数	计算数	核销数	剔除数
国务费	485231	484778	453	1520234	1468654	51580	4668006	4647836	20170
军务费	8652693	8643142	9551	17093126	17020217	72909	43537217	42589111	948106
内务费	458976	458976	—	1676434	1675557	877	2209692	2209681	11
外交费	17556	17556	—	48790	48790	—	304598	304448	150
财务费	6978162	6808997	169165	8835878	8755837	80041	10739266	10628726	110540
教育文化费	2360875	2360176	699	7254114	6034195	1219919	5623258	4501016	1122242
司法费	2145488	2142399	3089	4353811	4346139	7672	6326045	6305965	20080
实业费	342786	342586	200	972479	972235	244	1403389	1396138	7251
交通费	348430	348430	—	531979	531949	30	372711	372703	8
地方行政费	342044	342037	7	1206272	1206272	—	2094033	2094033	—
建设费	—	—	—	307988	307988	—	604812	604345	467
地方教育费	433797	433739	58	490126	489571	555	523262	522963	299
蒙藏费	—	—	—				152562	152537	25
补助费	86208	84564	1644	299569	299569		46085	46085	—
事后审计(剔除数,不完全统计)	184866			1433827			2229349		
事前审计(拒签数)	881435			1501805			1173891		
审计效益合计	1066301			2935632			3403240		
审计成本(审计机关经费)	123964			480428			521012		
成本效益比	860%			611%			653%		

[资料来源:笔者根据国民政府审计院编印:审计院公报(1928—1930)年统计结果]

令审计成本效益比率为 K,审计效益为 R,审计成本为 C,可得,

$$K=(R\div C)\times100\%$$

它表示每投入 1 元审计成本能够带来多少元的收益。例如,1928 年审计成本效益比 $=(1066301\div123964)\times100\%=860\%$,表示审计每投入 100 元能够带来 860 元的收益。

除了上述审计业绩之外,国家审计还揭露了几百起的官员腐败案件,比较典型的有 1947 年上海金融风潮中的中央银行职员渎职贪污案、1948 年山东盐务局局长的贪污渎职案等。由于受篇幅限制,我们不能举例太多的审计成绩。从上述数据可知,审计部门确实在维护财经法纪、减少代理成本中

发挥了积极的作用。

其次,它降低了第二类代理成本。民国时期出现了于右任、茹欲立、李元鼎等不为名利、清正廉洁、不畏权贵、敢于碰硬的审计高官,国家审计人员总体上呈现出"忠于职守、勤奋敬业、公正守法、清正廉洁"的职业形象,只有极少数审计人员出现舞弊、受贿行为。这表明第二类代理成本较低。

从上述数据可知,审计部门确确实实在维护财经法纪、促进民主法治中发挥了积极的作用。

第四节　民国政府审计思想的局限性

一、民国政府审计思想本身存在着一定的不足

首先,审计职权不足。例如,1914 年颁布的《审计条例》规定了政府机密费不在审计之列。朱通九指出:"审计机关之权限虽当然涉及于国家财务行政之全部,然对于机密费及军事上之秘密费等,则不在审查之列。"①

审计虽然有向监察院移付弹劾的权力,但是监察院也只有弹劾权,而没有惩戒权,惩戒权由中央监察委员会和国民政府政务官惩戒委员会等组织掌握。同时,监察权又常常遭到利益集团的抵制,例如,监察院曾弹劾铁道部长顾孟余的违法舞弊,1934 年汪精卫对监察院进行斗争,汪精卫等人以常委名义向中央政治会议提议削减监院及惩戒机关职权。②

"一般来说,审计是财务的司法,故审计的效能,惟在于防止弊端和揭发弊端,换句话说,审计的效能,亦仅止于消极而已。中国的审计机关,是隶属于五权分立制的监察系统,监察院是这一系统的最高机关,它的职权,在行政处分上止于惩戒,在司法处分上,仍须移付司法机关,所以审计机关,其职权的发挥,因为缺少了最后的执行权,连消极性也是空洞无力。"③

经济学家马寅初也指出:"监察院是这一个系统的最高机关,它的职权在行政处分上,止于惩戒,在司法处分上,仍须移付司法机关。所以审计机关,其职权的发挥,因为缺少了最后的执行权。"④

---

①　朱通九:《我国的审计制度》,《银行周报》,1934 年第 18 卷第 46 期。
②　伍宏仪:《汪院长与监察制度》,《时代公论》,1934 年第 3 卷第 17 期。
③　《读俞部长财政报告》,《财政评论》,1947 年第 16 卷第 5 期。
④　马寅初:《财政学与中国财政:理论与现实》(上册),商务印书馆 1948 年版,第 91 页。

其次,审计经费没有保障。民国时期国家虽然规定了审计机构的组织、审计人员的任职、考试等制度,但是在审计立法方面并没有明确规定审计机关审计经费的保障问题。这影响了审计工作的覆盖面和审计质量,尤其是地方审计机关没有普遍设立。"审计分处之未能遍设于各省市,目下,审计监督,只及于中央机关,而各省市尚未施及。本年五月,经中央政治会议议决各省市设立审计分处,但后来以经费关系,只决定先设鄂、沪、苏、浙四处。就著者愚见所及,审计监督,只及于中央各机关,固有失政治之平,而各省市中未能遍设审计分处,以施行财政监督,于事实上亦属不公。故希望审计部当局,将审计分处,努力推广,使各省市均行设立,则财政监察之权威,使能发挥尽致矣。"①时任北京政府审计院顾问的日本人土屋祯二对当时的审计提出了批评:"一面或由审计设分院于各省,而行其职务。不然,则事前监督之规定,殆将成为空文乎。"②

在北京政府时期,由于财政的困境以及对审计的重要性认识不足,政府在审计方面的投入严重短缺,致使审计部门经常处于经费和人员匮乏的困境,无法全面有效地进行审计。

南京国民政府时期,由于经费限制,在很长时间内各地没有普设审计处,致使就地审计无法推行,而只能采用送请审计,这大大限制了审计效果。"故吾人盼就地审计普遍推行于地方机关以后,在消极方面,能廓清地方上一切财务之积弊,在积极方面,能改善地方上财务行政之机构,将来,就地审计推行普遍之日,即地方财务行政步向清明之日。"③

二、民国政府审计思想受到外部环境的制约,没有发挥应有的作用

民国政府审计虽然在一定程度上降低了代理成本,但是它的作用离制度设计者的初衷还有很大的距离。系统不断地和外部环境进行信息的交换,系统的功能受到外部环境的制约。具体来说,主要有以下两点外部原因:

其一,审计系统受到其他监督系统的制约。由于审计系统与主计系统、公库系统都是监督系统的一部分,其他两个监督系统的运行状况直接制约了它的监督效率。主计系统的主要功能之一是编制预算,而预算是审计的

---

① 朱通九:《我国的审计制度》,《银行周报》1934 年第 18 卷第 46 期。
② 土屋祯二:《各国审计制度之现状与中国审计制度之批评》,《银行杂志》1925 年第 2 卷第 18 号。
③ 闻亦有:《吾国审计制度之检讨》,《新中华杂志》第 5 卷第 13 期。

依据,没有预算,审计就失去依据。民国建立之初,北京政府虽颁布了预决算制度,但由于政府机构变更频繁、军费开支膨胀、地方截留中央专款的现象加剧,统一的国家预算仅在最初几年编制,至1920年便已中断。南京国民政府成立初期财政预算常常不能按期编制,即便由主计处编制了预算,也常因入不敷出而不能实施。1937年《预算法》颁布,但不久抗战爆发,军费日增,通货膨胀,国家预算只得不断调整变更。预算不完全直接制约了事前审计的正常开展,"事前审计,端赖预算为准则。我国预算,历年以种种关系,未能按时办竣。即民国二十三年度概算目下中央政治会议,虽然已经审核而尚未递交立法院决议。故预算不完,欲执行完密之事前监督,实系万分困难"①。

国库制度不完备也是制约政府审计发展的因素之一,"我国公庵,尚未统一。所以财政部签发之支付书,分直字、坐字、及拨字三种。直字支付书,虽可先送审计部会签,然后发款,颇合事前审计之本旨,但坐字与拨字支付书类,皆先用款,事后补行抵解手续,填发支付书,衡以事前监督之本旨,实不相符"②。国民政府于1928年成立了中央银行,但当时国库制度很不完善,并非所有支付命令事先都经审计部门审核。

其二,审计系统受到其他外部环境的制约。政府审计是上层建筑的一部分,政府审计的作用受整个上层建筑体系的制约。政治上的腐败严重限制了政府审计的执行效果。对于这个问题,当时审计专家许祖烈认为审计难以发挥应有作用的主要原因是各级机关长官任人唯亲,不能严格执行审计机关的处理决定,审计效率低下,具有裙带关系的更是逍遥法外,肆无忌惮。因此,审计和监察只能是打苍蝇而不能打老虎。

民国时期经济和教育落后,广大人民生活在水深火热之中,温饱尚难解决,更不要说有积极参与民主管理国家的愿望了。民主化虽然有所发展,但是总体上民主基础比较薄弱,政府审计公告并没有唤起广大民众关心政府审计,民众的舆论监督难以发挥作用。由于审计公告系统是审计系统向外部传递的中介,因此,从这种意义上来说,民国政府审计系统对外界只是单向的传递作用,而反向的反馈功能没有发挥出来。频繁的战乱和动荡的政局也严重影响了政府审计工作的正常开展,军阀强权的直接干预使得没有枪杆子支持的政府审计显得心有余而力不足。

---

① 朱通九:《我国的审计制度》,《银行周报》,1934年第18卷第46期。
② 朱通九:《我国的审计制度》,《银行周报》,1934年第18卷第46期。

第五节 民国政府审计思想对当代的启示

民国政府审计思想对当代的启示有：一是政府审计要发挥更大的作用离不开特定阶段的政治环境。二是应进一步发挥当代政府审计在建设社会主义民主法治国家中的作用。

一、政府审计要发挥更大的作用离不开特定阶段的政治环境

从上可知，民国政府审计制度的设计较为完备和严密，政府审计思想体现了民主法治的理念，政府审计在推进民主法治中也发挥了积极的作用，但是，这种作用与政府审计制度设计的初衷，还有一定的距离。对于这个问题，当时政府审计专家许祖烈从政治因素、社会因素等更深层次进行剖析。他认为当时政府审计难以发挥应有的作用，其中一个关键的原因是："各机关人员多半为长官私人，设遇不法不忠之事实，而通知机关长官处分时，不能严格执行，或虽执行处分，而多方减轻，甚或今日处分免职，明日又在本机关或其附属机关复职者，亦未始绝无。以是审计效率，大多不为人所重视。至呈请审计部转呈监察院移付惩戒时，则又因交通之梗阻，旷时费日，虽能达到惩戒目的，而人已远离，贪赃枉法，为祸一时之辈，更逍遥法外，而无所忌惮。"[①]由此可见，许氏认为政治黑暗，官场上下朋比为奸，严重限制了政府审计的执行效果。许著还大胆地揭露当时上层高官显贵，无视国法，明目张胆地抵制审计。"许多国营事业机关，如四行、中央信托局、邮政储金汇业局，均收支庞大，而其业务支出，特别支出，暨全部收入，均拒不送审。交通部之解款，资源委员会自筹财源之各项支出，均为预算外支出，亦不送审。"[②]所有这些经济上的不法行为，不是单靠审计所能解决的。由此可见，民国时期的政治环境限制了当时政府审计的作用。

二、应进一步发挥当代政府审计在建设社会主义民主法治国家中的作用

当代政府审计是民主法治的工具，在推进社会主义民主法治建设中发挥着积极的作用，这是不争的事实，但是，政府审计离人民的要求还有一定

---

① 许祖烈：《中国现行审计制度》，立信会计图书用品社 1947 年版，第 130—131 页。
② 许祖烈：《中国现行审计制度》，立信会计图书用品社 1947 年版，第 146 页。

的差距,政府审计事业还有进一步拓展的空间,那么如何进一步发挥当代政府审计在促进民主法治建设中的作用呢? 笔者认为需要做到以下三点:

1.科学设计政府审计制度,注重把民主法治的思想进一步融入政府审计制度的设计中

判断一项制度的科学与否,有两个标准:一是制度的设计;二是制度的执行。制度设计是制度执行的基础,如果一项制度的设计是错误的、不合理的,那么执行这项制度可能会带来严重的不良后果。同理,设计科学的政府审计制度是它得以发挥积极功能的前提。当代政府审计是民主法治的工具,因而,衡量当代政府审计制度设计是否科学的标准在于设计的政府审计制度是否较好地融入了民主法治的思想。具体而言,在设计政府审计制度过程中要注意以下三点:

其一,把审计民主和审计法治结合起来。人民为维护自身的民主权利,委托政府审计机关对政府的受托经济责任进行审计,审计行使了民主的工具职能,即审计民主。为了更好地促使政府审计行使民主的工具,在设计政府审计制度时,必须给予政府审计机关充分的职权,以制约和监督政府的权力。同时,审计民主必须和审计法治结合起来。审计法治即在审计过程中,视审计法律为最高权威,以政府审计监督政府各部门和人员有无违反财经法纪。审计法治是审计民主的依据,即政府审计机关主要监督政府各部门和人员有无违反财经法纪。同时,审计法治又是审计民主的保障,通过审计政府各部门和人员的经济违法行为,对相关责任人作出审计处罚,来保障审计民主的实现。为了更好地促进审计法治,必须把政府审计主体、审计依据、审计职权和审计对象以法的形式固定下来。总之,在设计政府审计制度时,必须把审计民主和审计法治结合起来,才能使政府审计更好地行使民主法治的工具。

其二,把民主审计和依法审计结合起来。审计民主和审计法治是一对范畴,民主审计和依法审计又是一对范畴。前者的主要目的是为了加强对政府部门和人员的监督,确保人民的民主权利。后者侧重于对政府审计部门本身的监督。我们在设计政府审计制度时,不但要考虑怎样更好地监督政府各部门和人员,而且还要考虑如何监督政府审计部门。民主审计和依法审计是监督政府审计部门的有效方式。一方面,要把民主审计的思想融入政府审计制度的设计中,避免政府审计部门和人员的权力过于集中,要发挥广大政府审计人员参与民主管理的积极性,建立政府审计部门的内部监督机制,同时,要畅通广大人民监督政府审计的渠道。另一方面,把好的易于发挥民主审计的做法以制度的形式固定下来,把民主的审计管理和业务

程序纳入政府审计法规中,促使政府审计部门依法审计,从而确保民主审计的实现。

其三,尽量降低制度的执行成本。政府审计是民主法治的工具,应该把民主法治的思想融入政府审计制度的设计中,这只是问题的一方面。另一方面,我们在设计政府审计制度时,必须考虑这种制度的执行成本,设计政府审计制度的最终目的是降低全体人民和政府部门代理关系形成的代理成本,即第一类代理成本。如果设计出来的政府审计制度会带来高额的执行成本,甚至这种执行成本可能会超过第一类代理成本的降低幅度,那么即使这种制度较好地融入了民主法治的理念,它也是一个失败的审计制度。因此,我们在注重把民主法治的思想融入政府审计制度设计过程中的同时,必须尽量降低制度的执行成本。

2.进一步加大政府审计制度的执行力度

一项制度设计得再科学,如果束之高阁,得不到有效的执行,可能比没有这项制度更坏。民国时期政府审计的制度设计较为完备和严密,但是,没有得到严格的执行,大大限制了政府审计的应有效果。因此,我们在科学设计当代政府审计制度的同时,必须加大政府审计制度的执行力度。

3.努力营造更好的政治环境

政府审计制度要发挥更大的作用,要有良好的政治环境;否则,政府审计只能是孤掌难鸣。在当代中国,宪法规定一切权力属于人民,人民是国家的主人,人民的民主法治意识不断提高,一切凌驾于人民利益之上的贪污腐败行为都是法律所不允许的。这一切都表明,我国现在的政治环境是民国时期所不能比拟的。在这种环境下,政府审计在推进民主法治建设中发挥的作用也是民国时期的政府审计所不能企及的。但是,目前以权谋私、贪污腐败等行为还没有得到根本的遏制,在个别部门和领域还有进一步恶化的趋势。整治腐败是个系统工程,审计监督需要监察、司法、纪委等部门的密切配合,才能在反腐败斗争中发挥更大的作用。因此,我们必须一手抓经济建设,在推进经济体制改革的同时,另一手要积极稳妥地推动政治体制改革,尤其要推动与审计关系密切部门的政治改革,营造良好的政治环境。只有这样,政府审计才能在建设社会主义民主法治国家中发挥更大的作用。

主要参考文献

一、中文文献

(一)1949年10月以前出版文献

[1]北洋政府印铸局.政府公报:第16册[R],1913.

[2]岑德彰.中华民国宪法史料[A].新中国建设学会,1933.

[3]陈以刚.论稽察在官厅审计中之地[J].会计季刊,1937,2(4).

[4]陈天华.论中国宜改创民主政体.1905-10-20.

[5]大本营秘书处.陆海军大元帅大本营公报:第2册第16号[R],1923-6-22.

[6]大本营秘书处.陆海军大元帅大本营公报:第3册第25号[R],1923-8-24.

[7]大本营秘书处.陆海军大元帅大本营公报:第8册第15号[R],1924-5-30.

[8]大本营秘书处.陆海军大元帅大本营公报:第8册第17号[R],1924-6-20.

[9]方善桂.中国政府审计论[J].交大经济,1936(5).

[10]龚树森.审计学概要[M].南京:正中书局,1936.

[11]顾保廉.推行计政的几个问题[J].计政季刊,1942(1).

[12]郭卫,林纪东.中华民国宪法史料[M].上海:大东书局,1947.

[13]国民政府文官处印铸局.中华民国国民政府公报:第1册第3号,第3册第16号,第8册第47号,第20册第99期,第21册第1号,第60册洛字第12号,第107册第2039号,第133册渝字第45号,第139册渝字第133号,第207册第2715号[R].台北:台湾成文出版社有限公司,1972.

[14]国民政府行政院新闻局.监察制度的运用[M].行政院新闻局,1947.

[15]国民政府行政院新闻局编印.审计制度[R].1947.

[16]国民政府审计院.审计院公报[J].1928(1)—1928(3),1928(5)—

1928(8),1928(11),1928(12).

[17]国民政府审计部编印.十年来审计工作之统计,油印本.1941.

[18]黄凤铨.中国现行事前审计制度[R].1934黄凤铨发行.

[19]蒋明祺.政府审计原理[M].上海:立信会计图书用品社,1946.

[20]蒋明祺.宪政时期之审计制度[J].财政评论,1947,16(15).

[21]贾士毅.民国财政史:下册[M].北京:商务印书馆,1917.

[22]贾士毅.民国续财政史[M].北京:商务印书馆,1934.

[23]林襟宇.改订审计法之我见[J].会计杂志,1934,4(6).

[24]林兆鎏.财务行政联综组织与审计之关系[J].交通职工月报,1935,3(10).

[25]李济民.宪法内选举审计长之先决问题[M].银行周报,(322).

[26]梁启超.古议院考[M].//饮冰室合集.北京:中华书局,1936.

[27]梁启超.上陈宝箴论湖南应办之事.//戊戌变法(二)[M].北京:中华书局,1936.

[28]梁启超.中国法理学发达史论:文集之十五[M].北京:中华书局,1936.

[29]梁启超.饮冰室合集:文集之三十[M].北京:中华书局,1936.

[30]梁节民.评现行审计部组织法[J].财政评论,1947,16(5).

[31]梁节民.政府审计三疑[J].公信会计月刊,1947,10(5).

[32]马寅初.财政学与中国财政:理论与现实:上册.北京:商务印书馆,1948.

[33]潘序伦,顾询.审计学:上、下册[M].北京:商务印书馆,1936.

[34]审计部秘书处,统计科公报股.审计部公报[R].1931(1)、(2)、(6)、(9—12)、(19—22)、(25—26)、(29—32)、(34)、(37)、(63—66).

[35]审计部.审计部十九年度事前监督审计工作报告[R].1931.

[36]审计部.审计部工作报告[R].1939.

[37]审计部.审计法令汇编[M].北京:商务印书馆,1948.

[38]审计部.拟减民国二年度全国军事预算数目册[R].//审计院政要一,中国第二历史档案馆藏.

[39]审计部.奉天审计分处1913年冬季审计成绩报告书[R],中国第二历史档案馆藏.

[40]审计院.审计院审定外交部主管各机关民国六年七月至七年六月支出金额表[R]//审计院审定全国各机关支出,1919.

[41]审计部.未核签支付命令一览表[R]//审计部十九年度事前监督审计工作报告,1931.

［42］审计部.审计部二十八年一至六月份核准各机关二十六年度及以前各年度经费支出表［R］//审计部工作报告,1939.

［43］审计部统计室.审计部及所属各处员役俸薪工饷数查报表［R］//审计部最近六年审计工作之统计,1947.

［44］审计官惩戒法［J］.司法公报,1915(44):1915-10-30发行.

［45］孙中山.孙中山全集:上册［M］.上海:三民公司,1927.

［46］陶元琳.中国政府审计［M］.重庆:大时代书局,1942.

［47］王培骥.中国事前审计制度［M］.南京:正中书局,1936.

［48］王逢辛.会计审计法规［M］.北京:商务印书馆,1938.

［49］魏源.外大西洋墨利加洲总叙［M］//海国图志(百卷本),卷五十九.

［50］吴以杨.略述我国政府审计［J］.会计期刊,1942(1).

［51］吴应图.审计学［M］.北京:商务印书馆,1925.

［52］吴宗焘.谈吾国之审计制度［J］.银行周报,1928,(18).

［53］谢慕韩.新生活运动与民族复兴［J］.中国革命,1934,3(17).

［54］伍宏仪.汪院长与监察制度［J］.时代公论,1934,3(17).

［55］奚玉书.论事前审计［J］.公信会计月刊,1940,4(3).

［56］徐式圭.中国监察史略［M］.北京:中华书局,1937.

［57］徐英豪.论审计对象［J］.公信会计月刊,1940,3(3).

［58］徐以枞.民国以来我国官厅审计之概论［J］.会计杂志,1933,1(5).

［59］许祖烈.中国现行审计制度［M］.上海:立信会计图书用品社,1947.

［60］袁际唐.政府审计之检讨［J］.立信会计季刊,1941,(12).

［61］余宣.行宪后审计职权与审计长人选［J］.现代会计,1948(6).

［62］杨汝梅.民国财政论［M］.北京:商务印书馆,1927.

［63］杨汝梅.论审计制度——中国财政问题之一［M］//军需学校丛书,1930.

［64］杨汝梅.近代各国审计制度［M］.北京:中华书局,1931.

［65］杨端六,等.六十五年来中国国际贸易统计［J］."国立中央研究院"社会科学研究所专刊,1931(4).

［66］鄢景风.新生活运动之伦理体系［J］.中国革命,1934,3(17).

［67］雍家源.中国政府会计论［M］.北京:商务印书馆,1933.

［68］张汉卿.政府审计述要［M］.南京:正中书局,1937.

［69］张国藩.中国主计制度之研究［J］.会计季刊,1937,2(4).

［70］章渊若.监察院的审计问题［J］.社会科学杂志,1928,(3).

［71］郑观应.议院［M］//盛世危言:卷一.石印本.1896(清光绪二十二年).

[72]中国第二历史档案馆整理编辑.政府公报[R].影印本.上海:上海书店,1988.

[73]中央训练团.中华民国法规辑要:第五册[G].中央训练团,1941.

[74]朱通九.我国的审计制度[J].银行周报,1934,18(46).

(二)1949年10月以后出版文献

[1]班保申.程序民主的含义、特征和功能[J].黑龙江社会科学,2006(6).

[2]曹春.中华民国审计简介[J].河北审计,1998(9).

[3]陈真.中国近代工业史资料:第四辑[M].北京:三联书店,1961.

[4][美]道格拉斯·C.诺思.经济史中的结构与变迁[M].陈郁,等译.上海:三联书店,1991.

[5]董长芝,马东玉.民国财政经济史[M].沈阳:辽宁师范大学出版社,1997.

[6]方宝璋.中国审计史稿[M].福州:福建人民出版社,2006.

[7]方宝璋.北洋政府时期的审计机构和立法[J].当代审计,1995(2).

[8]方宝璋.北洋政府时期审计实绩与历史地位[J].当代审计,1995(4).

[9]方宝璋.对民国时期政府审计的历史评价[J].当代审计,1996(1).

[10]方宝璋.广东大元帅大本营时间的审计[J].当代审计,1995(3).

[11]方宝璋.民国时期的审计机构和人员[J].当代审计,1995(4).

[12]方宝璋.国民政府时期的审计立法[J].当代审计,1995(5).

[13]方宝璋.国民政府时期审计种类与方法[J].当代审计,1995(6).

[14]冯敏.辛亥革命与民国时期国家审计的发展[C]//孙中山与辛亥革命——纪念辛亥革命90周年论文集,2001.

[15]郭道扬.中国会计史稿:下册[M].北京:中国财政经济出版社,1988.

[16]郭华平.中国审计理论体系发展研究[M].北京:经济管理出版社,2007.

[17]郭飞平.中华民国经济史[M].北京:人民出版社,1994.

[18]桂建平.对权力的监督和制约与国家审计职能定位研究[J].审计研究,2004(4).

[19]李光灿.寄簃文存(六):重刻明录序[M]//评《寄簃文存》.北京:群众出版社,1985.

[20]故宫博物院明清档案部.清末筹备立宪档案史料[A].北京:中华书局,1990.

[21]韩强.程序民主论[M].北京:群众出版社,2002.

[22]贺俊春,汪根木.论程序民主[J].法制与社会,2007(3).

[23]胡汉民先生文集:第4册[M].台北:"中央"文物供应社,1978.

[24][英]霍布斯.利维坦[M].黎思复,黎延弼等译.北京:商务印书馆,1985.

[25][美]杰斐逊.杰斐逊文集[M].刘祚昌,邓红风译.北京:三联书店,1998.

[26]李金华.中国审计史:第二卷.北京:中国时代经济出版社,2004.

[27]吉林省审计志办公室.审计资料选编[G].1987.

[28][英]洛克.政府论[M].叶启芳,瞿菊农译.北京:商务印书馆,1964.

[29]刘鼎铭.民国时期的中央审计机关与审计制度述论[J].南京审计学院学报,2004(2).

[30]刘富珍.中华民国时期政府审计特点探析[D].南昌:江西财经大学,硕士学位论文.2006.

[31]列宁.列宁全集:第五卷[M].北京:人民出版社,1963.

[32]刘相平.论南方革命政府审计工作的历史地位[J].民国档案,2003(1).

[33][法]孟德斯鸠.论法的精神:上册[M].张雁琛译.北京:商务印书馆,1961.

[34][英]穆勒.代议制政府[M].汪暄译.北京:商务印书馆.1997.

[35]全国人民代表大会.中华人民共和国宪法[Z].2006-12-18,http://www.npc.gov.cn/npc/xinwen/node_505.htm.

[36]全国人民代表大会常务委员会.中华人民共和国行政监察法[Z].2004-1-6,http://www.mos.gov.cn/Template/article/display0.jsp?mid=20040105000299.

[37]全国人民代表大会常务委员会.中华人民共和国审计法[Z].2006-3-1,http://www.audit.gov.cn/n1087/n1599/325639.html.

[38]孙中山.孙中山选集:下卷[M].北京:人民出版社,1956.

[39]孙中山.孙中山全集:第一卷[M].北京:中华书局,1981.

[40]孙中山.孙中山全集:第四卷[M].北京:中华书局,1985.

[41]史全生.略论民国审计制度的建立与发展[J].民国档案,2003(1).

[42]陕西省地方志编撰委员会.陕西省志·审计志[G].西安:陕西人民出版社,1997.

[43][英]汤姆·李.企业审计[M].徐宝权,张立民译.天津:天津大学出版社,1991.

[44]汤志钧.章太炎年谱长编:下[G].北京:中华书局,1979.

[45]王会金,陈希晖.我国国家审计的未来发展策略[J].审计与经济研究,2008(4).

[46]王娜.国家审计的支柱:民主·法治·科学——李金华审计长访谈录[J].中国审计,2004(1).

[47]王香士.民国时期广东省民间审计[J].广东审计,1996(8).

[48]魏明海,许晓青.有限理性下的审计判断[J].广东审计,2000(12).

[49]文硕.世界审计史[M].北京:企业管理出版社,1996.

[50]夏寒,蒋大鸣.制度移植视角下的近代政府审计制度检讨[J].审计与经济研究,2011(4).

[51]夏寒.民国事前审计制度评述[J].南京审计学院学报,2014(4).

[52]肖建国.程序公正的理念及其实现[J].法学研究,1999(3).

[53]肖清益.中国审计史纲要[M].北京:中国审计出版社,1990.

[54]项俊波,文硕.审计史[M].北京:中国审计出版社,1990.

[55]徐义生.中国近代外债史统计资料[M].北京:中华书局,1962.

[56]鄢定友.南京国民政府审计机制软化的原因管窥[J].沧桑,2005(5).

[57]鄢定友.南京国民政府审计立法的机构特点[J].江苏警官学院学报,2004(5).

[58]鄢定友.授权·分割·制衡——南京国民政府审计职权演变的路径分析[J].贵州社会科学,2006(1).

[59]鄢定友.民国时期政府审计机构的递嬗路向与思考[J].会计之友,2012(12).

[60]杨肃昌.审计监督的政治学思考[J].审计与经济研究,2008(2).

[61]杨荫溥.民国财政史[M].北京:中国财政经济出版社,1985.

[62]严复.论世变之亟[M]//严复诗文选注.南京:江苏人民出版社,1975.

[63]严中平等.中国近代经济史统计资料选辑[G].北京:中国社会科学出版社,2012.

[64]赵友良.中国近代会计审计史[M].上海:上海财经大学出版社,1996.

[65]赵友良.潘序伦的会计审计思想[J].立信学刊,1996(2).

[66]张达聪.民国时期审计制度的演进及其特点[J].江汉论坛,1997(1).

[67]张立民,聂新军.构建和谐社会下的国家审计结果公告制度——基于国家审计信息产权视角分析[J].审计研究,2006(2).

[68]张建平,郑骏锋.民国时期审计对现代审计的借鉴与启示[J].中国注册会计师,2013(7).

[69]章太炎.章太炎全集:3[M].上海:上海人民出版社,1985.

[70]章太炎.代议然否论[M]//章太炎政论选集:上.北京:中华书局,1977.

[71]郑忠.国民政府时期的审计教育述评[J].民国档案,2003(1).

[72]中共中央马克思恩格斯列宁斯大林著作编译局.马克思恩格斯选集:第二卷[M].北京:人民出版社,1972.

[73]中华人民共和国国务院.中华人民共和国审计法实施条例[Z].2010-2-20,http://www.gov.cnzwgk2010-02/20/content_1537495.htm.

[74]方宝璋,朱灵通.民国时期的政府审计立法思想[J],江西社会科学,2010(2).

[75]方宝璋,朱灵通.论国家审计信息产品的属性和价格[J].审计与经济研究,2010(3).

[76]朱灵通.论我国政府审计信息公开的三维拓展[J].财会月刊,2011(10).

[77]朱灵通,方宝璋.略论民国时期监审合一思想[J].会计之友,2011(12).

[78]朱灵通,方宝璋.民国时期审计人员资格思想及其对当代的借鉴[J].中国注册会计师,2011(7).

[79]朱灵通,方宝璋.论民国时期政府审计思想的特点及其启示[J].审计研究,2012(1).

[80]朱灵通.民主法治视角下的近代国家审计会议思想[J].江西财经大学学报,2012(2).

[81]朱灵通,方宝璋.民国时期政府审计分类思想及其启示[J].财会通讯,2013(7)(上).

[82]朱灵通,李长安.论民国时期的审计清官文化及其对当代的启示[J].中国内部审计,2014(5).

二、外文文献

[1] AAA. Report of the Committee Basic Auditing Concepts[J]. The Accounting Review Supplement,1972:17.

[2] Edward J. Joyce. Studies on Human Information Processing in Accounting[J]. Journal of Accounting Research,1976,(14):29-60.

[3] INTOSAI. The Lima Declaration of Guidelines on Auditing Percepts. [EB/OL] http://www. intosai. org/blueline/upload/limadeklaren. pdf.

[4] Jensen & W. H. Meckling. Theory of the Firm: Managerial Behavior, Agency Costs and Ownership Structure [J]. Journal of Financial Economics,1976,3(4).

[5] Margaret, L. A Model, a Method and a Map: Rational Choice in Comparative and Historical Analysis[M]. Cambridge University Press, 1997: 17.

[6] Watson,J. H. The Structure of Project Teams Facing Differentiated Environments: An Exploratory Study in Public Accounting Firms[J]. The Accounting Review,1975(4):259-273.

[7] Scott, William R. Financial Accounting Theory[M]. Toronto: Prentices Hall Inc,1997.

附　　录

《国民政府监察院组织法》[①]

中华民国十四年七月十七日

第一条　监察院受中国国民党之指导监督与国民政府之命令,根据中国国民党中央执行委员会政府改组令第三条,监察国民政府所属各级机关官吏之行动,及考核税收与各种用途之状况,如查得有舞弊亏空及溺职等情,当即起诉于惩吏院惩办之。

第二条　本院设监察委员五人执行院务。

第三条　本院监察委员五人互选一人为主席,所有全院事务均由院务会议解决之,院务会议须有监察委员过半数出席,议决后由主席署名,以监察院名义行之。

第四条　本院分设五局及一政治宣传科,除政治宣传科另由中国国民党派一人处理事务外,余均由监察委员五人分任,各局事务如左:

第一局　掌理总务及官吏事宜。

第二局　掌理训练及审计事宜。

第三局　监察邮电及运输事宜。

第四局　监察税务及货币事宜。

第五局　掌理密查及监察事宜。

政治宣传科　专理宣传本党主义及指导各党员与官吏遵守党规。

第五条　第一局分设下列诸科:

一、总务科　掌理本院文书、会计、庶务及其他不属各科之事务。

二、吏治科　(1)考察各官吏之称职与渎职以便升降。(2)调查各大学及专门学校之人才以便荐举。(3)建立考试制度以求政府各种适当人才。

第六条　第二局分设下列诸科:

[①]　《中华民国国民政府公报》第1本第3号。

一、训练科　本科职任为使各行政职员能熟悉其所任事务之真确性质，并以有效之方法执行，职员为实现此项目的，须开设夜校，召集会议，以及个人谈话公开宣传等。

二、审计科　(1)审查各机关所用之簿记方法是否遵守训练科所议定统一方式。(2)本科有审核政府一切机关各项收支之权。(3)本科设科长一人为审计长，文牍一人除外，审计员四人，书记二人，什役二人。(4)本科派员亲赴各地各机关审查账项。(5)在广州市内各机关至少一月审查一次，在广州市外各地各机关至少三月派员审查一次。(6)审查后本科即将一切经过情形，报告于监察院。(7)无论任何机关均须开列职员俸给表，送交本科备案，及后如有新委职员，亦宜随时报名，以便稽核。(8)本科存有各机关职员俸给表一份，以备核对。(9)本科有权查核各机关职员所领薪俸，是否依照审定俸给表发给。(10)当本科派员审核各机关时，如遇有怀疑及质问，无论任何高级官吏，应即予以圆满之答复。(11)倘经本科查出舞弊事情，应即报告监察院，再由监察院起诉于惩吏院，依法办理之。

第七条　第三局分设下列诸科：

一、邮电科　调查政府所属邮政电报及电话等局状况，以期收迅速之效。

二、运输科　调查政府所管理之铁路、航政所用之材料。

第八条　第四局分设下列诸科：

一、税务科　调查田赋、税契、盐务、海关及其他税项。

二、货币科　调查银币铸造及中外纸币发行之情况。

第九条　第五局分设下列诸科：

一、密查科　密查各机关所发生之非法案件而报告之。

二、检查科　搜集各官吏舞弊、渎职、违令及滥费公家财产等案件之证据，以起诉于惩吏院，本科科长须富有法律的学识及经验者，方可任之。

第十条　每科设科长一人，须富有专门学识及经验者方可任之，视各事务之繁简，得设科员若干人，雇员若干人。

第十一条　各科长由本院委员会委任之，各科员及雇员由局主任分别委任之。

第十二条　本院各种办事规则由本院院务会议另定之。

第十三条　本法自公布日施行。

《国民政府监察院组织法》①

中华民国十四年九月三十日修正公布

第一条　国民政府监察院受中国国民党之指导监督与国民政府之命令，根据中国国民党中央执行委员会政府改组令第三条规定组织之。

第二条　监察院有监察国民政府所属各机关官吏之权。

第三条　监察院行使监察权时，有随时调阅各官署之案牍簿册之权，遇有质疑，该官署主管人员须负责为充分之答辩。

第四条　监察院对于各官吏之违法或不当处分，认为损害人民权利或利益者，得不待人民之陈诉，径以职权为取消或变更之决定，呈由国民政府或咨由该管最高级行政官署，转令按照执行。

第五条　各官署不服监察院取消或变更其处分之决定者，得于奉到执行命令之次日起十日内提出抗辩书，但再经监察院决定仍维持原决定时，应即按照执行。

第六条　各官署不服监察院之决定，不依限提出抗辩书而又不按照执行者，监察院即提起斜弹，交付惩戒。

第七条　人民陈诉官署之违法或不当处分，在未经监察院决定以前，其原处分不失其效力，但监察院认为必要或因原告之请求，得先呈国民政府或咨由该管最高行政官署，转令停止其执行。

第八条　监察院发现各级官吏有犯事行为时，得不待人民之控告，径以职权检举之，并于必要时，得发逮捕状逮捕之。

第九条　监察院收受人民控告官吏犯罪诉状，经审查后，除认为不应受理，予以驳回外，其认为应受理者，应即以严密之方法从事侦查，并于必要时，得发逮捕状逮捕之。

前项侦查，得因便利嘱托被告所在地法院实施之。

第十条　监察院对于官吏之犯罪侦查完毕，应即开始预审，除认为证据不充分宣告免诉外，其罪证确凿者，应即于预审终结后三日内，依起诉条例之规定，起诉于惩吏院。

第十一条　监察院设监察委员五人统理院务。

第十二条　监察院院务会议之处理，经监察委员过半数之议决，但日常事务，得由常务委员一人处理之。

----

① 《中华民国国民政府公报》第 2 本第 10 号。

前项常务委员,由监察委员一人,按日轮值充之。监察院文书,以监察院名义由全体委员署名行之。

第十三条　本院共设三局、一政治宣传科、一秘书处,其组织法如下:

(甲)第一局分设下列二科:(一)考试科。(二)实业科。考试科下设二股,实业科下设二股。

(乙)第二局分设下列二科:(一)审计科。(二)财政科。审计科下设五股,财政科下设三股。

(丙)第三局分设下列二科:(一)吏治科。(二)训练科。吏治科下设二股,训练科下设三股。

(丁)秘书处:秘书处分设下列三股及法官一人。(一)文书股。(二)会计股。(三)庶务股。

(戊)政治宣传科:此科由中国国民党中央执行委员会派员组织之。

第十四条　各局设局长一人,由监察委员兼任之,局长室各设书记一人。

第十五条　各科设科长一人、科员若干人。

第十六条　秘书处设书记长一人、法官一人、科员若干人。

第十七条　书记长、科长由本院荐任之,各科员由本院委任之。

第十八条　各科及秘书处,因缮写文件、助理庶务,得酌用雇员。

第十九条　本院各局之职务分掌如下:

(甲)第一局

(一)考试科

1.关于专门人材之登用事项。

2.关于官吏资格之审查事项。

3.关于考试制度之制定事项。

4.关于各种考试之监视事项。

(二)实业科

1.关于交通事业之监察事项。

2.关于农工商矿森林公用等之监察事项。

(乙)第二局

(一)审计科

1.关于国库收支预算之审查事项。

2.关于国库收支决算之审查事项。

3.关于国库收支事务之监察事项。

4.关于监收公共工程及官业公产投票之监视事项。

5.关于国库收支统计之编成事项。

(二)财政科

1.关于租税制度之审查及税务行政之监察事项。

2.关于公债条例之审查暨整理发行之监察事项。

3.关于官产公产之调查及监察事项。

4.关于金融事业之监察事项。

(丙)第三局

(一)吏治科

1.关于官吏行为之监察事项。

2.关于官吏治绩之考成事项。

(二)训练科

1.关于行政官吏之指导及训练事项。

2.关于特种官吏之养成事项。

3.关于官厅簿记册籍、公牍程式之编订事项。

4.关于监察事业之宣传事项。

(丁)秘书处

1.关于院印之保管事项。

2.关于文件之收发事项。

3.关于文书之撰拟及综核事项。

4.关于会议之纪录及编纂事项。

5.关于金钱之出纳及保管事项。

6.关于用具之采买供给、院舍之营缮整理、什役之进退调度等事项。

7.关于预审及起诉事项。

第二十条　本院各种办事细则由本院另定之。

第二十一条　本法自国民政府公布日施行。

《国民政府监察院组织法》①

中华民国十五年十月四日修正公布

　　第一条　国民政府监察院根据中国国民党中央执行委员会政府改组令第三条规定组织之,受中国国民党之监督指导与国民政府之命令,掌理监察国民政府所属行政、司法各机关官吏事宜,其职权如左:

————————

① 《中华民国国民政府公报》第8本第47号。

（一）关于发觉官吏犯罪事项。

（二）关于惩戒官吏事项。

（三）关于审判行政诉讼事项。

（四）关于考查各种行政事项。

（五）关于稽核财政收入支出事项。

（六）关于官厅簿记方式及表册之统一事项。

第二条　惩戒官吏法、行政诉讼法、审计法另定之。

第三条　监察院行使职权时，随时调查各官署之档案册籍，遇有质疑，该官署主管人员应负责为充分之答复。

第四条　监察院对于官吏违法或处分失当，得不待人民之控告，径以职权检举之。

第五条　监察院惩戒官吏，发现刑事犯罪时，应将刑事部分移交司法机关审判。

前项案件应由监察院监察委员一人，执行刑事原告官职务。

第六条　监察院置监察委员五人、审判委员三人、分掌监察及审判事务，其他院内行政事务，由委员会议处理之。

第七条　监察院置秘书处及下列各科：

一、秘书处承委员会之命处理：（甲）印信。（乙）记录编撰。（丙）文书收发。（丁）文书综阅。（戊）会计。（己）庶务。（庚）其他不属于各科事务。

二、各科承委员会之命，办理左列事务：

第一科：关于考查各种行政事项。

第二科：关于稽核中央及地方财政收入支出及统一官厅簿记表册事项。

第三科：关于弹劾官吏违法及提起行政诉讼事项。

第四科：关于审判官吏惩戒处分及行政诉讼事项。

第八条　监察院置秘书长一人、科长四人、分管秘书处及各科事务。

第九条　秘书处及各科设科员若干人，并得视事务之繁简，分股办事。

第十条　监察院得因必要置监察员若干人，逐日分赴行政司法各机关调查。

第十一条　秘书长、科长、监察员，由监察院委员会荐任之，其余职员，由监察院委员分别委任之。

第十二条　监察院因缮写文件、助理庶务，得酌用雇员。

第十三条　监察院各项办事细则由本院另定之。

第十四条　本法自公布之日施行。

《国民政府监察院组织法》①

中华民国十六年十一月五日

第一条 国民政府监察院根据中国国民党党纲组织之。

第二条 监察院受中国国民党之监督指导与国民政府之命令,掌理监察国民政府所属行政、司法各机关官吏事宜。

第三条 监察院职权如左:

(一)关于发觉官吏犯罪事项。

(二)关于弹劾官吏事项。

国民政府及各省政府对于所属官吏,亦得弹劾之。

(三)关于考查各种行政事项。

(四)关于中央及地方审计事项。

(五)关于官厅簿记方式及表册之统一事项。

第四条 监察院行使职权时,随时调查各官署之档案册籍,遇有疑问,该官署主管人员应负责为充分之答复。

第五条 监察院弹劾官吏,发现刑事犯罪时,应将刑事部分移交司法机关审判。

前项案件,得由监察院监察委员一人,行使刑事起诉权。

第六条 监察院置监察委员七人,对于左列事项由委员会议决定之:

(一)弹劾事项。

(二)分配事务事项。

(三)其他院内行政事项。

第七条 监察院置秘书处及下列各司:

秘书处承委员会之命,掌理印信、记录、编撰、文书收发、会计、庶务及其他不属于各司事务。

左列各司承委员会之命办理事项如下:

第一司:掌理考查各种行政事项。

第二司:掌理弹劾官吏及关于官吏犯罪事项。

第三司:掌理中央及地方审计及统一官厅簿记表册事项。

第八条 监察院置秘书长一人、秘书五人、司长三人,分管秘书处及各司事务。

---

① 《中华民国国民政府公报》第12本第5号。

第九条　秘书处及各司设科长、科员若干人,分科办事。

第十条　秘书长、司长为简任职,秘书、科长为荐任职,其余职员为委任职。

第十一条　监察院因缮写文件及其他事项,得酌用雇员。

第十二条　监察院各项办事细则由监察院另定之。

第十三条　本组织法自公布日施行。

《监察院组织法》①

中华民国十七年十月二十日

第一条　监察院以监察委员行使弹劾职权。

第二条　监察院关于审计事项,设审计部掌理之。

第三条　监察院院长得提请国民政府特派监察史,分赴各监察区行使弹劾职权,监察使得由监察委员兼任,监察区由督察院定之。

第四条　监察院得随时派员分赴各公署及其他公立机关调查档案册籍,遇有疑问,该主管人员应负责为详实之答复。

第五条　监察委员得单独提出弹劾案。

第六条　弹劾案提出时,由院长另指定监察委员三人审查,经多数认为应付惩戒时,监察院应即将被弹劾人移付惩戒。

前项弹劾案经官吏惩戒委员会议决,不应受处分时,原弹劾人不负责任。

第七条　前条弹劾案经审查,认为不应移付惩戒而提案人仍复提出时,监察院应即将被弹劾人移付惩戒。

前项弹劾案经官吏惩戒委员会议决,不应受处分时,原弹劾人应受监察委员保障法规定之处分。

第八条　弹劾案提出后原弹劾人不得撤回。

第九条　官吏惩戒法另定之。

第十条　监察委员对于其他监察委员得弹劾之。

前项弹劾案准用第五条至第八条之规定。

第十一条　监察委员不尽职时,立法院得向监察院提出质问。

第十二条　审计部设部长一人、副部长一人,由院长提请国民政府分别任命之。

---

① 《中华民国国民政府公报》第21本第1号。

第十三条　审计部掌左列事项：

（一）关于国民政府及各省各特别市政府岁出岁入之决算事项。

（二）关于国民政府所属各机关每月之收支计算事项。

（三）关于特别会计之收支计算事项。

第十四条　审计部之组织以法律定之。

第十五条　审计法另定之。

第十六条　监察院内置左列各处：

（一）秘书处。

（二）参事处。

第十七条　秘书处置左列各职员：

（一）秘书长一人，简任。

（二）秘书六人至十人，其中四人简任，余荐任。

（三）科员十人至二十人，委任。

第十八条　秘书处掌左列事项：

（一）关于文书收发编制及保管事项。

（二）关于文书分配事项。

（三）关于文件之撰拟及翻译事项。

（四）关于典守印信事项。

（五）关于会计庶务事项。

（六）其他不属于参事处主管事项。

第十九条　参事处置参事四人至六人，简任。

第二十条　参事处掌撰拟、审核关于监察之法律、命令事项。

第二十一条　监察院院长综理全院院务。

第二十二条　监察院会议规则及处务规程另定之。

第二十三条　本法自公布日施行。

《监察院组织法》①

中华民国二十一年六月二十四日修正公布

第一条　监察院以监察委员行使弹劾职权，弹劾法另定之。

第二条　监察院设审计部，行使审计职权。

审计部组织法及审计法另定之。

---

① 《中华民国国民政府公报》第60本洛字第12号。

第三条　监察院为行使职权,向各官署及其他公立机关查询或调查档案册籍,遇有疑问时,该主管人员应负责为详实之答复。

第四条　审计部设部长一人、副部长一人,由院长提请国民政府分别任命之。

第五条　审计部掌理左列事项:

一、监督政府所属全国各机关预算之执行。

二、审核政府所属全国各机关之计算及决算。

三、核定政府所属全国各机关之收入命令及支付命令。

四、稽察政府所属全国各机关财政上之不法或不忠于职务之行为。

第六条　监察院院长得提请国民政府特派监察史,分赴各监察区巡回监察,行使弹劾职权,监察史得由监察委员兼任,监察区及监察使巡回监察规程,由监察院定之。

第七条　监察院内置左列各处:

一、秘书处。

二、参事处。

第八条　秘书处掌理左列事项:

一、关于文书收发编制及保管事项。

二、关于文书分配事项。

三、关于文件之撰拟及翻译事项。

四、关于典守印信事项。

五、关于庶务会计事项。

六、其他不属于参事处之事项。

第九条　参事处掌左列事项:

一、撰拟审核关于监察之法案命令事项。

二、院长交办事项。

第十条　监察院院长综理院务。

第十一条　监察院置秘书长一人、参事四人至六人,简任;秘书六人至十人,其中四人简任,余荐任;科员十人至二十人,委任。

第十二条　监察院得酌用雇员。

第十三条　监察院会议规则及处务规程由监察院定之。

第十四条　本法自公布日施行。

《监察院组织法》①

中华民国三十五年十一月二十五日国民政府修正公布

第一条　监察院以监察委员行使弹劾职权。

弹劾法另定之。

第二条　监察院设审计部，行使审计职权。

审计部组织法及审计法另定之。

第三条　监察院为行使职权向各官署及其他公立机关查询或调查档案册籍遇有疑问时，该主管人员应负责为详实之答复。

第四条　审计部设部长一人，政务次长常务次长各一人，由院长提请国民政府分别任命之。

第五条　审计部掌理左列事项：

一、监督政府所属各机关预算之执行。

二、审核政府所属全国各机关之计算及决算。

三、审核政府所属全国各机关之收入命令，及支付命令。

四、稽察政府所属全国各机关财政上之不法或不忠于职务之行为。

第六条　监察院院长得提请国民政府特派监察使，分赴各监察区巡回监察行使弹劾权。

监察史得由监察委员兼任。

监察史于必要时，得于监察区内设监察使署，其组织条例另定之。

监察史任期二年，但在任期得由监察院调往他区巡回监察，监察区及监察使巡回监察规程，由监察院定之。

第七条　监察院内置左列各处：

一、秘书处。

二、参事处。

第八条　秘书处掌左列事项：

一、关于文书收发编制及保管事项。

二、关于文书分配事项。

三、关于文件之撰拟及翻译事项。

四、关于典守印信事项。

五、关于庶务会计事项。

---

① 审计部：《审计法令汇编》，商务印书馆1948年版，第12—13页。

六、其他不属于参事处之事项。

第九条　参事处掌左列事项：

一、撰拟审核关于监察之法案命令事项。

二、院长交办事项。

第十条　监察院院长综理院务。

第十一条　监察院置秘书长一人，特任；参事四人至六人，简任；秘书六人至十人，其中四人简任；余荐任，科长四人至六人，荐任，调查专员六人至十人，荐任，但其中二人至四人得为简任；科员四十人至五十人，委任，但其中十二人得为荐任；书记官二十人至四十人，办事员二十人至四十人，均委任。监察院得聘用编纂四人至六人，并配用雇员四十人至六十人。

第十二条　监察院设会计室，置会计主任一人，荐任，统计室置统计主任一人，荐任，依国民政府主计处组织法之规定，办理岁计会计统计事务。

监察院设人事室，置主任一人，荐任，依人事管理条例之规定，办理人事管理事务。会计室统计室佐理人员，人事室助理人员，其名额由监察院分别会同主计处，铨叙部就本法所定员额中决定之。

《监察院组织法》①

中华民国三十六年三月三十一日修正公布

第一条　本法依宪法第一百零六条制定之。

第二条　监察院行使宪法所赋予之职权。

第三条　监察院得分设委员会，其组织依法律定之。

第四条　监察院设审计总处，其职掌如左。

一、监督政府所属全国各机关预算之执行。

二、核定政府所属全国各机关之收支命令及支付命令。

三、审核政府所属全国各机关之计算及决算。

四、稽察政府所属全国各机关财政上之不法或不忠于职务之行为。

审计总处之组织，另以法律定之。

第五条　审计长综理审计总处事务。

第六条　监察院院长综理院务，并监督所属机关。监察院院长因事故不能视事时，由副院长暂行代理其职务。

第七条　监察院会议，由院长副院长及监察委员组织之，以院长为主席。

① 《中华民国国民政府公报》第 209 本第 2787 号。

第八条　监察委员得分赴各地巡回监察,行使弹劾纠举之职权。

第九条　监察院置秘书长一人,由院长就监察委员外遴选人员,提出监察院会议决定后,由政府特派之。

秘书长承院长之命,处理本院事务,并指挥监督所属职员。

第十条　监察院设秘书处,其职掌如左。

一、关于会议记录事项。

二、关于派查案件及收集有关资料事项。

三、关于文书收发及保管事项。

四、关于文书分配撰拟及编制事项。

五、关于印信典守事项。

六、关于出纳庶务事项。

第十一条　监察院置参事四人至六人,简任,掌理撰拟审核关于监察之法案命令事项。

第十二条　监察院置秘书六人至十人,其中四人简任,余荐派,科长四人至六人,荐任,调查专员六人至十人,其中二人至四人简任,余荐任,科员四十人至五十人,委任,其中十二人得为荐任,书记官二十人至四十人,办事员二十人至四十人,均委任,并得派用雇员四十人至六十人,监察院得聘用编纂四人至六人。

第十三条　监察院设会计室及人事室,依法律之规定分别办理岁计会计统计及人事事项。

会计室统计室及人事室各置主任一人,均荐任,其余人员由院长会同主管机关就前条所定员额中决定之。

第十四条　监察院会议规则及处务规则,由监察院定之。

第十五条　本法施行日期,以命令定之。

《监察院组织法》[①]

中华民国三十六年十二月二十五日修正公布

第一条　本法依宪法一百零六条制定之。

第二条　监察院行使宪法所赋予之职权。

第三条　监察院得分设委员会,其组织另以法律定之。

第四条　监察院设审计部,其职掌如左。

---

① 《中华民国国民政府公报》第 217 本第 3614 号。

一、监督政府所属全国各机关预算之执行。

二、核定政府所属全国各机关之收入命令及支付命令。

三、审核政府所属全国各机关之计算及预算。

四、稽察政府所属全国各机关财政上之不法或不忠于职务之行为。

审计部之组织，另以法律定之。

第五条　审计长综理审计部事务。

第六条　监察院院长综理院务，并监督所属机关。

监察院院长因事故不能视事时，由副院长代理其职务。

第七条　监察院会议由院长副院长及监察委员组织之，以院长为主席。

第八条　监察院视事实之需要，得将全国分区设监察院监察委员行署，其组织另以法律定之。

第九条　监察院置秘书长一人，由院长就监察委员处遴选人员，提出监察院会议决定后，由政府特派之。秘书长承院长之命，处理本院事务，并指挥监督所属职员。

第十条　监察院设秘书处，其职掌如左。

一、关于会议记录事项。

二、关于派查案件及收集有关资料事项。

三、关于文书收发及保管事项。

四、关于文书分配撰拟及编制事项。

五、关于印信典守事项。

六、关于出纳庶务事项。

第十一条　监察院置参事四人至六人，简任，掌理撰拟审核关于监察之法案命令事项。

第十二条　监察院置秘书八人至十二人，其中六人简任或简派，余荐任或荐派；调查专员八人至十六人，其中六人简任，余荐任；科长四人至六人，荐任；速记员二人至四人，其中二人荐任，余委任；科员四十人到五十人，委任。其中十二人得为荐任，书记官二十人至四十人，办事员二十人到四十人，均委任，并得用雇员四十人至六十人。

监察院得聘用专门委员会六人至十二人。

第十三条　监察院设会计处统计室及人事室，依法律之规定分别为办理岁计会计统计及人事事项。会计处置会计长一人，简任，科长二人，荐任；科员四人至六人，委任，并得用雇员四人至六人。统计室置主任一人，荐任；科员二人至四人，委任，并得用雇员二人至四人。人事室置主任一人，荐任；科员三人至六人，勤务员二人至四人，均委任，并得用雇员一人至二人。

第十四条　监察院会议规则及处务规程,由监察院定之。

第十五条　本法施行日期,以命令定之。

《审计法》①

中华民国三年十月二日公布施行

第一条　审计院除法令规定之大总统、副总统岁费和政府机密费外,应行审定者如左:

一、总决算。

二、各官署每月之收支计算。

三、特别会计之收支计算。

四、官有物之收支计算。

五、由政府发给补助费或特与保证之收支计算。

六、法令特定为应经审计院审定之收支计算。

第二条　审计院依法令审定各种决算,应就左列事项编制审计报告书呈报大总统。

一、总决算及各主管官署决算报告书之金额与金库出纳之计算金额是否相符。

二、岁入之征收、岁出之支用、官有物之买卖让与及利用,是否与法令之规定及预算相符。

三、有无超过预算及预算外之支出。

第三条　审计院应将每会计年度审计之成绩呈报大总统,其认为法令上或行政上有应行改正事项,得并呈其意见于大总统。

第四条　经管征税或他项收入之各官署每月经过后,应编造上月收入计算书送审计院审查,所有收入证据应由各该官署保存。

前项各官署保存之证据,审计院得随时检查之。

第五条　各官署每月经过后,应编造上月支出计算书连同证凭单据送审计院审查。但因国家营业之便利及其他有特别情事者,其证凭单据得由各官署保存。

前项各官署保存之证据审计院得随时检查之。

第六条　审计院审查各官署每月计算书,如有疑义得行文查询。

各官署遇有前项之查询,须于一定之期限内答复,其期限由审计院酌定。

---

① 许祖烈:《中国现行审计制度》,立信会计图书用品社 1947 年版,附录第 53—54 页。

第七条　审计院因审计上之必要，得向各官署调阅证据或该主管长官之证明书。

第八条　审计院之审查以总会议或厅会议决定之。

审计院会议规则另定之。

第九条　审计院审查各官署之支出计算书及证明单据，议决为正当者，应发给核准状，解除出纳官吏之责任；议决为不正当者，应通知该主管长官执行处分，但出纳官吏得提出辩明书请求审计院再议。

第十条　审计院议决为应负赔偿之责者，应通知该主管长官限期追缴，除大总统特免外，该主管长官不得为之减免。

前项赔偿事件之重大者应由审计院呈报大总统行之。

第十一条　审计院得编定关于审计上之各种证明规则及书式。

第十二条　各官署故意违背审计院所定计算书之送达期限及查询书之答复期限时，得通知该主管长官执行处分，其故意违背审计院所定各种证明之规则及书式者亦同。

第十三条　各官署现行会计章程应送审计院备案，其会计章程有与审计法规抵触者，应通知各官署修正之。

第十四条　各官署现用簿记，审计院得派员检查，其有认为不合者，应通知各官署更正之。

第十五条　审计院对于审查完竣事项，自议决之日起五年内发现其中有错误、遗漏、重复等情事者，得为再审查；若发见诈伪之证据，虽经过五年后，亦得为再审查。

第十六条　审计院对于审查事项认为必要时，得行委托审查，受委托之官署须报告其审查情形于审计院。

第十七条　关于国债用途之审计程序依特别规定行之。

第十八条　本法施行规则以教令定之。

第十九条　本法自公布日施行。

《审计法》①

中华民国十四年十一月二十八日颁布实施

第一条　监察院关于审计事项应行审定者如左：

一、国民政府总决算。

---

① 李金华：《中国审计史》（第二卷），中国时代经济出版社2004年版，第75—77页。

二、国民政府所属各机关每月之收支计算。

三、特别会计之收支计算。

四、官有物之收支计算。

五、由政府发给补助费或特与保证之收支计算。

第二条　监察院审定各种决算，应就左列事项编制审计报告书，呈报国民政府。

一、总决算及主管机关决算报告书之金额与财政部金库出纳之计算金额是否相符。

二、岁入之征收、岁出之支用、公有物之买卖让与及利用，是否与预算相符。

三、有无超过预算及预算外之支出。

第三条　监察院应将会计年度审计之成绩，呈报国民政府，其认为法令上或行政上有应行改正事项，得并呈其意见。

第四条　各行政机关应将经常预算送财政部或财政厅审查，呈国民政府或省政府核定后，由部或厅送监察院备案。

第五条　经管征税或他项收入之各机关每月经过后，应编造上月收入计算书送监察院审查。

第六条　各机关每月经过后，应编上月支出计算书，连同凭证单据送监察院审查，但因国家营业之便利，其他有特别情事者，其凭证单据，得由各该机关保存而监察院得随时检查之。

第七条　监察院审查各机关计算书，如有疑义，得行文查询，限期答复。

第八条　监察院随时派员亲赴各机关审查账项，如遇怀疑及质问，无论任何高级官吏，应即予以完满之答复。

第九条　监察院审查各机关之支出计算书及证明单据，认为正当者，应呈报国民政府准予核销，认为不正当者，应由监察院通知各该主管长官执行处分，但出纳官吏，得提出辩明书，请求监察院再议。

第十条　监察院认定为应负赔偿之责者，应通知该主管长官不得为之减免，此项赔偿事件之重大者，应由监察院起诉于惩吏院惩办之。

第十一条　监察院得编定关于审计上之各种证明规则。

第十二条　各机关故意违背监察院所定之送达期限及答复期限，应即通知该主管长官或上级机关进行处分，其故意违背监察院各种证明规则者亦同。

第十三条　各机关现行各种会计章程，应送监察院备案，其会计章程有与审计法规抵触者，应通知各机关修正之。

第十四条　各机关所用簿记,监察院得派员检查,其认为不遵守监察院所定之方式者,应通知各机关修正之。

第十五条　监察院对于审查完竣事项,从议决之日起,五年内发现其中错误、遗漏、重复等情事者,得为再审查,若发现诈伪之证据,虽经过五年后,亦得为再审查。

第十六条　关于国债用途之审计程序,依特别规则行之。

第十七条　本法自公布日施行。

《审计法》①

中华民国十七年四月十九日颁布实施

第一条　凡主管财政机关支付命令须先经审计院核准,支付命令与预算案或支出法案不符时,审计院应拒绝之。

第二条　审计院对于支付命令之应否核准,应从速决定,除有不得已之事由外,自收受之日起,不得逾三日。

第三条　凡未经审计院核准之支付命令,国库不得付款,违背本条规定者,应自负其责任。

第四条　左列预算及收支计算应由审计院审查。

一、国民政府岁出入之总决算。

二、国民政府所属各机关每月之收支计算。

三、特别会计之收支计算。

四、官有物之收支计算。

五、由国民政府发给补助费或特与保证各事业之收支计算。

六、其他经法令明定应由审计院审核之收支计算。

第五条　审计院为前条审核时,应就左列各项编制审计报告书,呈报国民政府:

一、总决算及各主管机关决算报告书之金额与国库之出纳金额是否相符。

二、岁入之征收、岁出之支用、官有物之买卖、让与及利用是否与法令之规定及预算相符。

三、有无逾越预算外之支出。

第六条　审计院应将每会计年度审计之结果呈报国民政府并得就法令

---

①　国民政府审计院编:《审计院公报》,1928年第1期,法规第3—6页。

上或行政上应行改正之事项附陈其意见。

第七条　经管征税或他项收入之各机关应于每月经过后，编造上月收入支出计算书，送审计院审查。

第八条　各机关应于每月经过后，编造上月收入支出计算书、贷借对照表、财产目录、连同凭证单据，送审计院审查。但因国家营业之便利及其他特别情事者，其凭证单据由各机关保存。

前项各机关保存之凭证单据，审计院得随时检查。

第九条　审计院审查各机关收支计算书如有疑义，得行文查询、限期答复，或派员调查。

第十条　审计院因审计上之必要，得向各机关调阅证据，或该主管长官证明书。

第十一条　审计院对于第五条所列决算及计算之审查，以院会议或厅会议决定之。

第十二条　审计院审查各项决算及计算时，对于不经济之支出，虽与预算案或支出法案相符，亦得驳复之。

第十三条　审计院审查各机关之收入支出计算书及证明单据，认为正当者，应发给核准状，解除出纳官吏之责任；认为不正当者，应通知各该主管长官执行处分或呈请国民政府处分之。但出纳官吏得提出辩明书，请求审计院再议。

第十四条　审计院认定应负赔偿之责任者，应通知该主管长官限期追缴。

前项赔偿事件之重大者，应由审计院呈报国民政府。

第十五条　审计院得编定关于审计上之各种规则及书式。

各机关现用簿记，审计院得派员检查，其有认为不合格者，应通知该机关更正之。

第十六条　各机关故意违背计算书或决算报告书之送达期限及审计院所定查询书之答复期限者，得由审计院通知该主管长官执行处分或呈请国民政府处分之，其故意违背审计院所定之各种规则及书式者，亦同。

第十七条　各机关现行会计章程，应送审计院备案，其会计章程有与审计法抵触者，应通知各该机关停止执行，并依法定程序修正之。

第十八条　审计院对于审查完竣事项，自决定之日起五年内，发现其中有错误、遗漏、重复等情事者，得为再审查，若发现诈伪之证据者，虽经过五年后，仍得为再审查。

第十九条　审计院对于审查事项，认为必要时，得行委托审查，受委托之人或机关,须报告其审查结果于审计院。

附则:

第二十条　本法于党部决算计算之审查,不适用之。

第二十一条　在审计分院未成立前,本法所定审计程序于地方政府之地方收入及支出,暂不适用。

第二十二条　本法施行细则由审计院另定之,但须呈报国民政府备案。

第二十三条　本法自公布日施行。

《审计法》①

中华民国二十七年五月三日修正公布

第一章　通则

第一条　中华民国各级政府及其所属机关财务之审计,依本法之规定。

第二条　审计职权如左:

一、监督预算之执行。

二、核定收支命令。

三、审核计算决算。

四、稽察财政上之不法或不忠于职务之行为。

第三条　审计职权由监察院审计部行使之。

第四条　中央各机关及其所属机关财务之审计,由审计部办理,其在各省市地方者,由审计处或审计办事处办理之。

第五条　各省政府及直隶于行政院之市政府及其所属机关财务之审计,由审计部就各该省市所设之审计处办理之。

第六条　各特种公务机关、公有营业机关、公有事业机关财务之审计,由审计部就各该组织范围所设之审计办事处办理之。

第七条　未依前二条规定设有审计处或审计办事处者,其财务之审计由审计部办理,或指定就近审计处或审计办事处兼理之。

第八条　审计机关对于审计事务,为办理之便利,得委托其他审计机关办理,其结果仍应通知委托之审计机关。

第九条　审计人员独立行使其审计职权,不受干涉。

第十条　审计机关处理重要审计案件及调度主要审计人员在部以审计会议、在处以审核会议决议行之。

---

① 《中华民国国民政府公报》第 133 本渝字第 45 号。

前项审计会议及审核会议之会议规则,由审计部定之。

第十一条　审计机关应派员赴各机关执行审计职务,但对于县或有特殊情形之机关,得由审计机关通知其送审,仍应每年派员就地为抽查之审计。

第十二条　审计人员为行使职权,向各机关查阅簿籍凭证或其他文件,或检查现金财物时,各该主管人员不得隐匿或拒绝,遇有疑问并应为详实之答复。

遇有违背前项规定时,审计人员应将其事实报告该管审计机关通知各该机关长官,予以处分或呈请监察院核办。

第十三条　审计机关为行使职权,得派员持审计部稽察证,向有关之公私团体或个人查询或调阅簿籍凭证或其他文件,各该负责人不得隐匿或拒绝,遇有疑问并应为详实之答复。

行使前项职权遇必要时,得知照司法或警察机关协助。

第十四条　审计机关或审计人员行使前二条之职权,遇必要时得临时封锁各项有关簿籍凭证或其他文件,并得提取其全部或一部。

第十五条　审计人员发觉各机关人员有财务上之不法或不忠于职务之行为,应报告该管审计机关通知各该机关长官处分之,并得由审计部呈请监察院依法移付惩戒。

第十六条　审计人员对于前条情事认为有紧急处分之必要者,应立即报告该管审计机关通知该机关长官从速执行之。

该机关长官接到前项通知不为紧急处分时,应连带负责。

第十七条　遇有应负赔偿之责任者,审计机关应通知该机关长官限期追缴。

第十八条　第十二条第二项及第十五条至第十七条所举情事,其负责者为机关长官时,审计机关应通知其上级机关执行处分之。

第十九条　对于审计机关通知处分之案件,各机关有延压或处分不当情事,审计机关应查催或质询之,各该机关应为负责之答复。

审计机关对于前项答复仍认为不当时,得由审计部呈请监察院核办。

第二十条　各机关违背本法之规定,其情节重大者,审计机关除依法办理外,并得拒绝核签该机关经费支付书。

第二十一条　审计机关或审计人员对于各机关显然不当之支出,虽未超越预算,亦得事前拒签或事后驳复之。

第二十二条　各机关接得审计机关之审核通知,应依限声复。其逾限者,审计机关得迳行决定。

第二十三条　各机关对于审计机关之决定不服时,得自接到通知之日起三十日内声请复议,但以一次为限。

第二十四条　审计机关对于审查完竣案件,自决定之日起五年内,发现其中有错误、遗漏、重复等情事,得为再审查。若发现诈伪之证据,经过五年后仍得为再审查。

第二十五条　各机关人员对于财务上行为应负之责任,非经审计机关审查决定不得解除。

第二十六条　审计机关如因被审核机关之负责人员行踪不明致案件无法清结时,除通知其主管机关负责查追外,得摘要公告,并将负责人员姓名通知铨叙机关,在未经清结前停止叙用。

第二十七条　关于审计之各种章则及书表格式,由审计部定之。

第二十八条　审计部应将每会计年度审计之结果编制审计报告书,并得就应行改正之事项附具意见,呈同监察院呈报国民政府。

第二章　事前审计

第二十九条　各机关应于预算开始执行前,将核定之分配预算送审计机关,其与法定预算不符者,审计机关应纠正之。

前项分配预算如有变更应另造送。

第三十条　财政机关发放各项经费之支付书,应送审计机关核签,非经核签公库不得付款或转账。

第三十一条　各机关收支凭证应连同其他证件送驻公库或驻各机关之审计人员核签,非经核签不得收付款项,但未驻有审计人员者不在此限。

第三十二条　审计机关或审计人员核签支付书、收支凭证,发现与预算或其他有关审计法令不符时,应拒绝之。

第三十三条　审计机关或审计人员对于支付书或收支凭证核签与否,应从速决定,除有不得已之事由外,自收受之日起不得逾三日。

第三十四条　驻有审计人员之机关应将记账凭证送该审计人员核签。

第三章　事后审计

第三十五条　驻有审计人员之机关应将各项日报表逐日送该审计人员查核,该审计人员对其各项簿籍得随时检查,并与一切凭证及现金财物等核对。

第三十六条　各机关于每月终了后,应依法分别编制各项会计报告,送该管审计机关或驻该机关之审计人员查核。

第三十七条　未驻有审计人员之机关,其收支凭证,因特殊情形准予免送者,审计机关除就报告查核外,得派员赴各机关审核其有关之簿籍凭证及案卷。

第三十八条　驻在或派赴各机关之审计人员应将审核结果向该管审计机关报告,经决定后分别发给核准通知或审核通知于各该机关。

第三十九条　经审计机关通知送审之机关于造送各项会计报告时,应将有关之原始凭证及其他附属表册一并送审。

前项审核结果,应由审计机关分别发给核准通知或审核通知。

第四十条　各机关编制之年度决算,应送审计机关审核。审计机关认为符合者应发给核准书。

第四十一条　审计机关依本法第二十四条为再审查之结果,如变更原决定者,其已发之核准书失其效力,并应限期缴销。

第四十二条　主管公库机关及代理公库之银行,应将每日库款收支详具报告,逐日送该管审计机关或驻公库之审核人员查核。

第四十三条　主管公库机关应按月编造库款收支月报,并于年度终了时编造库款收支年报,分别依限送该管审核机关查核。

第四十四条　经理公债财务或特种基金之机关,应按月编造动态月报于年度终了时编造年报,分别依限送该管审计机关查核。

第四十五条　各级政府编制之年度总决算,应送审计机关审定。审计机关审定后应加具审查报告,由审计部核呈由监察院转呈国民政府。

第四章　稽察

第四十六条　审计机关对于各机关之一切收支,得随时稽察之。

第四十七条　审计机关对于各机关之现金、票据、证券,得随时检查之。

第四十八条　审计机关对于各机关之财物,得随时盘查。遇有遗失、损毁等情事,非经审计机关证明其对于良善管理人应有之注意并无怠忽者,经管人应负其责任。

如遇水火盗难或其他意外事故,各机关所管之现金、票据、证券与会计档案及其他重要公有财物,应分别解缴公库或移地保管。倘因怠忽致有遗失、损毁者,该机关长官及主管人员应负赔偿之责。

第四十九条　各机关营缮工程及购置变卖各种财物之开标、决标、验收,应通知审计机关派员监视。其不合法定手续或与契约章则不符者,监视员应纠正之。

第五十条　经管债券机关对于债券抽签偿还及销毁收回之债券时,应通知审计机关派员监视。

第五十一条　各机关有关财务之组织由审计机关派员参加者,其决议事项审计机关不受拘束,但以审计机关参加人对于该决议曾表示反对者为限。

第五十二条　审计机关对于各机关有关财务之行政事项,得调查之,认为有不当者,得随时提出意见于各该机关。

第五十三条　审计机关对于审计上监视、鉴定等事项,得委托其他机关团体或个人办理之。

第五章　附则

第五十四条　审计机关对于受公款补助之私人或团体应行审计事务,得依本法之规定执行之。

第五十五条　本法施行细则由审计部拟订,呈请监察院核定之。

第五十六条　本法自公布日施行。

《审计院编制法》①

中华民国三年六月十六日大总统申令

第一条　审计院直隶于大总统,依审计法审定国家岁出岁入之决算。审计法另定之。

第二条　审计院于每会计年度之终,须以审计成绩呈报于大总统。

第三条　审计院对于各官署职官于出纳事项,有违背法令或不正当之情事者,须呈报于大总统。

第四条　审计院对于预算及财政事项,得依其审计之经验,陈述意见于大总统。

第五条　审计院置院长一人,由大总统特任,总理全院事务,指挥监督所属职员。

第六条　审计院置副院长一人,由大总统简任,佐理院长之职务。

第七条　审计院置审计官十五人,协审官二十七人,由院长呈请大总统任命,承长官之指挥,分掌审计事务。

第八条　审计院设三厅,每厅以审计官三人以上协审官四人以上组织之。

第九条　审计院每厅置厅长一人,由大总统于审计官中简任之。

第十条　审计院之审计官协审官,须年满三十岁以上,具有左列资格之一者充之:

一、任荐任以上行政职满三年以上著有成绩者。

---

① 中国第二历史档案馆整理编辑:《政府公报》(影印本),上海书店 1988 年出版,第 31 册,第 284 页。

二、在专门以上学校习政治经济之学三年以上毕业并任行政职满一年以上者。

第十一条　审计官协审官非受刑法之宣告或惩戒之处分,不得令其退职或减俸。

前项之惩戒,以法律定之。

第十二条　审计院对于各地方关于审计事项,认为有派员之必要时,得派遣审计官或协审官为实地审查。

派遣各地方之审计官或协审官,认该地方各官署职官于出纳事项有违背法令或不正当之情事者,须详报于院长。

第十三条　审计院置书记官长一人,由院长呈请大总统任命,书记官五人,由院长委任,承长官之指挥,掌理文牍、会计、庶务。

第十四条　审计院置核算官,由院长委任,承长官之指挥,掌理核算事务,其员额由大总统以教令定之。

第十五条　本法自公布日施行。

《国民政府审计院组织法》①

中华民国十七年三月三十日

第一条　国民政府审计院设于国民政府所在地,行使左列职权:

一、监督预算之执行。

二、审核国家岁出入之决算。

关于前两项职权之行使,另以审计法定之。

第二条　国民政府于必要时,得酌设审计分院。

审计分院之管辖区域及组织另定之。

第三条　审计院置院长一人,由国民政府特任之,综理全院事务、指挥监督本院职员。

第四条　审计院置副院长一人,由国民政府简任之,辅助院长处理院务。

第五条　审计院置秘书二人至四人,办理院长交办事务。

第六条　审计院置左列各处厅:总务处、第一厅、第二厅。

第七条　总务处掌理本院文书、会计、庶务事项。

总务处置处长一人,为简任职。

---

① 《中华民国国民政府公报》第15本第45期。

第八条　第一厅掌理关于监督预算执行事项。

第九条　第二厅掌理关于审核决算事项。

第十条　第一厅及第二厅各置审计四人至六人、协审六人至八人、核算员若干人。审计为简任职，协审为荐任职。核算员由院长委任。

第十一条　第一厅及第二厅各置厅长一人，由国民政府于审计中简任之。

第十二条　审计、协审以在国内外大学或专门学校，修习政治、经济之学三年以上毕业，并对于财政学或会计学有湛深之研究者，充任之。

第十三条　审计院院长、副院长、审计、协审非经法院褫夺公权或依惩戒法受惩戒之处分，不得令其退职。

第十四条　审计院、副院长、审计、协审在职中不得为左列事宜：

一、兼任他官职。

二、为律师或会计师。

三、兼任商店公司或国有企业机关之董事经理或其他重要职务。

本条第二第三两项之规定于院长适用之。

第十五条　审计院因缮写文件或其他事务，得酌置雇员。

第十六条　审计院各处厅得分科办事，其办事细则由审计院另定之。

第十七条　本法自公布日施行。

《审计部组织法》①

中华民国十八年十月二十九日公布

第一条　审计部直属国民政府监察院，依监察院组织法第十三条及审计法之规定行使职权。

第二条　审计部部长特任，秉承监察院院长综理全部事宜。

第三条　审计部副部长简任，辅助部长处理部务。

第四条　审计部关于处理审计、稽察重要事务及调度审计、协审稽察人员，以审计会议之决议行之，审计会议以部长、副部长、审计组织之，其决议以出席人员过半数之同意行之，可否同数时，取决于主席。

审计会议开会时，部长主席，部长有事故时，由副部长代理。

第五条　审计部设左列各厅处：

一、第一厅掌理监察院组织法第十三条第三款及第二款事务。

---

① 《中华民国国民政府公报》第 32 本第 307 号。

二、第二厅掌理监察院组织法第十三条第一款及第二款事务。

三、第三厅掌理监察院组织法第十三条第四款及第二款事务。

四、秘书处掌理文书、统计、会计、庶务等事务。

第六条　各厅设厅长一人,由部长指定审计兼任之。各厅分科办事,每科设科长一人,分别以协审、稽察兼任,科员三人至六人,委任。

第七条　秘书处设秘书长一人,简任,秘书二人至四人,荐任。秘书处分科办事,每科设科长一人,由秘书兼任,科员二人至四人,委任。

第八条　审计部设审计九人至十二人,简任,协审十二人至十六人,稽察八人至十人,均荐任,分别执行审计、稽察职务。在京各机关之审计、稽察职务,由部内之审计、协审、稽察兼理。审计部得设驻外审计、协审、稽察,分别执行职务,其名额另定之。

第九条　审计须以具有左列资格之一者充之:

一、曾任国民政府简任以上官职并具有第十条或第十一条之资格者。

二、现任最高级协审稽察一年以上,成绩优良者。

第十条　协审在未有考试及格之相当人员以前,须以具有左列资格之一者充之:

一、曾在国内外专门以上学校习经济、法律、会计之学三年以上毕业,并有相当经验者。

二、曾任会计师或关于审计之职务三年以上,成绩优良者。

第十一条　稽察在未有考试及格之相当人员以前,须以具有左列资格之一者充之:

一、于其稽察事务所需学科曾在国内外专门以上学校修习三年以上毕业,并有相当经验者。

二、于其稽察事务曾任技师或职官三年以上,成绩优良者。

第十二条　审计、协审、稽察在职中不得兼任左列职务:

一、其他官职。

二、律师、会计师或技师。

三、公私企业机关之任何职务。

第十三条　审计部因缮写文件及其他事务,得酌用雇员。

第十四条　审计部遇必要时,得聘用专门人员。

第十五条　审计部于各省设审计处,掌理各该省内中央及地方各机关之审计稽察事务。审计处组织条例另定之。

第十六条　审计、协审、稽察非经法院褫夺公权或受官吏惩戒委员会依法惩戒者,不得免职或停职。

第十七条　本法自公布日施行。

《审计处组织法》①

中华民国二十一年六月十七日
国民政府公布同日施行

第一条　审计部于各省省政府所在地或直隶于行政院之市政府所在地设审计处,中央及各省公务机关、公有营业机关,其组织非由行政区域划分者,经国民政府之核准,得由审计部设审计办事处。

第二条　审计处设审计一人,简任,协审二人,稽察一人,秘书一人,均荐任,佐理员,委任,其名额由审计部按事务之繁简,分别拟定,呈请监察院核定之。

第三条　审计处设处长一人,由审计兼任,承审计部之命综理处务。

第四条　审计处分左列四组:

一、第一组掌理本省或本市内中央及地方各机关之事前审计事务。

二、第二组掌理本省或本市内中央及地方各机关之事后审计事务。

三、第三组掌理本省或本市内中央及地方各机关之稽察事务。

四、总务组掌理本处文书、统计、会计、庶务及其他各组交办事务

第五条　前条第一组与第二组之主任,以协审兼任,第三组之主任,以稽察兼任,均由审计部派充之,总务组主任,以秘书兼任。

第六条　审计办事处按事务之繁简分左列二种:

一、甲种办事处之组织准用第二条至第五条之规定。

二、乙种办事处设协审一人,兼任处主任,并设佐理员,分股办事,其名额准用第二条之规定。

第七条　审计办事处办理事前审计、事后审计或稽察事务之人员,于事务简单之机关,各得兼管数机关之同种事务。

第八条　审计处及审计办事处因缮写或其他事务,得酌用雇员。

第九条　审计部组织法第九条至第十二条及第十六条之规定,于驻外审计、协审、稽察准用之。

第十条　审计部组织法第十条至第十二条之规定,于办理审计、稽察、事务之佐理员准用之。

第十一条　本法自公布日施行。

---

① 《审计部公报》1933 年第 25～26 合期,第 39—40 页。

《审计部组织法》①

中华民国二十八年三月四日修正公布

第一条 审计部直属国民政府监察院,依监察院组织法第五条及审计法之规定,行使职权。

第二条 审计部部长特任,秉承监察院院长,综理全部事宜。

第三条 审计部政务次长、常务次长,简任,辅助部长处理部务。

第四条 审计部关于处理审计、稽察重要事务,以审计会议之决议行之。审计会议以部长、政务次长、常务次长及审计组织之,其决议以出席人员过半数之同意行之,可否同数时,取决于主席。审计会议开会时候,部长主席,部长有事故时,由次长代理。

第五条 审计部设三厅,依监察院组织法第五条之规定,分掌左列事务:

一、第一厅掌理政府所属全国各机关之事前审计事务。

二、第二厅掌理政府所属全国各机关之事后审计事务。

三、第三厅掌理政府所属全国各机关之稽察事务。

第六条 审计部设总务处,掌理文书、庶务等事务。

第七条 审计部设厅长三人,由部长指定审计兼任之。

每厅设三科,每科设科长一人,由部长分别指定协审、稽察兼任,科员四人至八人,委任。

第八条 审计部总务处设处长一人,由部长指定简任秘书兼任之。总务处设科长四人,荐任,每科科员二人至四人,委任。

第九条 审计部设秘书二人至四人,内二人简任,余荐任,分掌会议及长官交办事务。

第十条 审计部设审计九人至十二人,简任,协审十二人至十六人,稽察八人至十人,均荐任,分别执行审计、稽察职务。在京各机关之审计、稽察职务,由部内不兼厅长、科长之审计、协审、稽察兼理。审计部因执行前项职务,得设佐理员四十人至六十人,委任。审计部设驻外审计、协审、稽察,分别执行各审计处及审计办事处之职务。

第十一条 审计须以具有左列资格之一者充之:

一、具有第十二条或第十三条之资格,并曾任简任以上官职者。

---

① 《中华民国国民政府公报》第 139 本渝字第 133 号。

二、现任最高级协审、稽察一年以上，成绩优良者。

前项第一款规定，于常务次长准用之。

第十二条　协审在未有考试合格之人员以前，须以具有左列资格之一者充之：

一、曾在国内外专门以上学校习经济、法律、会计之学三年以上毕业，并有相当经验者。

二、曾任会计师或关于审计之职务三年以上，成绩优良者。

第十三条　稽察在未有考试合格之人员以前，须以具有左列资格之一者充之：

一、于稽察事务所需学科，曾在国内外专门以上学校修习三年以上毕业，并有相当经验者。

二、于稽察事务，曾任技师或职官三年以上，成绩优良者。

第十四条　审计、协审、稽察非有左列情形之一，不得令其转职。

一、在年度开始，因职务从新分配，有转职之必要者。

二、审计机关有添设或裁并者。

三、因法定原因有缺额者。

四、因法定回避原因，有转职之必要者。

第十五条　审计、协审或稽察与被审计机关之长官或主管会计出纳人员为配偶或有七亲等内之血亲或五亲等内之姻亲关系时，对该被审计机关之审计事务，应行回避，不得行使职权，因其他利害关系，显有瞻徇之虞者，亦同。审计、协审或稽察与被审计之案件有利害关系时，对该案件应行回避，不得行使职权。

第十六条　审计、协审、稽察，非受刑之宣告或惩戒处分者，不得免职或停职。

第十七条　审计、协审、稽察，在职中不得兼任左列职务：

一、其他官职。

二、律师、会计师或技师。

三、公私企业机关之任何职务。

第十八条　审计部因缮写文件及其他事务，得酌用雇员。

第十九条　审计部设会计主任一人，统计主任一人，办理岁计、会计、统计事项，受审计部部长之指挥监督，并依国民政府主计处组织法之规定，直接对主计处负责。会计室及统计室需用佐理人员名额，由审计部及主计处就本法所定委任人员及雇员名额中会同决定之。审计部遇必要时，得聘用专门人员。

第二十条　审计部于各省及直隶行政院之市设审计处,掌理各该省市内中央及地方各机关之审计稽察事务,其他不能依行政区域划分之机关,经国民政府核准,得由审计部设审计办事处。

前项审计处及审计办事处之组织,另以法律定之。

第二十一条　本法自公布日施行。

《审计部组织法》①

中华民国三十四年十二月三十一日修正公布

第一条　审计部直属国民政府监察院,依监察院组织法第五条及审计法之规定行使职权。

第二条　审计部部长特任,秉承监察院院长综理全部事宜。

第三条　审计部政务次长、常务次长,简任,辅助部长处理部务。

第四条　审计部关于处理审计、稽察重要事务,以审计会议之决议行之。审计会议以部长、政务次长、常务次长及审计组织之,其决议以出席人员过半数之同意行之,可否同数时,取决于主席,审计会议开会时,部长有事故时,由次长代理。

第五条　审计部设三厅,依监察院组织法第五条之规定,分掌左列事务:

一、第一厅掌理政府所属全国各机关之事前审计事务。

二、第二厅掌理政府所属全国各机关之事后审计事务。

三、第三厅掌理政府所属全国各机关之稽察事务。

第六条　审计部设总务处,掌理文书、庶务等事务。

第七条　审计部设厅长三人,由部长指定审计兼任之。每厅设三科,每科设科长一人,由部长分别指定协审、稽察兼任,科员六人至十人,委任。

第八条　审计部总务处,设处长一人,由部长指定简任秘书兼任之。总务处设科长四人,荐任,每科科员四人至六人,委任。

第九条　审计部设秘书二人至四人,内二人简任,余荐任,分掌会议及交办事务。

第十条　审计部设审计九人至十二人,简任,协审二十一人至二十四人,稽察十八人至二十二人,均荐任,分别执行审计、稽察职务,在京各机关之审计、稽察职务,由部内不兼厅长科长之审计、协审、稽察兼理。审计部因

---

① 审计部:《审计法令汇编》,商务印书馆1948年版,第13—14页。

执行前项职务,得设佐理员五十人至七十人,委任。审计部设驻外审计、协审、稽察,分别执行各审计处及审计办事处之职务。

第十一条　审计须以具有左列资格之一者充之:

一、具有第十二条或第十三条之资格,并曾任简任以上官职者。

二、现任最高级协审、稽察一年以上,成绩优良者。

前项第一款规定,于常务次长准用之。

第十二条　协审在未有考试合格之人员以前,须以具有左列资格之一者充之。

一、曾在国内外专门以上学校,习经济法律会计之学三年以上毕业,并有相当经验者。

二、曾任会计师或关于审计之职务三年以上,成绩优良者。

第十三条　稽察在未有考试合格之人员以前,须以具有左列资格之一者充之。

一、于稽察事务所需学科,曾在国内外专门以上学校修习三年以上毕业,并有相当经验者。

二、于稽察事务曾任技师或职官三年以上,成绩优良者。

第十四条　审计协审、稽察,非有左列情形之一,不得令其转职。

一、在年度开始,因职务从新分配,有转职之必要者。

二、审计机关有添设或裁并者。

三、因法定原因有缺额者。

四、因法定回避原因,有转职之必要者。

第十五条　审计、协审或稽察,与被审计机关之长官或主管会计出纳人员为配偶,或有七亲等内之血亲的,或五亲等内之姻亲关系时,对该被审计机关之审计事务,应行回避,不得行使职权,因其他利害关系显有瞻徇之虞者,亦同。审计、协审或稽察与被审计之案件有利害关系时,对该案件,应行回避,不得行使职权。

第十六条　审计、协审、稽察非受刑之宣告或惩戒处分者,不得免职或停职。

第十七条　审计、协审、稽察在职中,不得兼任左列职务:

一、其他官职。

二、律师、会计师或技师。

三、公私企业机关之任何职务。

第十八条　审计部为办理专门业务,得派专员八人至十二人。审计部为缮写文件及其他事务,得酌用雇员八十人至一百二十人。

第十九条　审计部设会计主任、统计主任各一人，办理岁计、会计、统计事项，受审计部部长之指挥监督，并依国民政府主计处组织法之规定，直接对主计处负责。会计室置佐理员三人至六人，雇员二人至四人，统计室置佐理员一人或二人，雇员一人或二人。审计部设人事室，置主任一人，依人事管理条例之规定，办理人事管理事业。人事室置助理员四人至八人，雇员二人至三人。

第二十条　审计部于各省及直隶行政院之市，设审计处，掌理各该省市内中央及地方各机关之审计稽察事务，其他不能依行政区域划分之机关，经国民政府核准，得由审计部设审计办事处。前项审计处及审计办事处之组织，另以法律定之。

第二十一条　本法自公布日施行。

《审计条例》[①]

中华民国三年三月十二日

第一章　总则

第一条　审计处及审计分处审查国家岁入岁出，除政府机密费外，均依本条例办理。

第二条　审计处对于各会计年度之总决算审查确定后，须提出审查报告书，经国务总理呈报大总统，由大总统提交国会。

第三条　审计处须将每会计年度内之审计成绩报告书，经由国务总理呈报大总统，本于此项成绩，认为法令上或行政上有应行改正事项，得并陈其意见。

第二章　审查收入支出

第四条　各官署须于议决预算定额之范围内，编造每月支付预算书，经主管长官核定后，送由财政总长，转送审计处备案。各地方官署之每月支付预算书，经主管长官核定后，送由民政长，转审计分处备案。

第五条　各官署每月按照支付预算数目，填写请款凭单，送由财政总长查核后，填给发款通知书，一面将请款凭单转送审计处备案。各地方官署之请款凭单，送由民政长查核后，填给发款通知书，一面将请款凭单送审计分处备案。

第六条　各官署接到财政部发款通知书时，应具四联式总收据，由该管

---

① 《政府公报》1914 年第 24 册第 663 号。

长官签名,派员赴库领款,除一联存根外,以一联留库备查,以一联由库饬送财政部存案,以一联由库转送审计处备核。各地方官署之总收据,除以一联存根外,以一联留库备查,其余二联由库分送民政长及审计分处审核。

第七条　各官署每月支付预算书之项目中有以国债筹办者,应依关于审计国债用途诸规则处理之第四条第五条第六条及本条第一项之规定,于营业性质之机关有特别情事者,得不适用之。

第八条　经管征税或他项收入之各官署,每月经过后,应编造上月收入计算书,送审计处或审计分处查核,所有收入证据应由该官署保存,前项各官署之证据,审计处或审计分处,得随时抽查之。

第九条　各官署每月经过后应编造上月支出计算书,连同证凭单据,送审计处或审计分处查核,但营业性质之机关有特别情事者,其证凭单据,得由各该机关保存。

第十条　审计处或审计分处审查每月计算书,如有疑义,得质问各主管官署,要求其答复。

第三章　检查国库

第十一条　国库每月经过后须将上月内收支款项,开列清表报告审计处或审计分处。

第十二条　审计处或审计分处每月经过后,得派员检查国库现存款项及账簿,但认为必要时,得随时派员检查,国库未统一以前,经财政总长核定,管理现金出纳之机关,适用前条及本条第一项之规定。

第四章　检查国债

第十三条　各主管官署应将新借国债之数及偿还国债之数,随时报告审计处或审计分处备查,遇有收到借款或收回债券,亦应分别报告,以备查核。

第十四条　各主管官署不论商借外债、募集内债应将条件及指定之用途,报告审计处或审计分处。

第十五条　偿还内债之时,如用抽签方法,须由审计处或审计分处派员监视。

第五章　检查工程及买卖贷借

第十六条　政府之工程及财产物品之买卖、贷借,依会计条例应公告招人投标者,须由审计处或审计分处派员监视。

第六章　检查簿记

第十七条　各官署所用簿记均应依照国务院颁定程式办理。

第十八条　国库及特别会计所用簿记之程式均应送审计处或审计分处备案。

第十九条　审计处或审计分处认为必要时,得随时检查各官署簿记。

第二十条　各官署所用簿记,审计处或审计分处认为与审计事项相抵触者,得提议修正。

第七章　处分

第二十一条　各官署应将出纳官吏姓名、履历录送审计处或审计分处备查。

第二十二条　审计处议决出纳官吏有不当行为,应行处分时,须通知主管长官执行之,关于审计事项,审计处认各官署长官有违背法令之情事者,得呈由国务总理,转呈大总统,交文官惩戒委员会议处,审计分处遇有前项情事,应由审计分处呈明审计处。

第八章　附则

第二十三条　审计处或审计分处,得派员赴各官署实地调查。

第二十四条　审计处得制定关于审计上之一切规程及证明书式。

第二十五条　各官署制定会计章程,均应通知审计处或审计分处备查,前项会计章程与审计条例相抵触者,审计处或审计分处得提议修正。

第二十六条　审计处或审计分处对于审查完竣事项自决定之日起五年内,发现其中有错误遗漏重复等情,均得再审,若发现诈伪证据,虽过五年后,亦得再审。

第二十七条　审计处对于各官署一部分之计算审查,得委托该管官署行之,但受委托之官署,须报告其成绩于审计处或审计分处。

第二十八条　关于审查决算及审计成绩之报告事项并第二十二条规定事项及其他重要事项,须经审计官吏会议决定,审计官吏会议规则另定之。

第二十九条　本条例自公布日施行。

《审计院各厅职掌纲要》[①]

中华民国三年七月二十九日

第一条　第一厅各股职掌如左:

一、第一股掌审查外交部主管之一切收支计算事项。

二、第二股掌审查财政部主管全国租税收入计算暨各征收机关之支出计算事项。

三、第三股掌审查财政部主管国库国债之出纳计算暨各机关之一切收

[①]　《政府公报》1914 年第 824 号。

支计算事项。

四、第四股掌审查教育部主管之全国收支计算事项。

第二条　第二厅各股职掌如左：

一、第一股掌审查陆军部本部及直辖各机关各军队，并顺天、直隶、奉天、吉林、黑龙江、山西、山东、河南、四川、陕西、新疆、热河、察哈尔暨边防等处陆防各军收支计算事项。

二、第二股掌审查参谋本部及所属各机关，并在京独立军外，暨湖南、湖北、广东、广西、福建、浙江、江苏、江西、安徽、云南、贵州等省陆防各军收支计算事项。

三、第三股掌审查海军部本部及所属各机关，并舰队学堂局厂等收支计算事项。

四、第四股掌审查交通部本部及所属轮路邮电各局站学堂，并关于四政之内外公债等收支计算事项。

第三条　第三厅各股职掌如左：

一、第一股掌审查内务部本部暨直辖各机关，顺天、直隶、河南、山东、山西、奉天、吉林、黑龙江、陕西、甘肃、新疆各省关于内务之收支计算事项。

二、第二股掌审查江苏、浙江、安徽、江西、湖南、湖北、四川、广东、广西、福建、云南、贵州、蒙古、西藏暨边防各处关于内务之收支计算事项。

三、第三股掌审查司法部本部暨所辖审检厅、监狱，并关于审判经费之收支计算事项。

四、第四股掌审查农商部本部暨所辖各机关之收支计算事项。

第四条　本纲要自公布日施行。

《审计院分掌事务规程》①

中华民国三年八月十日

第一条　审计院依编制法第八条，设左列三厅：第一厅、第二厅、第三厅。

第二条　第一厅掌事务如左：

一、审查财政部主管之全国收支计算事项。

二、审查外交部主管之一切收支计算事项。

---

① 商务印书馆编译所编辑：《中华民国法令大全》，第三类官规，商务印书馆1919年版，第157—158页。

三、审查教育部主管之全国收支计算事项。

第三条　第二厅掌事务如左：

一、审查陆军部主管之全国收支计算事项。

二、审查海军部主管之全国收支计算事项。

三、审查交通部主管之全国收支计算事项。

第四条　第三厅掌事务如左：

一、审查内务部主管之全国收支计算事项。

二、审查司法部主管之全国收支计算事项。

三、审查农商部主管之全国收支计算事项。

第五条　各厅厅长承院长、副院长之指挥，综理一厅事务。各厅设四股，其事务之分配，由院长定之。各股得设主任一人，由院长指定之。

第六条　审计院置书记室，由书记官长承院长、副院长之指挥，综理一切事务，监督所属书记官。

第七条　书记室置左列各科：机要科、会计科、庶务科、编译科。

第八条　机要科掌事务如左：

一、撰拟及保管机要文书。

二、宣达院饬。

三、典守印信。

四、记录本院职员之考核及其进退。

五、管理会议事项。

六、收发文件。

第九条　会计科掌事务如左：

一、收支本院经费。

二、登录本院簿册。

三、编制本院预算决算表册。

第十条　庶务科掌事务如左：

一、购办及保存物品。

二、缮修房屋。

三、管理工役警卫。

四、修治卫生。

五、其他不属于各科事项。

第十一条　编译科掌事务如左：

一、编译各国文牍法规及各项书报。

二、编录案卷。

三、保存档案。

四、编制统计。

第十二条　书记室之办事人员，除书记官外，得以核算官充之。

第十三条　本院设审查决算委员会，复审各厅审查报告，编制审查决算总报告书暨审计成绩报告书。

第十四条　院长为委员会会长，副院长为副会长总理会务，另由院长、副院长指定审计官、协审官若干人为委员，兼任会务，委员会置佐理员若干人，以核算官充之。

第十五条　审计院设外债室，置华、洋室长各一人，掌稽核外债事务，华室长以审计官充之，洋室长得延聘外国人员充之，外债室得置佐理员，以核算官或译员充之。

第十六条　审计院得延聘本国或外国人员为顾问。

第十七条　审计院因缮写文件及其他庶务，得酌用雇员。

第十八条　本规程自公布日施行。

《审计院办事细则》①

中华民国三年八月十三日

第一条　审计院各职员办事程序除别有规定外，均依本细则办理。

第二条　各项案件均须经院长、副院长核定，但院长委托副院长办理时，得由副院长核定之。

第三条　关于法律事件由院长或副院长指定专员拟稿，呈核交总会议议决施行。

第四条　关于解释审计法令事件由院长、副院长指定专员，会同主管各厅办理之。

第五条　关于检查簿记事项由院长、副院长指派各厅人员分行检查。

第六条　凡机密案件依其性质由主管厅长或书记官长密拟办法，呈候院长、副院长核定施行。

前项案件须由主办员亲自保存。

第七条　审计院各员承办事务有互相关联者，应由主管员具案与有关联者协商，若彼此意见不同时，应请副院长裁夺，但重要事件须呈候院长决定。

---

①　《政府公报》1914 年第 824 号。

第八条　关于调查审计上之例行案卷,俟呈明副院长后,得以厅之名义与他项官署互通函件。

第九条　各员承办案件均应盖章或签字,其为数员共办之件,均应联带盖章或签字。

第十条　未经宣布之案件,经管各员均应严守秘密。

第十一条　案件到院由收发处接受,摘由登簿后,随时分别送交主管各厅室办理,但收到电报及机密重要案件,即呈院长、副院长核阅后,再行发交主管各厅室办理。

第十二条　凡译发各处密电,不论国内、国外,发后应由审计院照缮原稿,另行寄交收电之人或机关,以资查对而防错误。

第十三条　文件上直书院长、副院长姓名及各职员姓名者,随时分别送交本人拆阅后,如系公牍应交收发处,照第十一条办理,但机密案件只需挂号,毋庸摘由。

第十四条　凡以审计院名义发行文件,须连同院长或副院长画行,原稿送机要科用印,其须用院长或副院长名义者,由机要科送请签名盖章。

前项文件监印员及校对员均应盖用名章。

第十五条　收发处于发文时,按照各厅发文簿所摘之事,由年月日登簿发送。

第十六条　收发处每日收发案件,应将摘由簿于次晨送院长、副院长画阅,并按日油印,分送各厅备查。

第十七条　应登公报之件由各厅汇送机要科,登入事由簿,送呈院长、副院长核定再发。

第十八条　各项档案,由经管各员随时检入卷夹标明事由,归档存案。

第十九条　审计院办公时间每日自午前十时起至午后五时止,但自七月一日至八月末,每日得以自午前八时至午后一时为办公时间,遇有紧要事件,得酌量延长。

第二十条　审计院于院长、副院长、厅长室内悬挂各员名牌,每日十点一刻由庶务科于考勤簿内按照名牌分盖到或未到、事假、病假各项戳记,呈副院长察阅。各厅室应备考绩簿,每日将各员成绩记录,每届月终由各厅长分别列表,呈送院长、副院长。

第二十一条　各员于办公时间内凡有宾客来访,除因公外,概不接见。

第二十二条　本细则自批准日施行。

《审计院各厅办事细则》①

中华民国三年八月十三日
审计院饬第三十五号

第一章　总则

第一条　各厅办事程序,除适用本院办事细则外,均依本细则办理。

第二条　各厅职员,得依事务之繁简,由厅长随时指派,兼理他股事务。
前项兼理事务,仍应连带署名签字

第二章　办理文件程序

第三条　各股承办文件,先办副稿,由股主任核阅签字,再送厅长核定,发缮正稿。

第四条　各股办理紧要事件,应先由厅长请院长副院长核示办法,再交原股起稿。

第五条　正稿须经厅长签字后,再送院长副院长判行,但紧要文件,值厅长有事故时,不在此例。

第六条　正稿判行后,即交书记员照缮公文,连同正稿,送交原股,详加核对,再送机要科用印。

第七条　各厅送机要科用印文件,应各备用印簿,摘由编号,并详注发往机关年月日及附件件数。

第八条　各厅须备阅呈簿,遇有呈稿经院长副院长判行后,交书记员缮写呈文,摘由登入阅呈簿,再由厅长呈送院长副院长核阅印发。

第九条　各厅文件,有应行送登公报者,由各股主任商承厅长,将该事件由钞送机要科,查照本院办事细则第十七条办理。

第十条　各厅有互相关联事件,由主管员陈明厅长得与其他厅室协商,意见不同时,取决于院长副院长,但院长副院长认为重大事件,得开总会议决定之。

第十一条　各股有互相关联事件,得由各该主管员随时接洽,意见不同时取决于厅长,但厅长认为重大事件,得开厅会议决定之。

第十二条　各厅或各股互相关联事件,由主稿之厅或股拟稿后,应会同

---

①　商务印书馆编译所编辑:《中华民国法令大全》,第三类官规,商务印书馆 1919 年版,第 195—197 页。

关联之厅或签字,并将原稿送钞备案。

第三章　收发文件程序

第十三条　各厅酌设收发员,管理本厅收发文件及其他事务。

第十四条　凡文件到厅,由收发员编号录由,登入收文簿,送厅长画阅后,仍由收发员分交各股办理。

第十五条　凡文件到厅,附有簿册单据等件,应查点其是否相符,再将总收发处或他厅室之送文簿,加盖某厅收讫戳记。

第十六条　各厅收发员,收到各股应发文件后,即将该文件应列号数,载入各该股发文簿上以便填入正副稿,正副稿应由收发员随时送交各该股保存。

第十七条　凡各股来文去文,应分为决算文件及其他普通文件二种,决算文件俟审查完竣后,将正稿连同审查报告书,送交决算委员会,普通文件经办结后,将来去文各件,汇为一宗,付送编译科编纂处,编号存档。

第十八条　凡各厅调送文件及会商事宜,均应以移付簿为凭,移付簿应送厅长签字。

第十九条　凡院饬及油印公布文件,并各厅移付,均应由收发员保存并通知各股。

第四章　审查决算程序

第二十条　各股收到各机关每月计算书,先由各股员将册内数目,从节目项逆推计算,以散合总,是否符合,如有不符,应由股员另单签注,并于计算书面,加盖该股员姓名,并书明月日。

第二十一条　每月支出计算书,须与支付预算书对查,有无超过及款目舛误等情,遇有超过者,查其是否根据法律,抑因特别事由,遇有舛误者,应查其是否笔误,抑系有意蒙混,将查核之结果逐条签注,并于计算书面,加盖查对人姓名,并书明月日。

第二十二条　每月支出计算书核对完竣,再将所送册据,互相核对,其单据与册列数目,是否相符,所送单据,是否确实,开支款项,有无可疑,按照单据证明规则,逐条签注,并于收据加盖审计院查讫字样,于支出计算书,加盖核对单据人姓名,并书明月日。

第二十三条　每月计算书,由股员次第核算后,遇有错误及违反法令之处,送由股主任详加审核按照本院修正审计条例办理。

第二十四条　各股审查各机关每月计算书完竣,应即办审查报告书,详请院长副院长核阅。

第二十五条　各股俱应置审查决算一览表,分列到查复决四项,随时注明,以表示进行之成绩,于每月一日,由厅长陈送院长副院长画阅。

第二十六条   各股审查每月计算书时,须将各机关每月收入支出总数,分别记入表册备查。

表册格式另定之。

第二十七条   决算预算比较表及其他表册,应指定本厅股主任或股员保管。

第五章   附则

第二十八条   各厅审查外债支出程序另定之。

第二十九条   本细则如有未尽事宜,得由厅长或各股之提议经各厅会同议决后详请院长副院长修订。

第三十条   本细则自公布日施行。

《审计法施行规则》①

中华民国三年十二月七日

第一条   各官署应于每月五日以前,依议决预算定额之范围,编造次月支付预算书,送由财政部查核,发款后转送审计院备查。

其在各地方之官署,应依前项规定,将次月支付预算书,送由财政厅查核,发款后详由财政部转送审计院备查。

第二条   各官署应于每月经过后十五日以内,编成上月收入计算书、支出计算书,送审计院审查。

其有该管上级官署者,应于每月经过后十五日以内,编成上月收入计算书、支出计算书送由该管上级官署核阅,加具按语,转送审计院审查。

一官署所管事务有涉及数部主管者,其收入支出应按照性质,分别编送计算书。

第三条   营业机关及其他有特别性质之收支计算,得依审计院指定特别期限编成收支计算书,送由主管官署核阅,加具按语,转送审计院审查。

第四条   金库应于每月经过后十五日以内,编成金库收支月计表,连同证据,送由财政部或财政厅核定后,转送审计院审查。

财政厅为前项之核定,详送审计院时,应即详报财政部。

第五条   财政部应于年度经过后八个月以内,编造全年度国库出纳计算书,送审计院审查。

---

①   《政府公报》1914 年第 932 号。

第六条　中央各官署应于年度经过后三个月以内,编成岁入岁出决算报告书,送主管部查核,国外各官署同。

第七条　各省各特别区域及蒙藏等处各官署应于年度经过后三个月以内,编成岁入岁出决算报告书,送财政厅或财政分厅汇核,于年度经过后六个月以内,编成全省或全区域岁入岁出决算报告书,送财政部全份并分送主管部查核。未设财政厅或财政分厅之处由行政长官查核编送。

第八条　各部应于年度经过后八个月以内,编成所管岁入决算报告书、主管岁出决算报告书及特别会计决算报告书送财政部查核,但关于云、贵、甘、新、川、桂六省之决算,得展限一个月,蒙藏等处之决算,得依特定期限,另案编送。

第九条　财政部应于年度经过后十个月以内,汇核各部及本部决算报告书,并国债计算书编成总决算,连同附属书类,送审计院审查,但关于蒙藏等处之决算,得另案编送。

第十条　经管物品官吏应于年度经过后二个月以内,编成全年度物品出纳计算书,送由主管长官核定后,转送审计院审查。

第十一条　审计院审查各官署书据,认为必要时,得派员实地调查。

第十二条　审计院审定各官署支出计算书,应就核准之金额,真发核准状。

第十三条　审计院议决出纳官吏所管事项有不当行为时,应随时通知该管长官执行处分。

前项处分情形,应由该管长官随时报告审计院。

第十四条　审计院议决各官署长官有违背法令情事时,应呈请大总统核办。

第十五条　各官署应将出纳官吏姓名、履历及保证金额录送审计院备查,遇有交代时,亦同。

第十六条　出纳官吏交代时,应将经管款项及物品详列交代清册,点交接管人员,由该管长官报明交代情形于审计院。

前项交代清册,审计院得随时调查之。

第十七条　审计院审查国债支出程序,除别有规定外,仍依暂行审计国债用途规则办理。

第十八条　本规则自公布日施行。

《审计官惩戒法》①

中华民国四年十月十六日公布

第一章　总纲

第一条　审计官、协审官有左列行为之一者,依本法惩戒之。

一、违背或废弛职务。

二、有失官职上威严或信用。

第二条　审计官、协审官之惩戒,由审计官惩戒委员会议决行之。

第三条　同一事件在刑事诉讼程序实施中,对于被付惩戒人,不得开始惩戒会议。

同一事件在惩戒委员会议决前,对于被付惩戒人,开始刑事诉讼程序时,应暂停止惩戒会议程序。

第四条　同一行为依刑事裁判宣告无罪或驳回公诉或免诉时,仍得实施惩戒会议程序,其依刑事裁判宣告之刑,不致丧失官职者,亦同。

第五条　惩戒委员会为惩戒之议决,不得侵及刑事或民事法院之职权。

第二章　惩戒处分

第六条　惩戒处分之种类如左:

一、夺官。

二、褫职。

三、降官。

四、降等。

五、减俸。

六、记过。

第七条　夺官　剥夺其现在之官秩,夺官应并褫其职。

第八条　褫职　丧失现职,褫职得并降其官。

受褫职处分者,不得复任为审计官、协审官,但自受处分之日起经过二年,得任他职。

第九条　降官　降为该职初叙官以下之官者,并降其职。

第十条　受降等处分者,自受处分之日起非经过一年,不得再叙进。

受降等处分,无等可降者,得罚半俸,其期间为二年以下一年以上。

第十一条　减俸期间为一年以下一月以上,其额数为月俸三分之一以

---

① 《司法公报》1915 年第 44 期,1915 年 10 月 30 日发行。

下，十分之一以上。

第十二条　记过至三次者应受降等处分。

第三章　惩戒委员会

第十三条　审计官惩戒委员会以委员长一人，委员八人，于有惩戒事件时组织之。

第十四条　惩戒委员长由大总统于左列各职中遴选任命之：

一、司法总长。

二、平政院长。

三、大理院长。

第十五条　惩戒委员会由大总统于左列各职中遴选任命之：

一、平政院评事。

二、大理院推事。

三、总检察厅检察长及检察官。

四、其他三等荐任文官。

第十六条　关于审计官惩戒委员会之预备或补助事宜由审计院办理。

第十七条　审计官惩戒会议非合委员长委员七人以上列席，不得开议，非有列席委员三分之二以上之同意，不得议决。

第十八条　被任为惩戒委员长或委员者与惩戒事件有关系时，应声明回避。

第四章　惩戒程序

第十九条　审计院长认审计官、协审官有第一条之行为时，得护举事实，呈请大总统，交审计官惩戒委员会审查之。

第二十条　肃政厅对于审计官、协审官提起纠弹，经大总统认为应付惩戒或由大总统交平政院审理后，呈明应付惩戒者，由大总统特交审计官惩戒委员会审查之。

第二十一条　审计官惩戒委员会奉大总统交议惩戒事件，应将原呈及原纠弹或裁决之文件，钞交被付惩戒人，指定期日，令其申辩。

第二十二条　审计官惩戒委员会于接受惩戒事件后，得指定委员二人以上调查之。

第二十三条　审计官惩戒委员会于经过被付惩戒人申辩期间后，应指定期日，令被付惩戒人到会，面加询问。

第二十四条　依前条规定询问被付惩戒人后或被付惩戒人已逾指定期日并未到会者，审计官惩戒委员会得为惩戒之议决。

第二十五条　审计官惩戒委员会依前条之规定，为惩戒之议决后，应具议决报告书,呈复大总统。

第二十六条　审计官惩戒委员会之惩戒议决报告书,经大总统核准后,由大总统交由审计院长,依法定程序执行之。

附　则

第二十七条　本法自公布日施行。

《审计法施行规则》^①

中华民国十四年十一月二十八日

第一条　各机关应于每月一日以前,依议决预算定额之范围,编造本月支付预算书,送监察院审核。

第二条　各机关如有新委职员,须随时报明其姓名、俸给于监察院,以便稽核。

第三条　凡代理省库国库出纳之机关,应将每日收支实数,造成日计表,送监察院审核,不得并日汇报。

第四条　经管征税及他项收入之各机关,应每月编造上月收入计算书,送监察院审核。

第五条　各机关应每月编造上月支出计算书,连同凭证单据,送监察院审查,其有该管上级机关者,应每月编成上月收入计算书、支出计算书,送由该管上级机关核阅,加具按语,送监察院审查。

第六条　机关所管事务有涉及数部主管者,其收入支出,按照性质,分别编造计算书。

第七条　财政部除依前三条外,应于年度经过后三个月以内,编造全年度国库出纳计算书,送监察院审查。

第八条　凡关于公有财产之变卖,其办理手续须报告监察院审核,如有单据合同,应一并送监察院审查。

第九条　凡关于国债事项,如偿还方法及抵押物品等如单据契约,均须送监察院审查,遇有收到债款或收回债券,均应报告监察院,以备查核。

第十条　监察院审核各机关报销卷册、收支数目,有未适合时,应即发还原报销机关,限期缮送,不得逾期。

第十一条　监察院审查各机关之计算书,如有疑义时,得行文查询,限文到后七日内答复。

---

①　《中华民国国民政府公报》第 2 本第 16 号。

第十二条 监察院因审计上之必要,得向各机关调阅证据或该管主管长官之证明书。

第十三条 各机关储藏簿记内所载收支数目与现存之款项及其单据,监察院得随时派员检查是否相符。

第十四条 各机关应将出纳官吏姓名、履历及如有保证金者,注明保证金额,送监察院备查,遇有交代时,亦同。

第十五条 出纳官吏交代时,应将经管款项及物品详列交代清册,点交接管人员,由该管长官报明交代情形于监察院,此项交代清册,监察院得随时调查之。

第十六条 经管物品家私等之官吏,应每年两次造具家私物品出纳及存毁等表,送由该主管长官署名,负责转送监察院审查。

第十七条 倘经监察院查出舞弊情事,应即起诉于惩吏院,依法办理之。

第十八条 本规则自公布日施行。

《审计法施行细则》①

中华民国十七年十一月三日国民政府通令各机关遵办

第一条 凡主管财政机关之支付命令,应先送审计院,经院长或其代理人核准签印后,由国库照付,其在较远之地方,得预期将支付命令送审计院核准签印。

前项代理人以副院长及审计为限。

第二条 各机关应于每月十五日以前,以预算案之范围,遍造次月份支付预算书,送由财政部查核后,转送审计院备查。

其在各地方中央直辖机关,应依照前项规则编造次月份支付预算书,送由各该主管机关查核后,移送财政部转审计院备查。

第三条 各机关应于每月经过后十五日以内,编成上月收入计算书,支出计算书,收支对照表,贷借对照表,财产目录,连同收支凭证单据及其他表册送审计院审查。

各机关之有上级机关者,应依照前项规定,编成上月收入计算书,支出计算书,收支对照表,贷借对照表,财产目录,连同收支凭证单据及其他表册,送由该管上级机关查阅,加具按语,转送审计院审查。

---

① 王逢辛:《会计审计法规》,商务印书馆 1938 年版,第 516—518 页。

同一机关管事务,有涉及上级机关者,其收入支出等报告,应按照性质分别编送,同时并抄送其他有关系之上级机关各一份。

第四条 营业机关或其他特别性质机关之收入计算书,支出计算书,损益表,贷借对照表,财产目录,收支凭证单据及其表册,得依审计院规定特别期限,编送上级机关核阅,加具按语,转送审计院审查。

第五条 国库或代理国库,应于每月经过后十五日内,编成国库收支月计表,及岁入金岁出金分类明细表,连同国库全年度出纳计算书送审计院审查。

第六条 财政部应于年度经过后六个月以内,编造国库全年度出纳计算书送审计院审查。

第七条 各机关之有上级机关者,应于年度经过后二个月以内,编成岁入岁出决算书报告书送主管部查核。

第八条 各院部会等机关,应于年度经过后六个月以内,编成所管岁入决算报告书,主管岁出决算报告书,及特别会计决算报告书送财政部查核。

第九条 财政部应于年度经过后八个月以内,汇核各部院会等机关及本部决算报告书并国债计算书编成总决算,连同附属书类送审计院审查。

第十条 经管物品官吏应于每月经过后十五日以内,年度经过后二个月以内,编成物品出纳计算书,送由主管长官核定后转送审计院审查。

第十一条 凡应送审计院审查之支付预算,收入计算,支出计算及其他书册报告,在未经审计院审核以前,各主管机关不得准予核销备案以解除其责任。

第十二条 审计院审查各机关表册书式凭证,认为必要时,得派遣或委托人员实地调查。

第十三条 审计院审查各机关支出计算书,应就核准之金额填发核准状。

第十四条 审计院认为某机关出纳人员有不正当行为时,得随时通知该机关长官执行处分,该机关长官为前项处分时,应将处分情形随时报告审计院。

第十五条 审计院认为某机关长官有违法情形时,除拒绝核准支付命令外,并呈请国民政府核办。

第十六条 各机关应将出纳人员姓名履历及保证金额,录送审计院备查,遇有交代时亦同。

第十七条 各机关长官或经管出纳人员交代时,应将经管款物及物品详列清册,移交接管人员,由该机关长官呈报上级机关转送审计院备查。

第十八条　党务费之支付预算,财政部应送审计院备查。

第十九条　党务费之支付命令亦须经审计院签印。

第二十条　本细则自公布日施行。

《审计法施行细则》①

中华民国二十七年七月二十三日奉国民政府渝字第九四七号指令"准备案"

第一条　本细则依审计法第五十五条订定之。

第二条　依审计法第十一条前段之规定,审计部得酌量情形逐渐推行就地审计,但在审计机关未派员赴各机关就地审计前,各机关仍应送审。

第三条　审计法第十一条但书规定得送审计之机关,其送审内容,审计机关得斟酌情形,依审计法第三十七条规定办理。

第四条　审计机关派员对各机关现金票据证卷账簿等施行检查时,得径以审计机关派员文件或稽察证,交受检查机关阅视后为之。

第五条　审计人员在外执行职务,应制作报告,呈报主管审计机关,遇有查询事件,应制作笔录,交受查询人员阅览后,令其署名盖章。

第六条　审计人员因执行职务,有使用稽察证之必要时,由该管审计机关长官核发稽察证,须记明事由地点时日及持有人姓名。稽察证使用规则另定之。

第七条　审计人员依审计法第十四条规定,执行封锁时,应制作笔录,记明封锁物之种类件数,加封于封面,署名盖章,并令物之所有人或其关系人,于笔录及封面署名盖章,前项封锁物,应令物之所有人或其关心人负责保管,不得擅自拆封。

第八条　审计人员依审计法第十四条规定执行提取时,应制作笔录,记明提取物之种类件数,并作成收据,交物之所有人或其关系人收执。

第九条　审计机关依审计法规定发出之通知书,应附记明送达日期之回条,或以双挂号邮件送达。同一案件受通知之机关有数个时应分别送达。

第十条　审计机关通知书定有限期者,受通知之机关,应依限声复,其不能依限声复者,应于限内叙明事由声请展期。

第十一条　受通知执行处分之机关,接受通知后,应依通知书内容执行处分,并将处分结果,声复审计机关。

第十二条　审计机关就审核案件,为剔除缴还或赔偿之决定者,于本案

---

①　审计部:《审计法令汇编》,商务印书馆1948年版,第35—38页。

确定后,应通知受审机关及主管公库机关,于必要时,并通知受审机关之主管上级机关。

第十三条　各机关声请复议,已逾审计法第二十三条所定期限,而未于期限内声请展期者,审计机关不予复核。

第十四条　各机关声请复议,原决定审计机关认为有理由者,应变更原决定,认为无理由或理由不充分,经驳复后,受审机关仍坚持前项声复者,应附具意见,检同关系文件,呈送上级审计机关复核。

第十五条　派驻各机关审计人员之决定,视为该管审计机关之决定,但声请复议之案件,应由该管审计机关依前条规定办理。

第十六条　审计机关委托其他审计机关办理审计案件时,受委托之审计机关,应将办理结果,通知原委托之审计机关决定之。

第十七条　审计机关依审计法第二十六条所为之公告,于各级政府公报及审计部公报为之。

第十八条　各机关对分配预算为一部或全部之变更,有不合程序或与预算法不符时,审计机关应纠正之。

第十九条　财政机关因预算法第六十八条所列各款情事,得以暂付款支付书送请审计机关核签,在非常预算未成立前,其责任由财政机关负之。

第二十条　各机关因重大灾变或紧急工程,得以暂付款支付凭证送请驻在审计人员核签,在支付法案未成立前,其责任由该机关负之。

第二十一条　各机关得以暂收款收入凭证,送请审计机关核签,在收入法案未成立前,其责任由各该机关负之。

第二十二条　审计机关依审计法之规定,拒绝核签支付书时,应发拒签事由通知书,分别送达签发机关及领款机关或领款人,派驻各机关之审计人员,为拒签收支凭证之决定时,除依前段规定办理外,并应即时向该管审计机关报告。

第二十三条　审计机关或审计人员,对支付书或收支凭证,因不得已事故不能于审计法第三十三条所定期内核签者,应于限内通知不能核签之事由。

第二十四条　各机关之会计报告,应直接送达于各该管审计机关,审计机关之审核通知或核准通知,应直送达于受审机关。

第二十五条　各机关应送审计机关之报告,应依左列期限。

一、日报于次日送出。

二、月报于期间经过后十五日内送出。

三、年报于期间经过后三个月内送出。

第二十六条　各机关应送之会计报告,不依前条所定期限送审者,审计机关应于催告,经催告后仍不送审者,得依审计法第十五条规定办理。

第二十七条　各机关送审各项会计报告时,应附送原始凭证及其他附属表册,表册之种类格式由审计部另定之。

第二十八条　主管公库机关及代理公库之银行,每日应送报表,报表之种类格式由审计部另定之。

第二十九条　主管公库机关每月及年终应送报表,报表之种类格式由审计部另定之。

第三十条　经理公债财物或特种基金之机关,每月及年终应送报表,报表之种类格式由审计部另定之。

第三十一条　审计机关发给各机关之核准书,应送由各该机关之主管上级机关转发。

第三十二条　审计处或审计办事处,办理在各省市中央各机关及其所属机关之审计案件,认为应发核准书者,应将审核结果呈由审计部核发。

第三十三条　前条规定,于审计办事处办理各特种公务机关,公有营业机关,公有事业机关之审计案件准用之。

第三十四条　各级政府编制之年度总决算,审计机关审定时应注意左列事项。

一、各级政府岁入岁出,是否与预算相符。

二、各级政府岁入岁出,是否平衡。

三、各级政府岁入岁出与预算不符时,其不符之原因。

四、各级政府岁入岁出不平衡时,其不平衡之原因。

五、对各级政府岁入岁出,应行改正之意见。

第三十五条　审计机关对各机关之现金票据证券执行检查,遇必要时,应通知该机关长官或主管上级机关派员莅视。检查结果,应制作笔录,由保管人莅视人署名盖章。

第三十六条　各机关对于财物有遗失损毁等情事,应随时记明其原因,其重大者,应提出其证明方法。各机关遇有审计法第四十八条第二项所列情事,应即报告于该管审计机关,并提出其证据,审计机关亦得依职权调查之。

第三十七条　各机关购置物料或营缮工程,依规定应公告招标,或采用比价办法者,应通知该管审计机关派员监视,其招标或比价各项规则图样说明书预估底价标单式样,以及契约底稿等,应于事前送审计机关备查,签订契约时,应由监视人署名盖章。

第三十八条　各机关购置物料或营缮工程,如有中途变更或增减价额情事,应随时通知该管审计机关查核,其变更重大或增减价额在一成以上者,应于协议时,通知该管审计机关派员参加。

第三十九条　各机关购置物料或营缮工程,经审计机关派员监视开标决标或比价者,于货到或工竣验收时,应通知审计机关派员监视。前项监验人员,应于验收证明书类署名盖章。

第四十条　各机关营缮工程及购置变卖各种财物之开标决标验收事项,其金额较小或有特殊情形者,审计机关得斟酌情形决定派员与否。

第四十一条　各机关购置物料营缮工程之验收,凡与原定图说契约章则不符者,监视人得拒绝署名盖章,其因不得已事由,准予减价收受者,应先得审计机关之同意。

第四十二条　凡发行债券或借款,应由主管机关将发行条列或借款契约等,送该管审计机关备查,如有变更,应随时通知审计机关。

第四十三条　各机关处分共有财物时,准用第三十八条至四十二条之规定。

第四十四条　审计机关行使稽察职权,有须各机关团体协助者,各机关团体应负协助之责。

第四十五条　审计机关委托其他机关团体或个人办理监视鉴定等事项,其结果应由原委托之审计机关依照职权决定之。

第四十六条　本细则如有未尽事宜,得由审计部呈请监察院修改之。

第四十七条　本细则由监察院核定施行。

兹依审计法施行细则第二十八条至三十一条之规定,订定各机关送审报表详细表于下。

机关种类	应送报表种类	送审时期	备考
普通机关	(一)岁入类现金出纳表,(二)经费类现金出纳表,(三)岁入类平衡表,(四)经费类平衡表,(五)岁入累计表,(六)收入凭证簿,(七)经费累计表,(八)支出凭证簿,(九)财产增减表,(十)以前年度岁入应收款余额表,(十一)以前年度岁出应付款余额表,(十二)全年度岁入类现金出纳表,(十三)全年度经费类现金出纳表,(十四)结账后岁入类平衡表,(十五)结账后经费类平衡表,(十六)财产目录	第一至十一种报表应每月送审,第十二至第十六种报表应于年终送审	无岁入预算之机关,每月免送以前年度岁入应收款余额表、岁入累计表、收入凭证簿,但于年终加送岁入累计表及收入凭证簿

续表

机关种类	应送报表种类	送审时期	备考
主管公库机关及代理公库银行	（一）现金出纳表 （二）票据出纳表 （三）证券出纳表 （四）资产负债平衡表	第一至第三种报表于每日每月及年终送审，第四种表应于每月及年终送审	代理公库银行每日送第一至第三种报表，其余免送
主管公债机关	（一）关于债券之发行、抵押、收回、清偿、销毁等事实编制报表 （二）资力负担平衡表 （三）公债现额表	第一种报表应于每月送审，第二、第三种报表应于年终送审	
经管财物机关	（一）关于所经理不动产物品及其他财产之增减保管移转等事实编制报表 （二）财物目录	第一种报表应于每月及年终送审，第二种报表应于年终送审	
经理特种基金机关	（一）基金收支累计表，（二）现金出纳表，（三）票据出纳表，（四）证券出纳表，（五）财物增减表，（六）固定负债增减表，（七）资力负担资产负债综合平衡表，（八）财产目录，（九）固定负债目录	第一至第七种报表应于每月及年终送审，第八、第九两种报表应于年终送审	
附记	（一）特种公务机关经费类应送报表适用普通各机关之规定 （二）公有营业机关、公有事业机关所送报表及送审时期，除准用经理特种基金机关第二至第九种报表外，并于每月加送收入累计表，每年加送成本计算表、损益计算表、盈亏拨补表 （三）各种报表格式悉依会计法规之规定 （四）各机关对本表规定应送报表，因特殊情形经主计机关核准变通，造报者得以性质相同之报表代之 （五）审计机关因审核上之必要，除本表规定应送报表外，得通知各机关增送其他表册		

《审计会议规则》①

中华民国二十年九月二十九日

第七次审计会议修正

第一条　本规则依审计部组织法第四条之规定制定之。

---

①　王逢辛：《会计审计法规》，商务印书馆 1938 年版，第 523—524 页。

第二条　本会议应行议决之事项：

一、关于审计复核事项。

二、关于审计疑难事项。

三、关于审计方针划一事项。

四、关于审计设计事项。

五、关于审计调查事项。

六、关于其他审计事项。

第三条　本会议每周开会二次，但主席得召集临时会议或延会。

第四条　本会议须有法定人员过半数之出席，方能开会。

第五条　本会议于必要时，得由主席指定有关系之协审、稽察列席会议。

第六条　本会议议决事项，部长认为不能执行时，得交复议。

第七条　本会议文书事务，由部长指定人员担任。

第八条　本规则如有未尽事宜，得随时提交会议修订之。

第九条　本规则以部令公布施行。

《普通考试审计人员考试条例》①

中华民国二十三年七月

第一条　凡审计人员之普通考试，除法律别有规定外，依本条例之规定行之。

第二条　中华民国国民有左列各款资格之一者，得应审计人员之普通考试。

一、经立案之公私立高级中学、旧制中学或者其他同等学校毕业，得有证书者。

二、经普通检定考试及格者。

三、在国立及经教育部立案或承认之国内外专门以上学校，修经济、法律、会计、商业等学科一年以上毕业，得有证书者。

四、有考试法第七条第一款至第四款所列资格之一者。

五、有办理审计、会计职务三年以上，有证明书者。

第三条　甄录试之科目如左：

一、国文　论文及公文。

---

①　《中华民国国民政府公报》第82本，第1498号。

二、党义　三民主义及建国方略。

三、中国历史及地理。

四、宪法（宪法未公布前考中华民国训政时期约法）。

第四条　正试之科目如左：

甲、必试科目

一、民法概要。

二、经济学。

三、财政学。

四、会计学。

五、审计学。

乙、选试科目

一、官厅会计。

二、铁路会计。

三、会计法规。

四、审计法规。

五、行政法。

以上选试科目任选一种。

第五条　面试　就应考人正试之必试科目及其经验面试之。

第六条　本条例自公布日施行。

《审计部各省市审计处审核会议规则》①

第一条　本规则依本部二十四年二月十五日审计会议之决议案制定之。

第二条　本会议以处长暨一二三各组主任组织之。

秘书得列席会议，有必要时主席得指定有关系之佐理员列席报告，或陈述意见。

第三条　本会议分为报告事项及讨论事项。

报告事项

关系重要事项，认为应报告周知者属之。

讨论事项

一、关于审计复核事项。

二、关于审计疑难事项。

---

① 审计部：《审计法令汇编》，商务印书馆1948年版，第28页。

三、关于审计设计事项。

四、关于审计其他事项。

第四条　本会议开会时,处长主席,处长缺席时,由其代理人主席。

第五条　本会议有组织过半数之出席,方得开会。

第六条　本会议议案,以出席人员过半数之同意决之,可否同数时,取决于主席。

第七条　本会议议决案,遇有不能执行时,处长得交复议。

第八条　本会议每星期开常会一次,但处长认为必要时,得召集临时会议。

第九条　本会议议事日程,须于开会前一日分送出席暨列席各员。

第十条　本会议文书事务,由文书股任之。

第十一条　本规则各甲种审计办事处适用之。

第十二条　本规则自公布日施行。

《高等考试会计审计人员考试条例》①

中华民国二十四年八月五日

第一条　凡会计、审计人员之高等考试,除法律别有规定外,依本条例之规定行之。

第二条　中华民国国民有左列各款资格之一者,得应会计、审计人员之高等考试。

一、公立或经立案之私立大学独立学院或专科学校会计、审计、经济、财政、商业各学科毕业,得有证书者。

二、教育部承认之国外大学独立学院或专科学校会计、审计、经济、财政、商业各学科毕业,得有证书者。

三、有大学或专科学校会计、审计、经济、财政、商业各学科毕业之同等学力,经高等检定考试及格者。

四、有会计、审计专门著作经审查及格者。

五、经同类之普通考试及格满四年者。

六、曾任会计或审计职务委任官及与委任官相当职务三年以上,有证明文件者。

七、曾任资本十万元以上之公司任会计主要职员三年以上,有证明文件者。

---

① 《中华民国国民政府公报》第 97 本第 1818 号。

第三条　第一试之科目如左：

甲　必试科目

一、经济学。

二、财政学。

三、会计学。

四、审计学。

五、官厅会计。

六、会计审计法规。

乙　选试科目

一、财政法规。

二、各国会计审计制度。

三、公司会计。

四、银行会计。

五、铁路会计。

六、成本会计。

以上选试科目任选一种。

第四条　第二试分笔试、及口试。

甲　笔试

一、总理遗教　建国方略、建国大纲、三民主义及中国国民党第一次全国代表大会宣言。

二、中国历史及地理。

三、宪法（宪法未公布前考中华民国训政时期约法）。

乙　口试　就应考人第一试之必试科目及其经验考试之。

第五条　本条例自公布日施行。

《普通考试会计审计人员考试条例》①

中华民国二十四年九月三日考试院公布

第一条　凡会计、审计人员之普通考试除法律别有规定外，依本条例之规定行之。

第二条　中华民国国民有左列各款资格之一者，得应会计、审计人员之普通考试。

---

① 王逢辛:《会计审计法规》,商务印书馆1938年版,第568—569页。

一、公立或经立案之私立高级中学旧制中学或其他同等学校毕业,得有证书者。

二、有前款所列学校毕业之同等学历,经检定考试及格者。

三、公立或经教育部立案,或承认之国内外学校会计、审计、簿记、经济、财政、银行、商业各学科一年以上毕业,得有证书者。

四、有高等考试应考资格者。

五、曾任各机关会计、审计或财政职务三年以上,有证明文件者。

第三条　第一试之科目如左:

一、经济学。

二、财政学。

三、会计学及审计学。

四、官厅簿记。

五、会计、审计法规。

第四条　第二试分笔试及口试。

甲、笔试。

一、总理遗教、三民主义及建国方略。

二、中国历史及地理。

三、宪法(宪法未公布前考中华民国训政时期约法)。

乙、口试。就应考人第一试之财政学、会计学及审计学、会计审计法规三科目及其经验考试之。

第五条　本条例自公布日施行。

《审计部审计会议规则》①

中华民国二十八年十月十八日部令公布

第一条　本规则依审计部组织法第十条之规定订定之。

第二条　审计会议由部长、政务次长、常务次长及审计组织之,以部长为主席,部长有事故时,由政务次长或常务次长代理。

第三条　应行提出审计会议之事项如左:

一、关于审计复审事项。

二、关于审计疑难事项。

三、关于审计方针划一事项。

---

① 审计部:《审计法令汇编》,商务印书馆 1948 年版,第 14—15 页。

四、关于创设变更废止审计成例事项。

五、关于审计上调查统计之设计事项。

六、关于所属各处呈送复审案件事项。

七、关于部长交议事项。

第四条　审计会议每周开会一次，但主席得召集临时会议或延会。

第五条　审计会议须有法定人员过半数出席，方得开会，其决议以出席人员过半数之同意行之，可否同数时，取决于主席。

第六条　审计会议文书事务，由主席指定秘书或其他人员办理之。

第七条　审计会议议案，于开会前一日提出之。

第八条　审计会议议事日程，由秘书拟订送呈主席核定。

第九条　审计会议于必要时，得由主席指定有关系之协审稽察列席。

第十条　审计会议议决案件，其关系重要者，应由提案人依照议决要旨，引用关系法令，作成议决理由书，于下次会议报告之。

第十一条　审计会议议决案件，其关系重要者，应将议决理由，登载审计公报，并令发所属各处。

第十二条　审计会议议决案件，其关系重要者，应于每六个月重新审订，编成审计成例。

前项审计成例，非经审计会议议决，不得变更或废止之。

第十三条　审计会议议决案件，部长认为不能执行时，得交复议。

第十四条　本规则如有未尽事宜，得随时修改之。

第十五条　本规则呈送监察院备案后，由本部公布之。

《审计部工作考核委员会工作考核办法》①

中华民国三十一年七月十一日部令公布

第一条　本办法依本会组织规程第十二条之规定订定之。

第二条　考核之范围作左：

一、本部各厅处及所属各处每月及年度工作报告。

二、本部所属各处关于县财务之抽查及调查报告。

三、本部所属各处之审核会议记录。

四、部长交办事项。

第三条　考试程序如左：

---

① 审计部：《审计法令汇编》，商务印书馆 1948 年版，第 231—232 页。

一、各项工作报告抽存或调查报告,由佐理员审查,作成审查报告,送由秘书加具意见,汇提会议决定。

二、审核会议记录,由佐理员审查,签注意见,送由秘书转呈主席委员核定,其有疑义者,提会决定。

三、交办事项属于考核范围者,适用前二款之规定,办理其他事项,由秘书拟定办法,呈主席委员核定,其重大者,提会决定。

第四条　考核应注意左列事项:

一、各项工作之种类及件数。

二、各项案件承办人员之员额。

三、案件之决定是否合法,原决定有无变更。

四、请求或提案,有无加具意见及其意见是否正确。

第五条　考核结果应依左列规定作成总报提会决定。

一、本部各单位工作概况,及用人之比较。

二、所属各审计处工作概况及比较。

三、所属各审计处工作,与其经费及用人之比较。

第六条　前条总报告,应呈报部长核定,分别奖惩。

第七条　经本会考核之各项报告,应汇编者,送由总务处汇编之。

第八条　本会决定事项,呈报部长核定,交总务办理。

第九条　本会需用统计或其他人员协助时,得呈请部长指派之。

第十条　本办法如有未尽事宜,得随时呈请修改之。

第十一条　本办法自公布之日施行。

《公有营业及公有事业机关审计条例》①

中华民国三十二年十月十四日国民政府公布

第一条　公有营业及公有事业机关之营业及事业,其审计除法律别有规定外,依本条例办理。

第二条　公有营业事业之审计事务,由审计部或其指定之审计机关及审计人员办理之。

第三条　每年度之营业计划或事业计划,呈经上级主管机关核定后,应抄送审计部。

第四条　各机关之分配预算,应由核定机关依法定期限,以二份送审

---

① 审计部:《审计法令汇编》,商务印书馆 1948 年版,第 55—56 页。

部备查,有变更时亦同。

第五条　各机关依法发行债券或借款时,应将发行条例,或经上级主管机关核定借款契约,抄送审计部,有变更时亦同。

第六条　各机关未驻有审计人员者,其所开之公库支票,须经驻库审计人员核签,始得付款。

第七条　审计部对于各机关会计报告,经催送后仍不送审者,准用审计法第十五条之规定办理。

第八条　未驻有审计人员之各机关,其各项收支之原始凭证,应依法编订,妥为保管,审计机关得随时调阅或就地审核。

第九条　各机关之资本支出与营业支出,其材料人工之原始凭证,不便分割,须以拨料单或费用分析表列报者,应编列资本支出拨用材料清单或工资清单,以备审核。

第十条　公有营业事业每期之结算报告,应送审计部审核。

第十一条　公有营业事业之盈余,除依法填补亏损及提拨公积金外,应解缴国库,不得自行分配,或自行拨充资本支出。

第十二条　公用营业事业资产之估价,与折旧之摊提,应为精确计算,并将有关记录,送审计部审核。

第十三条　审计部对于公有营业盈亏之核定,得公告之。

第十四条　公有营业事业之年度决算,应送审计部审核,审计部认为符合者,予以证明。

前项决算书表,应附送营业或事业报告书。

第十五条　公有营业事业财物之盘查,应通知审计机关派员监视,审计机关认为必要,亦得随时盘查之。

第十六条　未驻有审计人员之机关,其营缮工程,确因情形特殊,不能依法定程序办理者,得声叙理由,并将经过情形,连同图说估单合同抄件,呈由上级主管机关,转送审计机关备查,工竣验收时,仍应通知审计机关派员监视。

第十七条　未驻有审计人员之机关,其购置或变卖财物,确因情形特殊,不能依法定程序办理者,得由主办机关呈经上级主管机关核定办理,并将定购验收事项,开列清单,连同图说估单合同抄件,按月汇送审计机关备查。

第十八条　依前二条程序办理之工程购置变卖等事项,审计机关得派员抽查,并得调阅有关文件。

第十九条　县市之公有营业事业,审计部或其指定之审计机关及审计人员得抽查之。

第二十条　本条例自公布之日施行。

索　引

后 记

拙著终于完成了,此时有种如释负重的感觉! 其中的艰辛唯有自己体味。

今值仲夏,窗外蛙声一片,人亦将到不惑之年。拙著的完成,也可谓小有成就。回顾以前的历程,感谢一路走来支持和帮助我的人们。

20 多年前进入浙江台州中学学习,班主任常绿老师以及郭文平、谢伟、朱华周、胡利强、施海州等同学对我帮助的情景依然历历在目,在此,表达我衷心的感谢! 祝愿常老师健康幸福,祝愿同学们身体健康,事业兴旺!

18 年前进入浙江财经学院会计系学习,从此我与会计结下了不解之缘。感谢浙江财经学院的班主任朱军老师以及教授我会计学专业知识的谭立、张红英、杨忠智、钱娟萍等老师,是您等传授给我会计学知识,使我掌握了一技之长,成为安身立命之基础。

大学毕业后进入了伟星集团工作,感谢金红阳先生给予我工作和生活上的关心和帮助,使我在工作中第一次感受到"尊重"和"平等"的含义,感谢您增加了我"自信、自立、自强"的动力。金先生既是一位伯乐,又是一匹千里马。在他的领导下,伟星新材稳健快速发展,现已经成为中国建材行业的领跑者。衷心祝愿金先生身体健康,工作顺心,愿伟星新材在您的领导下,蒸蒸日上,兴旺发达。同时,我对金先生要表达迟到的歉意,在伟星工作期间,本人感觉工作上没有做到尽心尽力,后来又因攻读会计学硕士学位而离开伟星,辜负了您对我的期望。

2003 年进入江西财经大学会计学院学习,感谢导师饶晓秋教授悉心指点我撰写硕士学位论文以及方宝璋、张蕊、蒋尧明、章卫东等教授传授给我会计理论知识,为我从事会计学学术研究奠定了坚实的基础。

2007 年有幸拜在知名审计史专家方宝璋教授门下,从事审计史的研究,是人生的一大喜事,我的人生从此掀开了新的一页,感谢恩师的培育之恩。在攻读博士学位期间,感谢伍世安教授、龚汝富教授、温锐教授、蒋尧明教授等传授给我的经济和审计理论知识,为博士论文的撰写夯实了理论基础。

拙著得以顺利完成,与亲人、同事们的支持是分不开的。

爱妻吕玲燕女士多年在生活上对我的照顾,使我能够一心一意从事学术研究,同时在写作过程中,她又为我收集并录入审计法规,在此表示衷心的感谢!

拙著的撰写过程中得到了浙江科技学院经济与管理学院领导以及其他同事的支持,一并表示谢忱!

谨以此书献给:

　　生我养我的父母大人!

　　培养我的老师们!

　　帮助我的朋友与同学们!

人生如白驹过隙,当生如夏花,谨以此自勉!

　　　　　　　　　2014 年 6 月 22 日于浙江科技学院精艺园